Norbert Groeben

Sterbenswille

Norbert Groeben

Sterbenswille

Verteidigung des rationalen Suizids und Sterbebeistands

wbg Academic

In Memoriam
Uwe-Christian Arnold

Die Deutsche Nationalbibliothek verzeichnet diese Publikation in der Deutschen Nationalbibliografie; detaillierte bibliografische Daten sind im Internet über http://dnd.d-nb.de abrufbar

wbg Academic ist ein Imprint der Verlag Herder GmbH

Umschlagsabbildungsnachweis: © Norbert Groeben
Satz und eBook: Satzweiss.com Print, Web, Software GmbH
Gedruckt auf säurefreiem und
alterungsbeständigem Papier
Printed in Germany

Besuchen Sie uns im Internet: www.wbg-wissenverbindet.de

ISBN 978-3-534-40513-8

Elektronisch sind folgende Ausgaben erhältlich:
eBook (PDF): 978-3-534-40515-2
eBook (epub): 978-3-534-40514-5

Inhalt

Überblick:

Rationaler Suizid und Sterbebeistand als folgerichtige Schritte zur Mündigkeit von Denken, Fühlen, Handeln

Im Jahr 2015 hat der Deutsche Bundestag das Gesetz zum ‚Verbot der geschäftsmäßigen Sterbehilfe' (§ 217 StGB) beschlossen, das jede auf Wiederholung ausgerichtete Sterbehilfe unter Strafe stellte. Damit war es aber für Sterbewillige in Deutschland praktisch unmöglich, einen ärztlichen Sterbebeistand zu erhalten. Nicht nur Organisationen, die zu potenzieller Sterbehilfe bereit waren, sondern auch Einzelpersonen, Patienten/innen wie Mediziner/innen, haben deswegen Verfassungsbeschwerde beim Bundesverfassungsgericht eingereicht. Und dieses höchste Gericht der Bundesrepublik hat in seinem Urteil vom 26.02.2020 mit eindeutiger Klarheit festgestellt, dass der § 217 in der Tat das Recht des Einzelnen auf ein selbstbestimmtes Sterben „faktisch weitgehend entleert" hat (BVerfG 2020a, Rn 264). Damit ist das Verbot der Sterbehilfe als verfassungswidrig außer Kraft gesetzt, und zwar weil das im Grundgesetz verankerte allgemeine Persönlichkeitsrecht (Art. 2 Abs. 1) in Verbindung mit dem Art. 1 Abs. 1 (‚Menschenwürde') auch das Recht auf ein selbstbestimmtes Sterben umfasst. Denn: „Die in Wahrnehmung dieses Rechts getroffene Entscheidung des Einzelnen, seinem Leben entsprechend seinem Verständnis von Lebensqualität und Sinnhaftigkeit der eigenen Existenz ein Ende zu setzen, ist im Ausgangspunkt als Akt autonomer Selbstbestimmung von Staat und Gesellschaft zu respektieren." (BVerfG 2020c, 1.b)). Dadurch hat sich das Bundesverfassungsgericht in einem Riesenschritt an die Spitze einer Entwicklung gesetzt, die in Fortführung der Aufklärung an der persönlichen Autonomie bis zum selbstbestimmten Lebensende festhält. Denn mit diesem Urteil ist ein willensfreier, rationaler Suizid nicht nur auf die Situation einer unheilbaren Krankheit (im Endstadium) begrenzt, wie es bisher für die (wenigen) Länder gilt, in denen Sterbebeistand legalisiert worden ist (insbesondere Oregon in den USA; Niederlande, Schweiz und Belgien in Europa). Diese

Ausweitung hat das Bundesverfassungsgericht auch selbst explizit festgehalten: „Das Recht auf selbstbestimmtes Sterben ist nicht auf fremdbestimmte Situationen wie schwere oder unheilbare Krankheitszustände oder bestimmte Lebens- und Krankheitsphasen beschränkt. Es besteht in jeder Phase menschlicher Existenz." (BVerfG 2020b, I, a), bb)).

Demgemäß ist eine autonome, willensfreie Suizid-Entscheidung nicht nur bei unerträglichen Schmerzen und/oder unheilbarer Erkrankung rational. Es ist zwar diese Situation, die jedem unmittelbar einfällt, wenn es um die Angst nicht vor dem Tod, sondern vor einem langen, qualvollen Sterben geht: um ein Leiden, in dem kein Sinn mehr gesehen wird. Aber es kann eben auch andere Lebenslagen geben, in denen dem Einzelnen der Sinn seiner Existenz abhanden gekommen ist und in denen eine Suizid-Entscheidung als rational gelten kann. Diese Situationen herauszuarbeiten und damit das Urteil des Bundesverfassungsgerichts zum willensfreien, selbstbestimmten Sterben zu Ende zu denken, ist das erste Ziel dieses Buches. Das Ergebnis wird sein, vier potenzielle Möglichkeiten eines rationalen Suizids zu umreißen: neben dem üblicherweise im Mittelpunkt stehenden ***Leidens***- auch ***Präventiv-, Bilanz-*** *und* ***Symbiose-Suizid***. Diese Möglichkeiten werden unter Rückgriff auf das zentrale Konzept der autonomen Willensfreiheit (in Teil I.) gerechtfertigt und akzentuierend abgegrenzt.

Die bisherige Diskussion zur Frage des selbstbestimmten Sterbens zeigt allerdings recht deutlich, dass mit kognitiven Argumenten allein bei festgefahrenen ideologischen Positionen häufig keine Bewegung zu erreichen ist. Der ‚merkwürdig zwanglose Zwang des besseren Arguments' (Habermas) scheitert nicht selten an emotionalen Voreinstellungen, die sich in Bezug auf die Möglichkeit eines rationalen Suizids vor allem aus der christlichen Ideologie der ‚Unverfügbarkeit des Lebens' speisen, d. h. aus der These, dass der Mensch nicht selbst über sein Leben verfügen darf, weil es ein Geschenk Gottes sei, dem er sich nicht entziehen dürfe. Damit wird unter Bezug auf ein ewiges Leben das Gefühl für die Realität des hiesigen ‚irdischen' Lebens beschnitten, paralysiert. Diese Entfremdung von den mit dem Sterben zusammenhängenden Gefühlen wird noch verstärkt durch die säkularen Tendenzen einer Tabuisierung des Todes, die aus der Jugend-Orientierung unserer Leistungsgesellschaft entspringt. Um sich aus dieser Paralysierung des Emotionalen in Bezug auf den (rationalen) Suizid zu lösen, ist das biographische Eintauchen in die Lebensläufe von Menschen, die ihrem Leben selbstbestimmt ein Ende gesetzt haben, am ehesten geeignet. Deshalb werden in Teil II. die Kategorien des rationalen Suizids an jeweils zwei **historisch-prominenten Beispielen eines selbstbestimmten Sterbens** veranschaulicht (sowohl mit weiblichen als auch männlichen Protagonisten). Eintauchen in die Lebensläufe bedeutet dabei, dass die biographischen Miniaturen aus der Innensicht der jeweiligen Person geschrieben sind. Das ist eine Erzählstrategie, die so weit wie möglich auf historische Dokumente zurückgreift, aber dort, wo es nötig ist, auch fiktive Elemente einfügt, um die Entwicklung hin zum (willensfreien) Suizid-Entschluss emotional nachvollziehbar zu machen. Dabei steht das Fiktive immer ‚im Dienste des Faktischen', insofern es psychologisch plausible, wahrscheinliche Schritte zur Erklärung historischer Fakten ergänzt. Das heißt, ich habe insbesondere solche Personen ausgewählt, bei denen entsprechende (mündliche oder schriftliche) Dokumente vorliegen, mit denen sich die Entwicklung zum Suizid-Entschluss psychologisch stringent nachzeichnen lässt. Dieses Verständnis von Biographien als ‚Real-Fiktion' wird in einer Zwischenbemerkung inmitten der biographischen Miniaturen näher skizziert und gerechtfertigt. Im Endeffekt soll dadurch die kognitiv-intellektuelle Verteidigung des rationalen Suizids auch die notwendige emotionale Rechtfertigung erfahren.

Auf dieser Grundlage lässt sich dann in Teil III. auch die Frage der Sterbehilfe als ärztlich-assistiertem Suizid konsequent zu Ende denken. Das erfordert vor allem eine Antwort auf die christlichen Kassandra-Warnungen in Bezug auf negative gesamtgesellschaftliche Konsequenzen einer Legalisierung von ärztlichem Sterbebeistand. Denn um die Position der ‚Unverfügbarkeit des Lebens' auch bei Nicht-Christen (imperialistisch) durchzusetzen, werden immer wieder vorgeblich unvermeidbare Negativ-Folgen einer Freigabe von ärztlich-assistiertem Suizid beschworen. Die drei zentralen Varianten dieser Schiefe-Ebene-Argumentation sind: die (rechtliche) Ausweitungsprognose, die (quantitative) Dammbruchthese und die (soziale) Missbrauchsbefürchtung. Eine ausführliche empirische Prüfung dieser Behauptungen an den Daten der beiden Länder mit schon länger (nämlich zwei Jahrzehnten) geltender Sterbehilfe-Legalisierung (Oregon und Niederlande) zeigt eindeutig, dass derartige Negativkonsequenzen empirisch nicht zu beobachten sind. In Verbindung mit der Erarbeitung der vier Kategorien eines rationalen Suizids wird unter Rückgriff auf die vorliegenden Erfahrungen mit Sterbehilfe am Schluss des Buches deshalb ein ***Modellvorschlag zur Regelung des ärztlich-assistierten Suizids*** (in der Bundesrepublik Deutschland) differenziert abgeleitet und begründet; in stichwortartiger Zusammenfassung (ausführlich am Ende von Teil III.):

- Auf der Individual-Ebene des Einzelnen Dauerhaftigkeit des Suizidwillens, z. B. durch eine Sterbe-Verfügung.
- Die Informiertheit über eventuelle Alternativen durch ein Beratungsangebot (nicht Beratungspflicht); Realisierbarkeit potenzieller Alternativen durch Garantie eines Hospiz-Platzes (wenn dieser gewünscht wird).
- Auf gesetzlicher Ebene als Rahmenbedingung für die Realisierung eines (ärztlich-assistierten) Suizids entsprechend geänderte Statuten von Ärztekammern; außerdem eine Dokumentation von Medizinern, die zu Sterbebeistand bereit sind.
- Informationsrecht dieser Mediziner über ihre Bereitschaft; außerdem Freigabe der Rezeptierbarkeit des dazu geeignetsten Mittels (derzeit Natrium-Pentobarbital).
- Im Fall des rationalen Suizids Wechsel der ärztlichen Garantenpflicht von der Lebenserhaltung auf den Sterbewillen (der Patienten/innen bzw. Klienten/innen).
- Auf gesellschaftlicher Ebene Fortführung eines rationalen Diskurses über den ärztlich-assistierten Suizid; mit Festlegung der gesellschaftlich-kulturell bestmöglichen Verfahrensweise bzw. eventuellen vom jeweiligen Wertewandel begründeten sinnvollen Weiterentwicklungen.

Erst mit solchen Handlungskonsequenzen wird der vom Bundesverfassungsgericht eingeleitete Schritt aus der selbst verschuldeten Unmündigkeit heraus zu einem selbstbestimmten Sterben in einer konsequenten Verbindung von Denken, Fühlen und Handeln realisiert und auf Dauer gesichert.

Literatur

BVerfG (2020a). Urteil des Zweiten Senats vom 26. Februar 2020 – 2 BvR 2347/15-, Rn. 1–343.

BVerfG (2020b). Verbot der geschäftsmäßigen Förderung der Selbsttötung verfassungswidrig. Pressemitteilung Nr. 12 /2020 vom 26. Februar 2020.

BVerfG (2020c). Leitsätze. Zum Urteil des Zweiten Senats vom 26. Februar 2020.

I. Argumente

Rechtfertigung des rationalen Suizids: Leidens-, Präventiv-, Bilanz- und Symbiose-Suizid

1. ‚Selbstmord'?

Was hat eine Stahlflachstraße bzw. Behelfsbrücke mit der Frage zu tun, wie man das ‚Sterben von eigener Hand' bewertet? Sehr viel, wenn auch um einige Ecken herum, die man aber abgehen muss, um die unselige Wirkung des Wortes ‚Selbstmord' zu verstehen und aufzudecken.

Zunächst also das empirische Ausgangsereignis: Selbst, wenn es in der Erinnerung heute nicht mehr gegenwärtig ist, es existierten auch in den 1960er Jahren schon Baustellen auf der Autobahn. Darunter solche, die zur Brückensanierung nötig waren. Die Brückendecke wurde dabei unter anderem durch hintereinander geschachtelte Stahlpantons ersetzt, die gleichwohl nicht für große Geschwindigkeiten geeignet waren. Dementsprechend gab es eine Geschwindigkeitsbegrenzung, die mit dem Hinweis ‚Stahlflachstraße' unterlegt war. Der Effekt: Die Geschwindigkeitsbegrenzung wurde von fast allen Verkehrsteilnehmern erheblich überschritten. Warum? Weil der Wortteil ‚Stahl' Stabilität und Sicherheit signalisierte, ergänzt durch den Wortteil ‚flach' mit der Assoziation von ebener Hindernisfreiheit. Die resultierende Geschwindigkeitsübertretung konnte erst durch das ausgewechselte Hinweisschild ‚Behelfsbrücke' eingedämmt werden. Denn ‚Behelfs' löste Befürchtungen in Bezug auf die Stabilität der Konstruktion aus, und die ‚Brücke' signalisierte zudem die Gefahr, dass man gegebenenfalls sogar abstürzen konnte. Resultat: fast optimal eingehaltene Geschwindigkeitsbegrenzung.

Was folgt daraus? Auf jeden Fall die ganz grundlegende Einsicht, wie sehr die Wortwahl unser Denken und Fühlen beeinflussen kann, nein: beeinflusst. Es gibt einen Einfluss der Sprache auf das Denken (sowie das Fühlen wie Handeln).

Und dieser Effekt wird noch dadurch verstärkt, dass er sozusagen in unserem Rücken geschieht, weil wir nicht mit ihm rechnen. Denn unser intuitives Verständnis setzt gerade das umgekehrte Verhältnis von Sprache und Denken an. Wir suchen häufig nach dem richtigen Wort, um unsere Gedanken adäquat auszudrücken, was sich so anfühlt, als sei der Gedanke vor und unabhängig von dem sprachlichen Ausdruck da. Als gäbe es nicht-sprachliche Gedanken. Die existieren aber nicht, zumindest nicht für halbwegs komplexe Gedankengänge. Sondern das Denken operiert mit dem von der Sprache bereitgestellten Wortmaterial (sowie der Grammatikstruktur der jeweiligen natürlichen Sprache). Das uns zur Verfügung stehende Sprachmaterial bestimmt in nicht geringem Ausmaß unser Denken und Fühlen, bis hinein in grundlegende Perspektiven der Weltsicht. Ein inadäquater, sachlich unkorrekter Sprachgebrauch kann also nicht nur, sondern wird mit großer Sicherheit zu Verwirrungen und Verzerrungen des Denkens, Fühlen und Handelns führen! Es ist dies das sog. Relativitätsprinzip im Verhältnis von Sprache und Denken, nach dem Sprache eben nicht nur, wie in der alltäglichen Intuition unterstellt, ein Handwerkszeug für das Denken darstellt, sondern ebenso ein Prisma, das unsere Welterfahrung (mit)bestimmt. Diese bereits (1836) von Wilhelm von Humboldt aufgestellte These ist seither von der Linguistik (sog. Sapir-Whorf-These: vgl. Werlen 2002; Whorf 2008) und der Denkpsychologie (vgl. z. B. Scheele & Rothmund 2001) ausdifferenziert und vielfach als empirisch gültig nachgewiesen worden. Sie kann erklären, warum mit der Etablierung eines bestimmten Begriffs im Sprachsystem die Deutungshoheit, die Definitionsmacht, über den damit bezeichneten Lebensbereich erreichbar wird. Das betrifft sowohl die Beschreibung als auch die darin schon mitenthaltene Bewertung des jeweiligen Gegenstandes: mit den z. T. weitreichenden Folgen für unser Handeln (wie es das Eingangsbeispiel der Geschwindigkeitsbegrenzung anschaulich zeigt).

Um genau diese Definitionsmacht geht es (auch) beim Wort und Begriff des ‚Selbstmords', vor allem um die darin enthaltene und immer schon mitgemeinte negative Bewertung. Allerdings war im historischen Rückblick die griechisch-römische Antike zunächst von einer sehr viel liberaleren Haltung gekennzeichnet (vgl. Hofmann 2007). Platon verurteilte zwar z. B. den Suizid generell, verteidigte ihn aber bei seinem Lehrer Sokrates, der den Schierlingsbecher ‚freiwillig' getrunken habe, weil er vom Gericht (als ‚gottloser Verderber der Jugend') dazu verurteilt worden sei und sich – vorbildlich – der Gerichtsbarkeit der Gesellschaft unterworfen habe. Darüber hinausgehend leiteten die Stoiker aus dem obersten Wert der

Vernunft auch die Möglichkeit, wenn nicht sogar die Pflicht zum rationalen Suizid ab; und zwar bei schwerer, auch Geistes-Krankheit, bei Armut und Nahrungsmangel sowie als Widerstand gegen eine unsittliche Tyrannei. Die Epikureer konzentrierten sich zwar auf das diesseitige Leben (Wahlspruch ‚Carpe diem!' – ‚Nutze den Tag') und lehnten daher im ersten Zugriff die vorzeitige Beendigung des Lebens ab – aber nur soweit sie der Furcht vor dem Tod entsprang; denn im zweiten Zugriff sahen sie den Suizid durchaus als legitim an, nämlich bei unerträglichen Schmerzen oder sittlicher Notwendigkeit. Dementsprechend hat auch Epikur selbst im Alter von 70 Jahren aufgrund nicht mehr auszuhaltender Schmerzen diese Konsequenz gezogen. Und im Römischen Reich war der lateinische Ausdruck ‚suicidium' gar nicht bekannt, zumindest nicht geläufig. Stattdessen wurde von ‚mors voluntaria' bzw. ‚exitus/finis voluntarius', also dem willentlichen (freiwilligen) Tod/Lebensende gesprochen. Damit ging eine ausgesprochene Hochschätzung von Selbsttötungen einher, sofern sie einen Akt der Selbstbehauptung gegen Tyrannei und Despotie darstellten (bekanntestes Beispiel: Cato, der sich aus Protest gegen die aufziehende Tyrannei Cäsars selbst umbrachte). Die Antike war also dem selbstgewählten Lebensende gegenüber relativ liberal, zumindest pluralistisch eingestellt.

Der Umschwung auf eine Dogmatik mit dem Anspruch der allein gültigen Wahrheit setzt erst mit dem Erstarken des Christentums ein, und hier vor allem verbunden mit dem frühen Kirchenlehrer Augustinus (354–430 n. Chr.). Augustinus war sich, als ursprünglicher Rhetoriker, der Macht des Wortes wohl bewusst und setzte sie bereits frühzeitig gekonnt ein. So nannte er seinen 372 unehelich geborenen Sohn einfach ‚Adeodatus' (‚von Gott gegeben') und hatte damit die Rechtfertigung durch den Rückgriff auf Gottes Willen gleich mit unterstellt. In Bezug auf die ‚eigenmächtige' Beendigung des (eigenen) Lebens entwickelte Augustinus nun in seinem Hauptwerk (‚De civitate Dei'; ‚Vom Gottesstaat') die Position, die bis in unsere Tage von den christlichen Kirchen aufrechterhalten wird: nämlich, dass auch hier das 5. Gebot (‚Du sollst nicht töten') gilt. Wer sich selbst tötet, begeht einen Mord wie jeder, der einen anderen Menschen tötet. Dementsprechend ist die (von Luther im Deutschen eingeführte) Benennung als Selbst***mord*** nur konsequent. Dabei ist ‚Mord' eigentlich (gerade auch juristisch) als die – aus ‚niederen Beweggründen' geplante – Tötung eines Anderen definiert, die auf ‚heimtückische Weise' vollzogen wird (vgl. Fenner 2008; Grünewald 2001; Wittwer 2003). Dennoch kann man nach christlicher Auffassung auch bei der Selbsttötung von Mord sprechen, weil das Leben von Gott geschenkt ist, und nur Gott das Recht hat, es wieder (zurück) zu nehmen (vgl. Wittwer 2003, 312ff.). Das ist die ‚Unverfügbarkeits'-These, die bis heute den Kern des christlichen Kampfes gegen den (rationalen) Suizid bildet. Durch die Gewöhnung an den Begriff ‚Selbstmord' fällt dabei (den meisten) nicht auf, welch verzerrter Begriff von ‚Geschenk' hier verwendet wird. Im normalen (Alltags-)Leben würden wir uns immer dagegen verwahren, wenn jemand von einem Geschenk reden würde, das er uns gemacht hat, ohne dass dieses Geschenk in unser Eigentum übergeht und wir damit machen können, was wir *wollen*!

Deshalb sah sich diese Auffassung schon zum Zeitpunkt ihres Entstehens mit drei Problemen konfrontiert (vgl. unter anderem Arnold 2014; Kamlah 1976; Lewinski 2008). Zunächst einmal gibt es nirgends in der Bibel eine entsprechende Verdammung des Suizids; im Gegenteil, im Alten Testament werden sogar zwei Fälle positiv bewerteter Selbsttötung berichtet: Samsons Niederreißen des Philistertempels und Sauls Sturz ins eigene Schwert. Das hat Augustinus vermutlich wenig bekümmert, weil ihm das Neue Testament bedeutsamer war – in dem jedoch ebenfalls keine Stellen der Suizid-Verdammnis enthalten sind. Außerdem, zum Zweiten, machte schon Augustinus die ebenfalls bis heute tradierten Ausnahmen: dass Töten im Krieg oder als Strafe für Verbrecher kein Mord sei. Wieso er hier mit einer Ausnahmeregelung ausgesprochen großzügig ist, im Falle des Suizids aber nicht, bleibt schlicht unbegründet (vgl. Kamlah 1976, 18). Neben dieser Argumentationslücke existiert jedoch zusätzlich (und drittens) noch die Schwierigkeit, dass es eine erkleckliche Anzahl von Märtyrern gibt, die sich der Verfolgung, Folter oder dergleichen durch Suizid entzogen haben. Das stürzt Augustinus nun aber keineswegs in Verlegenheit, er wendet einfach die Adeodatus-Strategie an: Die Märtyrer haben offensichtlich auf Geheiß Gottes gehandelt und damit nicht gegen Gottes Wille verstoßen, sondern ihn gerade erfüllt! In der Logik und Argumentationstheorie nennt man das eine petitio principii, d. h. das zu Begründende wird einfach als Begründung ein- und damit als gültig vorausgesetzt. Trotz dieser Lücken und Widersprüchlichkeiten in der Argumentation wurde Augustinus' Position in der Folge von den Konzilen in Arles (452), Orléans (533) und Braga (561) zur dogmatischen Lehre der Kirche erhoben (einschließlich entsprechender Begräbnissanktionen; s. unten und Baumann 2001).

An einer tragfähige(re)n Begründung des Suizid-Verbots hat sich erst Jahrhunderte später der bedeutendste Kirchenlehrer des Hochmittelalters, Thomas von Aquin (1225–1274), versucht. Er führt neben der ‚Lebensbewahrung als göttliches Gebot' (vgl. Lewinski 2008, 61ff.) noch zwei weitere Rechtfertigungsansätze an: Zum einen nimmt er ein Argument von Aristoteles auf, nach dem der Einzelne als Teil der Gemeinschaft dieser verpflichtet ist und sich versündigt, wenn er sich den Pflichten gegenüber der Gemeinschaft entzieht. Zum zweiten wird Leben als die von der Natur für den Menschen vorgesehene Existenzweise angesehen, was sich im Selbsterhaltungstrieb und der Liebe zum Leben zeige. Der Suizid verstößt damit gegen die Natur des Menschen und d. h. gegen die Pflicht zur Liebe und zum Leben. Das stellt, auch im Wortsinn, ein paradigmatisches Beispiel für jenen Schlussfehler dar, den man heute ‚naturalistischen Fehlschluss' nennt. Damit wird der Versuch bezeichnet, aus der Beschreibung von beobachteten Sachverhalten Werturteile und Handlungsnormen abzuleiten. Der Fehler liegt darin, dass Beschreibungen von (beobachtbaren) Tatsachen eben gerade keine Bewertungen sind bzw. enthalten, weswegen zur Ableitung von Werturteilen und Handlungsnormen übergeordnete Sollens-Sätze herangezogen werden müssen (vgl. z. B. Groeben 1986; 1999). Sonst könnte man ja aus der Häufigkeit von Lügen im Alltagsleben schließen, dass Lügen als etwas Gutes und damit als moralische Pflicht zu gelten habe. Das bedeutet: Unabhängig davon, ob die Thomas'sche Beschreibung der menschlichen ‚Natur' in dieser Form adäquat ist, kann daraus keineswegs eine Pflicht zum Leben hergeleitet werden. Seine Rechtfertigungsansätze bilden daher in erster Linie die Argumentationsfiguren, die die Aufklärer der Neuzeit (im weitesten Sinn) zu entkräftigen hatten. Eine Aufgabe, die schwer genug war (und bis heute ist), weil das Christentum im Laufe des Mittelalters die uneingeschränkte Deutungshoheit in Bezug auf das menschliche Lebensende erobert hatte. Dies geschah durch entsprechende Sanktionen wie die Verweigerung eines kirchlichen Begräbnisses etc., noch viel wirksamer aber durch die Androhung des verlorenen Seelenheils und damit von ewigen Höllenstrafen. In welche existenzielle Verzweiflung dadurch gerade auch gläubige Menschen gestürzt wurden, lässt sich an den tragisch kreativen ‚Lösungen' ablesen, auf die manche zum Sterben Entschlossene damals verfallen sind (vgl. Baumann 2001, 61ff.): Sie brachten jemand Anderen um, wofür sie mit dem Tode bestraft wurden, allerdings erst nachdem sie ihren Mord tief bereut und damit ihr Seelenheil zurückgewonnen hatten. So war es geradezu unvermeidlich, dass die Aufklärung gegen diese mit Angst operierenden Verzerrungen des Denkens vorgehen musste.

Den Einsatzpunkt dieser Kritik markiert David Hume (1711–1776), bei dem bereits in Grundzügen die auch heute noch gültigen Argumente gegen die christliche Deutungshoheit vorhanden sind (vgl. Baumann 2001, 127ff.). Der Rückgriff auf die menschliche Natur ist für Hume aus den genannten logischen Gründen hinfällig, zumal er derjenige ist, der als erster die Unzulässigkeit der Ableitung von Sollens- aus Seins-Sätzen (s. o.) herausgearbeitet hat. In Bezug auf das Leben als ‚Geschenk Gottes' argumentiert er, dass damit keineswegs eine Pflicht zum Leben verbunden sein kann. Gott habe dem Menschen einen freien Willen gegeben, und wenn Umstände wie Alter, Krankheit und Unglück das Leben zur Qual machten, sei der Mensch vollauf berechtigt, dieser Qual – selbst – ein Ende zu bereiten. Und auch eine Verpflichtung des Einzelnen gegenüber der Gesellschaft könne nicht zu einer Lebenspflicht führen. Wenn der Mensch nur noch leidet und nichts mehr zum Wohle der Gesellschaft beitragen kann, ist die eigenmächtige Beendigung des Lebens keine Schädigung der Gesellschaft. Man könnte sogar entgegengesetzt behaupten: Wenn man am Lebensende nur noch eine Last für die Gesellschaft ist, indem man z. B. durch die beanspruchte Pflege andere von konstruktiven Beiträgen für die Gesellschaft abhält, ist der Suizid nicht nur legitim, sondern u. U. sogar ‚lobenswert' (vgl. Wittwer 2003, 347ff.). Zumindest wird daraus aber deutlich, dass die Gesellschaft von ihren Mitgliedern sinnvollerweise keine unbegrenzte Leidensbereitschaft verlangen kann. Mit Hume ist daher die Grundposition der Aufklärung etabliert, dass sich nämlich die Verdammung des Suizids als ‚Selbst*mord*' weder widerspruchsfrei noch stringent rechtfertigen lässt! Allerdings haben nicht alle Philosophen der damaligen Zeit eine vergleichbar konsequente Position eingenommen; so gewichten z. B. Fichte und Hegel die Gesellschaft als sittliche Instanz höher im Vergleich zur Autonomie des Einzelnen. Zugleich gab es aber eine Fülle von kritischen Denkern, die sich um die aufklärerische Rechtfertigung des freiwilligen Todes bemühten und die Hume'sche Argumentation bekräftigten sowie ausdifferenzierten: von Montesquieu über Voltaire und Rousseau bis zu Schopenhauer. Letzterer machte klar, dass die autonome Entscheidung des Einzelnen auch hinsichtlich des Lebensendes nur insoweit ethisch eingeschränkt werden darf, als dadurch Dritte geschädigt werden (Wittwer 2003, 338ff.). Die – differenziert begründete – Stellung der Aufklärung läuft also – schlagwortartig zusammengefasst – darauf hinaus, dass die Autonomie des Menschen auch in Bezug auf das selbstbestimmte Lebensende gerechtfertigt ist, soweit der Einzelne sich damit etwas Gutes tut und anderen nichts Schlechtes zufügt. Damit ist die christliche ‚Unverfügbarkeits'-These im wissenssoziologischen Sinn als Ideologie zu charakterisieren (vgl. Lenk 1978; Neusüss 1986), insofern sie eine gesellschaftliche Struktur und Dynamik (in Bezug auf Tod und Sterben) rechtfertigt, die von der Entwicklung der Aufklärung her, hier insbesondere der allgemeinen Menschenrechte (vgl. das Urteil des Bundesverfassungsgerichts), als überholt gelten kann.

Die Aufklärung als ‚Ausgang des Menschen aus der selbst verschuldeten Unmündigkeit' (Kant) mag für die absolutistische Monarchie politisch wegen der darin enthaltenen Dynamik in Richtung auf eine Demokratisierung gefährlich gewesen sein; in Bezug auf das Problem der Suizid-Bewertung galt das aber sicherlich nicht. So ist es nicht verwunderlich, dass gerade der aufgeklärte Absolutismus zum stärksten Helfer bei der Überwindung der christlichen ‚Selbstmord'- bzw. ‚Unverfügbarkeits'-Ideologie wurde, und zwar durch die juristische Entkriminalisierung der Selbsttötung. Als erstes hat Friedrich der Große 1751 den Suizid(-versuch) als Straftatbestand in Preußen aus dem Gesetzbuch entfernen lassen, gefolgt von Frankreich (1790) und Österreich (1850) (England jedoch erst 1961). Das löste allerdings nur einen erbitterten Kampf der christlichen Proponenten um die Deutungsmacht in der Gesellschaft aus – ein Kampf, der in den verschiedensten Ausprägungen bis heute andauert (vgl. Baumann, 2001). Die unmittelbare Reaktion der christlichen Kirchen bestand in allen möglichen Bestrafungsstrategien gegenüber einem ‚Selbstmörder' einschließlich einer Form von Sippenhaft gegen seine Familie. Das betraf in erster Linie die Verweigerung eines kirchlichen Begräbnisses des Toten, verbunden mit einer sozialen Ächtung der Familie. Daraus resultierten dauernde Kontroversen nicht nur mit den betroffenen Familien, sondern auch mit der Obrigkeit, die das Unterlaufen der gesetzlichen Vorgaben zu verhindern suchte. Dieser permanente Kleinkrieg hat auch noch den größten Teil des 19. Jahrhunderts bestimmt (ebda.).

Sehr viel schwerwiegender als die direkten Widerstände sind aber die indirekten, unterschwelligen Infiltrationen, mit denen die christliche Position die Gesellschaft bis heute politisch (und z. T. auch rechtlich) im Griff hat und behält (vgl. Arnold 2014, 137ff.; Baumann 2001, 276ff.). Das betrifft nicht zuletzt auch die Pathologisierung des Suizids in der Form, dass der Wunsch und Wille, sich das Leben zu nehmen, als eindeutiges Anzeichen für eine psychische Erkrankung interpretiert wird, die eine Einweisung in die Psychiatrie nicht nur rechtfertigt, sondern geradezu – als medizinische Pflicht – erfordert. Dahinter steht das medizinische Krankheitsmodell, das den Suizid (wie Fieber) als ein Symptom für eine pathologische Ursache, hier eine psychische Erkrankung, auffasst (vgl. Fenner 2008, 115ff.); im Laufe der Zeit hat sich die dabei unterstellte Krankheit von der Melancholie über Wahnsinn bis zur Depression gewandelt, die aber auf jeden Fall psychiatrisch zu behandeln (weil therapierbar) sei. Diese Psychiatrisierung widerspricht zwar der aufgeklärten Rechtsauffassung, die die Möglichkeit eines voll bewussten, mit freiem Willen zustande kommenden Suizidwillens akzeptiert, ist aber dennoch von den christlichen

Kirchen immer nachdrücklich mitbetrieben worden. Und es ist auch nicht so, dass der Erfolg dieser Infiltration mit der Zeit immer schwächer geworden sei, vielmehr hat der Einfluss der Kirchen nach dem 2. Weltkrieg durchaus zu einer weitgehenden Prägung des Gesundheitssystems in Richtung auf die christliche Suizid-Ablehnung geführt. Deshalb steht man als potenzieller Patient auch heute immer noch in der Gefahr, dass man auf einen Arzt trifft, der ohne Zweifel und Ausnahme von einer psychiatrischen Relevanz jeden Suizidwunsches ausgeht. Das heißt: Auch die Wissenschaft, zumal die Medizin, hat sich nicht als Bollwerk gegen die aus dem Mittelalter stammenden religiösen Normen der Suizid-Negation erwiesen. Das gilt, zumindest teilweise, selbst für den juristischen Bereich, in dem neben der Entkriminalisierung des Suizids im 19. Jahrhundert dazu widersprüchliche Regelungen wie die staatlich verfügte Überstellung von ‚Selbstmörderleichen' an die Anatomischen Institute der Universitäten vorhanden waren (ausführlich: Baumann 2001, 161ff.). Diese Inkohärenz hat sich zwar mittlerweile aufgelöst, allerdings hauptsächlich dadurch, dass für die Anatomieausbildung im Laufe des 20. Jahrhunderts andere Verfahren als die Obduktion von Leichen effektiv(er) geworden sind. Die Durchdringung auch des Rechtssystems mit der christlichen ‚Unverfügbarkeits'-These hat sich deshalb dann im 20. Jahrhundert vor allem in der Rechtsunsicherheit der praktischen (richterlichen) ‚Rechtsprechung' gezeigt – z. T. in eklatanter Abweichung vom gesetzlichen Recht (vgl. die folgenden Kapitel).

Sogar die von der empirischen (Moral-)Statistik ausgehende soziologische Analyse hat den Einfluss der religionsbasierten (negativen) Suizid-Bewertung nicht wirklich überwunden (Baumann 2001, 202ff.). Die berühmte (und für die Soziologie als eine Art Gründungsdokument angesehene) Untersuchung von Durkheim (1897; vgl. deutsch 1973/83) zum Suizid als sozialem Phänomen stellt in der Typologie von Suiziden vor allem den sog. ‚anomischen Suizid' in den Mittelpunkt, der durch einen schwachen sozialen wie normativen Zusammenhalt in der Gesellschaft bedingt sein soll. Die negative Bewertung des Suizids greift hier einfach nur auf die Kritik des dafür verantwortlich gemachten Gesellschaftszustandes über. So hat sich die Situation auch zum Ausgang des 20. und Beginn des 21. Jahrhunderts als eine außerordentlich widersprüchliche, inkohärente Gemengelage dargestellt: Auf der einen Seite hat die Entwicklung des Gesellschaftssystems zu einem demokratischen Staatswesen mit der Etablierung von allgemeinen Menschenrechten (UNO-Charta 1948; auch im Grundgesetz der BRD 1949 verankert) dazu geführt, dass der Staat in Bezug auf Religion, anthropologische Werthaltungen und soziale Normen so weit wie möglich eine Neutralitätspflicht hat. Das umfasst auch und gerade die Trennung von Kirche und Staat, die allerdings schon auf institutioneller Ebene in der Bundesrepublik nicht konsequent durchgeführt wird. Dabei geht es nicht nur um die meistens angeführte staatliche Einziehung der Kirchensteuern, sondern vor allem auch um die fast vollständige staatliche Finanzierung von kirchlichen (staatlich anerkannten) Einrichtungen wie Kindergärten, Schulen, Therapieeinrichtungen etc. Eindeutig intolerabel ist in diesem Zusammenhang auf jeden Fall die Zulassung eines speziellen Arbeitsrechts für kirchliche Arbeitgeber (mit Kündigungsrecht aus religiösen Gründen), die dem Neutralitätsgebot eklatant widerspricht (vgl. Müller 2017). Doch auch hier wieder: Noch gravierender als solche direkten, offensichtlichen Verbindungen von Religion und Gesellschaftssystem sind die indirekten, unterschwelligen Einflussnahmen. Die Würde des Menschen, um die es gerade auch den Verteidigern eines selbstbestimmten Todes geht, wird von christlicher Seite aus als ‚Gottesebenbildlichkeit' definiert (Bedford-Strohm 2015, 72ff.) – und zwar nicht nur für gläubige Christen, sondern für alle Menschen! Damit wird implizit eine Grundvoraussetzung des modernen Rechtsstaats negiert, nämlich dass es einen Pluralismus von Werten, Normen und Lebensauffassungen gibt, die – soweit sie nicht für andere schädlich sind – vom Staat zu schützen sind. De facto halten die christlichen Kirchen am Anspruch der allein selig machenden Wahrheit, insbesondere auch für die Frage des ‚richtigen' Sterbens, fest. Sie bestehen damit auf der ubiquitären Geltung ihrer Normen, d. h. für alle und jeden – und haben mit dieser Haltung der Bevormundung Andersgläubiger (immer noch) erstaunlichen Erfolg (gehabt): mit dem Verbot von ‚geschäftsmäßiger Sterbehilfe' (§ 217 StGB im Jahr 2015) als vorläufig (?) letztem Kulminationspunkt (s. unten Kap. 5).

Der Dogmatismus dieser Haltung zeigt sich nicht zuletzt darin, dass sie sich weder von innen noch von außen als irgendwie beeinflussbar erweist (Schöne-Seifert spricht daher von ‚dogmatisch-konservativer' Position: 2020, 26ff.). Von innen gibt es durchaus auch ernst zu nehmende theologische Stimmen aus dem christlichen Lager (z. B. Jens & Küng 2009), die von einem barmherzigen Gott ausgehen, dem man bei unerträglichen Leiden sehr wohl berechtigterweise das ‚Geschenk des Lebens' zurückgeben kann (ebda., 230ff.) Wie sich das für einen starren Dogmatismus gehört, führt das allerdings nicht zu irgendeiner einsichtsvollen Bewegung des Systems Kirche, sondern nur zum Verlust der Lehrberechtigung für diejenige Person, die sich intellektuell (und empathisch!) bewegt hat (hier der katholische Theologieprofessor Küng, dem 1979 vom Papst die Lehrbefugnis entzogen wurde;

vgl. Küng 1999). Da kann es nicht erstaunen, dass auch von außerhalb der christlichen Kirchen jeder Versuch, sie zum Verzicht auf die ubiquitäre Geltungsbehauptung ihrer Position zu bewegen, zum Scheitern verurteilt war und ist. Das betrifft nicht nur die Fülle der Gegenargumente, die in komprimierter Auswahl auch in diesem und den folgenden Kapiteln noch einmal zusammengestellt sind, sondern ebenso die öffentliche Meinung der Allgemeinheit. Hier zeigen alle Umfragen der letzten Jahrzehnte, dass eine breite Mehrheit die Möglichkeit eines selbstbestimmten Lebensendes in bestimmten Situationen (Krebserkrankung, Demenz etc.) befürwortet (vgl. Lewinski 2008, 123ff.; Woellert & Schmiedebach 2008, 68ff.). Selbst bei den Mitgliedern der christlichen Kirchen sind es nur 18 % der Katholiken und 14 % der Protestanten, die der kirchlichen Position in Bezug auf Suizid und Sterbehilfe zustimmen (Arnold 2014, 153). Deshalb muss man es leider wieder (und immer wieder) sagen: Die Kirchen mögen ihre eigenen Mitglieder bevormunden, so viel sie wollen, aber nicht die Gesellschaft über diese Mitgliedschaft hinaus (so auch von der Philosophie aus Wittwer 2003, 319f.). Zudem nimmt diese Bevormundung nicht selten geradezu absurd-widersprüchliche Züge an. Am 05.07.2001 hat sich z. B. Hannelore Kohl, die Ehefrau des ehemaligen Bundeskanzlers Kohl, wegen einer für sie unerträglichen Lichtallergie das Leben genommen. Sie hat (als evangelische Christin) ein katholisches Begräbnis erhalten, weil Gott zwar ‚nicht die Sünde, aber durchaus den sündigen Menschen' liebt. Gerade von kirchlicher Seite aus war in Anerkennung ihres aufopferungsvollen Lebens häufig von Suizid (oder Selbsttötung) die Rede, während allgemein, und damit gerade auch für Nicht-Christen, an der Wortwahl ‚Selbstmord' mit all seinen negativen Bewertungsimplikationen festgehalten wird. Die christliche ‚Unverfügbarkeits'-Position besteht für die Gesellschaft allgemein also auf einer dogmatischen Unbarmherzigkeit, die sie für die eigenen Mitglieder außer Kraft zu setzen bereit ist. Und auch diese doppelte Moral hat eine lange Tradition, weil schon seit dem Mittelalter kirchliche Würdenträger und Vertreter des Adelsstandes nach einem Suizid die üblichen kirchlichen Bestrafungssanktionen nicht zu erleiden hatten (vgl. Flaßpöhler 2013, 29ff.).

Das zentrale Einfallstor für die Durchsetzung solcher doppelt-moralischen Unbarmherzigkeit ist und bleibt die Rede vom ‚Selbst*mord*' mit all ihren jahrhundertealten Assoziationen und abwertenden Unterstellungen. Worauf es also – für die pluralistische Gesellschaft insgesamt – ankommt, ist daher, eine von der ‚Gottesebenbildlichkeit' unabhängige Vorstellung von der Würde des Menschen zu entwickeln. Der erste, unverzichtbare Schritt dazu besteht in der Überwindung der ideologisch-dogmatischen Wortwahl ‚Selbstmord'. Im Deutschen bietet sich hier der Begriff ‚Freitod' als Alternative an (so auch Bedford-Strohm 2015, 17f.). Unter Rückgriff auf Nietzsches Rede vom ‚freien Tod' ist die Wortprägung ‚Freitod' wohl vom Philosophen Fritz Mauthner (1849–1923) eingeführt worden (vgl. Baumann 2001, 335). Damit soll vor allem die freie Willensentscheidung für das selbstbestimmte Lebensende hervorgehoben werden (vgl. Noll 1984, 14). Allerdings schwingt in dem Begriff z. T. eine gewisse Heroisierung mit, die das Gegenstück zu der christlich geforderten Leidensbereitschaft bei einem sog. ‚natürlichen Tod' darstellt. Nach den Erfahrungen, wieviel Inhumanes unter Bezug auf Heldentum in den letzten Jahrhunderten gefordert und verteidigt worden ist (etwa der ‚Heldentod auf dem Felde der Ehre'), sollte man aber m.E. am besten auch auf diesen Gegenbegriff verzichten (genauso Borasio 2014, 84; Wittwer 2003, 28) und den neutralen (Kunst-)Begriff ‚Suizid' vorziehen. Dabei verdeutlicht die skizzierte Ideologiegeschichte, dass mit dieser Wortwahl explizit ein ideologiekritisches Programm verbunden ist: nämlich eine zunächst einmal möglichst neutrale Beschreibung der Selbsttötung vorzunehmen, die eine pluralistische Bewertung ohne kurzschlüssige Eingrenzung auf die Mord-Parallelität ermöglicht. Erst von einem solchen möglichst bewertungsoffenen Begriffsgebrauch aus lassen sich die mit der Selbsttötung verbundenen zentralen Konzepte der Würde und Selbstbestimmung des Menschen sowie des erfüllten, sinnvollen Lebens in existenziell umfassender Weise diskutieren und entfalten (vgl. die nächsten Kapitel). Andererseits darf diese Bewertungsoffenheit auch nicht zu einer Begriffsüberziehung führen. So sind Selbsttötungen, die als Instrument zur Erreichung z. B. von politischen Zielen eingesetzt werden (etwa Selbstverbrennungen als politischer Protest) mit dem hier zu diskutierenden Konzept des Suizids nicht mitgemeint (vgl. in schöner Klarheit Baumann, 2001, 3f.). Wenn man durch diese Begrenzung den Begriff ‚Suizid' auf jene Selbsttötungen fokussiert, deren zentrales, primäres Ziel (aus welchen Gründen auch immer) die Beendigung des eigenen Lebens ist, dann bleibt immer noch die Möglichkeit, einen solchen Suizid als (z. B. rational) gerechtfertigt oder als (z. B. auch moralisch) unberechtigt zu beurteilen. Welche Beurteilung unter welchen Bedingungen adäquat ist, wird im Folgenden herauszuarbeiten sein. Dabei wird es nicht zuletzt immer wieder darum gehen, die durch die christliche Position zustande gekommenen Verzerrungen und Verwicklungen des Denkens aufzulösen, um stattdessen zu einer in sich kohärenten Sichtweise zu gelangen, die mit den grundgesetzlich garantierten Menschenrechten und der pluralistischen Neutralitätspflicht des Staates übereinstimmt.

2. Das Recht auf Selbstbestimmung im Sterben

Die Aufklärung hat sich aus der Bewertung des Suizids als Sünde (gegen Gott und die Menschen) unter Rückgriff auf die zentrale Idee der Autonomie des Menschen gelöst (s. o.). Diese Idee der menschlichen Autonomie (Unabhängigkeit, Selbstbestimmtheit) ist im 20. Jahrhundert durch die Ausarbeitung der allgemeinen Menschenrechte weiter ausdifferenziert und konkretisiert worden. Auf diese Weise ist auch der Rechtfertigungsrahmen für die aus der Autonomie resultierende Straffreiheit des Suizids klar festgelegt. Es handelt sich um die Kombination der in Art. 1 und 2 des Grundgesetzes (der BRD) aufgeführten Grundrechte der Menschenwürde und der freien Persönlichkeitsentwicklung: Art. 1 (1) GG: „Die Würde des Menschen ist unantastbar." und Art. 2 (1) GG: „Jeder hat das Recht auf die freie Entfaltung seiner Persönlichkeit, soweit er nicht die Rechte anderer verletzt und nicht gegen die verfassungsmäßige Ordnung oder das Sittengesetz verstößt." Nach allgemeiner, auch höchstrichterlicher, Rechtsauffassung folgt daraus, dass der Mensch selbstbestimmt auch über sein Sterben entscheiden kann, weswegen Suizid wie Suizidversuch straffrei bleiben. Eine spezifische Konkretisierung dieses Selbstbestimmungsrechts stellt das sog. ‚Patientenverfügungsgesetz' von 2009 dar, in dem das Institut der Patientenverfügung eingeführt worden ist, mit dem eine (volljährige) Person bestimmen kann, welche medizinischen Behandlungen sie in einer Situation des (prospektiven) Lebensendes zulassen bzw. ausschließen will (formal: „Drittes Gesetz zur Änderung des Betreuungsrechts"). Und dieser Patientenwille als Ausdruck der autonomen Selbstbestimmung ist grundsätzlich für alle (Beteiligten) bindend! Damit ist letztlich auch der Abs. (2) von Art. 2 GG einbezogen: „Jeder hat das Recht auf Leben und körperliche Unversehrtheit. Die Freiheit der Person ist unverletzlich." Denn eine medizinische Behandlung im Widerspruch zum Patientenwillen wäre eine Verletzung sowohl seiner Freiheit als auch der körperlichen Unversehrtheit (vgl. Woellert & Schmiedebach 2008, 54ff.)

Damit scheint die Situation rechtlich und politisch eindeutig klar zu sein. Es gibt aber zwei Quellen von Unsicherheit und Unklarheit. Die eine kommt durch den Bezug auf das Sittengesetz in Art. 2(1) GG zustande. Denn hier existieren in der pluralistischen Gesellschaft nun einmal unterschiedliche Vorstellungen, von denen aus versucht werden kann, das Verständnis von Menschenwürde, Selbstbestimmung, Persönlichkeitsentfaltung und gutem, erfülltem Leben in einem bestimmten Sinn festzulegen und damit andere Positionen zu dominieren. Zum anderen werden diese unterschiedlichen Positionen vor allem am Problem der ‚Sterbehilfe' deutlich und diskutiert, wie es auch bereits in der Konkretisierung der Patientenverfügung zum Ausdruck kommt. Das führt allerdings nicht selten dazu, dass der Suizid vom eigentlichen Schluss der Argumentationskette, der Bewertung der Sterbehilfe, aus gesehen und bewertet wird, und zwar durchaus auch in Abweichung von der rechtlich eindeutigen Lage. Rechtliche und moralische Bewertung sind zwei verschiedene Dimensionen, und häufig wird die moralische Bewertung gegen die rechtliche in Stellung gebracht, was doch wieder zu einer indirekten oder auch direkten Negativ-Bewertung des Suizids führt. Das Problem der Suizid-Bewertung wird vom (gewünschten) Ende her definiert und ‚gelöst'. Das stellt jedoch das sinnvoll rationale Vorgehen auf den Kopf, nämlich von der Diskussion und Bewertung des Suizids aus das Problem der Sterbehilfe anzugehen und einer konstruktiven Konzeption zuzuführen. Das umgekehrte Prozedere, nämlich vom gewünschten Ergebnis (bezüglich der ‚Sterbehilfe') aus zu argumentieren, führt unweigerlich zu Verwirrungen, Verzerrungen und Verknotungen des Denkens. Um diese Verirrungen aufzulösen, werde ich die Frage der ‚Sterbehilfe' erst am Ende einer möglichst stringenten Argumentation zu Selbstbestimmung und rationalem Suizid (in Kap. 5) analysieren. Vorher versuche ich, das Problem der Selbstbestimmung des Sterbewilligen im Kontext von Menschenwürde, Willensfreiheit und gutem, erfüllten Leben als Ausgangspunkt einer humanen Haltung an und gegenüber dem Lebensende aufzuarbeiten. In vorbildlicher Weise hat auch das Bundesverfassungsgericht diese Argumentationssequenz in seinem Urteil zum § 217 (Verbot der ‚geschäftsmäßigen Sterbehilfe') eingeschlagen (BVerfG 2020a, b).

Im ersten Schritt ist zu fragen, auf was sich die Selbstbestimmung beim Suizid eigentlich bezieht bzw. beziehen soll(te). Auf den ersten Blick betrifft das vor allem den selbst gewählten Zeitpunkt des Todes. Das wird jedoch auch von Medizinern, die gegenüber der primär technologisch ausgerichteten Medizin kritisch eingestellt sind, als Reduktion kritisiert, weil es eigentlich um den ganzen Sterbeprozess gehen sollte, nicht nur um die Diskussion über den selbstbestimmten Todeszeitpunkt (vgl. Borasio 2014, 101ff.). Diese Kritik des Reduktionismus gegenüber den Verfechtern eines rationalen Suizids wäre berechtigt, wenn irgendjemand von denjenigen, die auch für das Lebensende die Autonomie des Menschen fordern, diese Reduktion tatsächlich vornehmen würde. Dem ist aber überhaupt nicht so. Vielmehr ist mit der selbstbestimmten Festlegung des Todeszeitpunkts immer die Vorstellung verbunden, dass damit eine unnötige Leidenszeit bis hin zu dem Zeitpunkt, der als ‚natürlicher Tod' bezeichnet wird, vermieden werden kann. Das heißt: Bei der selbstbestimmten Festlegung des eigenen Todeszeitpunkts geht es psychologisch immer auch darum, die Art des Sterbens (mit)bestimmen zu können. Und die Angst, dass die Zeit des Sterbens über den eigentlich gewünschten Todeszeitpunkt hinaus vor allem Leiden bedeuten würde, ist durchaus begründet. Denn, wie im Prinzip alle Mediziner unabhängig von ihrer Einstellung zum Suizid bestätigen, hat es in der Medizin in der zweiten Hälfte des 20. Jahrhunderts einen eminenten technologischen Fortschritt gegeben. Dazu zählen Dialyseverfahren, Herzmonitore, Intubationsbeatmung, Organtransplantationen, Defibrillation, Herzschrittmacher, Herz-Lungen-Maschine, Blutersatztransfusionen, künstliche Ernährung mithilfe einer Sonde etc. (vgl. Ridder 2011, 28ff.; s. auch Borasio 2014, 19ff.). Es ist daher heute möglich, z. B. auf einer Intensivstation, das Leben auch in Stadien, die früher als völlig aussichtslos gegolten hätte, weiter zu verlängern – wenn das auch häufig nur ein Aufschieben des unvermeidlichen Sterbens darstellt (vgl. Ridder 2011, 36ff.). Dieses mit allen technologischen Mitteln erreichte Aufschieben und damit Verlängern des Sterbens ist es, was unter dem Stichwort ‚Apparatemedizin' den Menschen Angst macht. Eine Angst, die sehr wohl als rational, als begründet zu bezeichnen ist (vgl. auch Woellert & Schmiedebach 2008). Sie bezieht sich zunächst einmal auf Schmerzen, die selbst mit den modernen Schmerzmitteln nicht völlig zu beherrschen sind (vgl. Arnold 2014; Borasio 2014; Ridder 2011) – abgesehen davon, dass diese sog. palliative Versorgung in Deutschland immer noch ziemlich unzureichend ist (vgl. dazu Ridder 2012, 105ff. und genauer Kap. 5). Aber unabhängig von den potenziell unerträglichen Schmerzen kann man auch die Abhängigkeit von technischen Apparaten und die weiteren Begleitumstände des zeitlich gestreckten Sterbens als unzumutbar empfinden (so auch Küng 2009). Mit der Vorstellung eines selbstbestimmten Todeszeitpunkts ist also immer auch die Vorstellung eines würdevollen, sanften Todes verbunden und gemeint (Kamlah 1976, 24).

Von hier aus ist daher nicht zuletzt die Rede vom ‚natürlichen Tod' als eine absurde Begriffsverzerrung zu kritisieren. Sie kommt durch die genannte Verkehrung der Argumentationsreihenfolge, nämlich der Problemdefinition vom gewünschten Ergebnis her, zustande. Es wird von den Verteidigern eines ‚natürlichen Todes' einfach jedes Sterben, das *nicht* auf eine selbstbestimmte Entscheidung über den Todeszeitpunkt zurückgeht, als ‚natürlich' bezeichnet. Das ist jedoch von der Beschreibung wie der Bewertung her völlig inadäquat. Denn was ist an einem Sterben, das mithilfe von künstlicher Ernährung oder Ähnlichem hinausgezögert wird, natürlich (so schon Moor in dem klassischen Werk von 1973)? Und auch bezüglich des Gegenpols, der palliativen (schmerzlindernden) Versorgung in einem Hospiz, wird man nicht von ‚natürlich' sprechen können – glücklicherweise (oder wer will: Gott sei Dank!). Der Mensch greift an allen möglichen Stellen in ‚die Natur' ein, gestaltet sich das Leben angenehmer bzw. zumindest weniger beschwerlich, weniger belastend und schmerzvoll (vgl. Flaßpöhler 2013, 76f.). Das ist vom Grundansatz her ein positiver Ansatz unserer Zivilisation und Kultur. Warum soll dieser Eingriff am Lebensende auf einmal grundsätzlich schlecht sein? Die Rede vom ‚natürlichen Tod' unterstellt in einem unüberlegten, unsinnigen Denken, dass es so etwas wie eine bestimmte Lebensspanne gibt, die jedem (vom Schicksal oder Gott oder …) zugemessen ist. Dann aber wäre nicht nur die Lebenszeitverkürzung (durch den ‚eigenmächtigen' Suizid) intolerabel, sondern genauso die (durch medizinische Heilkunst erreichbare) Lebenszeitverlängerung (vgl. Moor 1973, 47f.)! Wenn man sich jedoch von dieser unsinnigen Vorstellung einer ‚natürlichen' Lebensspanne löst, wird eine ideologisch unverstellte Beschreibung des Lebensendes erreichbar. Dann wird deutlich, dass es bei der Diskussion um Lebenszeitverkürzung bzw. -verlängerung und die Art des Sterbens letztlich um die Kontrolle des Todes geht – soweit hier Kontrolle möglich ist. Die Rede vom ‚natürlichen Tod' behauptet dagegen – implizit und d. h. ohne jede Diskussion, aber mit dem Anspruch der unbezweifelbaren Wahrheit –, dass es gegenüber dem Lebensende keine Kontrolle geben kann und darf. Das ist jedoch schon von der Beschreibung her falsch. Es gibt den ‚natürlichen Tod' ohne menschlichen (medizinischen) Kontrollversuch nur in höchst seltenen Extremsituationen. Wenn jemand auf einer einsamen Landstraße einen Schlaganfall oder Herzinfarkt erleidet und erst am nächsten Tag – tot – gefunden wird, dann mag er eines ‚natürlichen Todes' gestorben sein: ohne jeden Versuch, das Sterben unter Kontrolle zu bringen. Und mit der menschlichen Würde ist es in diesem und anderen Beispielen eines ‚natürlichen Todes' keineswegs zum Besten bestellt (vgl. Arnold 2014, 187). In den meisten (anderen) Fällen geht es jedoch einzig und allein um die Frage: Wer übt welche Art von Kontrolle aus? Ist es – soweit wie möglich – der Sterbende selbst oder eine andere Person? Ist es eine Kontrolle, die Teil eines menschenwürdigen, sinnvollen Lebens ist oder nicht? Von den Verteidigern des ‚natürlichen Todes' wird hier mit Nachdruck eingewandt, dass es ein überzogenes, überhebliches (hybrides) Kontrollbedürfnis sei, auch noch gegenüber dem Tod so etwas wie Herrschaft ausüben zu wollen. Aber noch einmal: Dieser Herrschaftsversuch ist in aller medizinischen – lebensverlängernden oder -erleichternden – Heilkunst enthalten, warum soll er auf einmal grundsätzlich unsinnig sein, wenn es um die Herrschaft eines Sterbewilligen in Bezug auf Zeitpunkt und Art des (eigenen!) Sterbens geht? Kontrolle kann zwar, wie alles im menschlichen Leben, auch als Zwang übertrieben werden, etwa in einem Waschzwang etc., aber das spricht nicht gegen die positive Bewertung von sinnvoller Kontrolle, die wir in allen möglichen Lebenslagen gut begründet einsetzen: wenn wir z. B. von Eltern oder Lehrkräften verlangen, dass sie genügend Selbstkontrolle aufbringen, um Kinder auch in Situationen berechtigten Zorns nicht zu schlagen. Das Kontrollbedürfnis ist eine anthropologische Grundkonstante der menschlichen Existenz, die unser Denken, Fühlen und Handeln durchzieht (vgl. Erb 2003, 290ff.). Eine mit Selbstwert und Selbstvertrauen sowie sozialen Kompetenzen verbundene Kontrollfähigkeit wird heute geradezu als essenzielles Merkmal psychischer Gesundheit angesehen (vgl. Becker 1995; Fenner 2008, 233ff.). Im Denken zeigt sich kognitive Kontrolle z. B. bereits in der Fähigkeit, über die Zukunft realistische Vorhersagen zu machen, was im Fühlen zu einer Verringerung von Angst führt (meistens auch und gerade in Bezug auf Krankheit; vgl. Arnold 2014, 166f.; Oesterreich 1981). Im Handeln bedeutet Kontrolle, dass ich im ersten Schritt meine Handlungen gemäß meinen (Wert-)Haltungen wähle und realisiere; und im zweiten Schritt, dass ich mit diesen Handlungen die gewünschten wertvollen Ziele erreiche. Im Rahmen von (positiven) menschlichen Zielen bedeutet Kontrolle daher die Verwirklichung von Humanität als Grundwert unserer Kultur und Zivilisation. Das gilt auch für den Tod und das Sterben! Da es sich in der Regel in unserer Gesellschaft sowieso um eine Form von kontrolliertem Tod und Sterben handelt, wäre es inhuman, diese Kontrolle dem davon am meisten Betroffenen zu entziehen. Denn, so schon Moor (1973, 145): „Wenn man nicht das Recht hat, sein Leben zu beenden, dann ist das ‚Recht' zu leben nichts als ein Zwang." (vgl. auch Fenner 2008,60ff.) Der in sich widersprüchlichen Rede vom ‚natürlichen Tod' ist also ein in sich kohärentes Konzept vom humanen Tod unter Kontrolle des Sterbenden bzw. Sterbewilligen entgegenzusetzen. Nur damit ist der Gegensatz von rechtlicher und moralischer Bewertung des Suizids aufzuheben. Das Recht auf Selbstbestimmung (auch im Tode) ist deshalb das Recht auf einen von mir selbst kontrollierten Tod in Bezug auf Zeitpunkt und Art des Sterbens.

Die – rationale – Angst vor dem fremdbestimmten Zeitpunkt des Todes ist folglich letztlich die Angst vor Verlust der möglichen Kontrolle am und im Lebensende. ‚Apparatemedizin' ist nur das Schlagwort, in dem sich aus historischen Gründen der Medizinentwicklung (s. o.) die existenziell beunruhigende Gefahr symbolisch verdichtet (hat): nämlich Unabhängigkeit und Kontrolle über das eigene Leben gerade an dessen Ende noch zu verlieren. Diese Gefahr ist leider immer noch (und immer wieder) nur zu real. Sie besteht darin, dass dem Menschen auf unterschiedlichste Art und Weise das Recht auf die Kontrolle seines Lebens abgesprochen und genommen wird. Ein solcher Entzug von Unabhängigkeit, Selbstbestimmung, Autonomie ist aber nichts anderes als eine Form von Gewalt(ausübung) gegenüber dem nach Kontrolle über sein Leben (und Sterben) strebenden Individuum. Dem juristischen und moralischen Recht auf Selbstbestimmung – auch und gerade im Sterben – ist also vor allem dadurch Geltung zu verschaffen, dass man die Quellen der Gewalt identifiziert, aufweist und argumentativ außer Kraft zu setzen versucht. In Bezug auf solche Gewaltquellen hat Galtung in bahnbrechenden Arbeiten zum Friedensbegriff zwischen personaler und struktureller Gewalt unterschieden (z. B. 1975). Unter Gewalt fällt danach alles, was das Individuum hindert, das Potenzial seiner Lebens- und Entwicklungsmöglichkeiten auszuschöpfen. Personale Gewalt wird von einzelnen Individuen ausgeübt, strukturelle Gewalt geht von überindividuellen Instanzen gesellschaftlicher Art aus: von Institutionen über soziale Konventionen, Normen, Stereotype bis hin zu Ideologien. Denn auch Normen und Ideologien etc. können die Lebens- und Entscheidungsmöglichkeiten des Einzelnen nachdrücklich beschränken. Die unterschiedlichen Ebenen der strukturellen und personalen Gewalt sind daher auch bei den Gewaltquellen zu berücksichtigen, die in unserer Gesellschaft gegen die Selbstbestimmung des Einzelnen in Bezug auf sein Sterben wirksam sind.

Die umfassendste, generellste Quelle struktureller Gewalt stellen Ideologien dar, in diesem Fall ist es die christliche ‚Selbstmord'-Ideologie. Abgesehen von den internen Widersprüchlichkeiten (s. o. Kap. 1.) geht es dabei vor allem um die inkohärente Relation zum heutigen Rechtsstaat und seinem Pluralismus. Denn einerseits wird durchaus akzeptiert, dass ‚das Leben der Güter höchstes nicht ist' (Schiller), indem individuelle und kollektive Notwehr bis hin zur Tötung des Aggressors befürwortet wird, genauso wie der ‚finale Rettungsschuss' bei Geiselnahmen und ganz generell das Töten in Kriegszuständen (bis hin zum Segnen von dafür einzusetzenden Waffen). Andererseits aber wird das Leben als unverfügbares (weil von Gott geschenktes) Gut propagiert, das gegebenenfalls auch (von Gott zugemessenes) Leiden mit umfasst (vgl. schon Moor 1973, 51; s. auch Bedford-Strohm 2015, 169f.). Hier wird z. T. eine Heroisierung des Leidens betrieben, die im Leid eine unverzichtbare

Selbsterfahrung sieht. Das mag für manche Menschen so sein, das Entscheidende daran ist jedoch der fundamentalistische Grundzug, der diese Sichtweise als für alle Mitglieder der Gesellschaft bindend ansetzt, obwohl es sich nur um eine einzelne, spezifische Position handelt. Trotzdem gilt: In der pluralistischen Gesellschaft gibt es durchaus das Recht, in den genannten Gegensätzen keinen Widerspruch zu sehen und die ‚Unverfügbarkeit des Lebens' für die richtige Position zu halten. Das Recht auf eine solche Haltung wird, soweit ich sehe, von den Kritikern dieser Position auch niemandem abgesprochen. Zwar stellt die ‚Unverfügbarkeits'-These aus Sicht der Kritiker einen Irrtum dar, aber jeder hat das Recht auf sein Irren.

Eine entsprechende Toleranz ist auf Seiten der (christlichen) ‚Selbstmord'-Ideologen allerdings gerade nicht vorhanden! Das kommt nicht zuletzt in dem immer wieder auftretenden Versuch zum Ausdruck, die Diskussion um die selbstbestimmte Beendigung des eigenen Lebens mit dem sog. ‚Euthanasie'-Programm des sog. ‚Dritten Reichs' in Verbindung zu bringen – ein absurdes, eigentlich schon böswillig zu nennendes Unterfangen, da es bei der nationalsozialistischen ‚Vernichtung lebensunwerten Lebens' um die Tötung von Menschen gegen ihren Willen und damit um Mord ging, nicht um die Beendigung des eigenen Lebens aufgrund eines freien Willensentschlusses (vgl. unter anderem Fenner 2008, 80f, 355f.). So beginnen die ‚Unverfügbarkeits'-Ideologen zwar zumeist mit pluralistisch klingenden Zusicherungen wie: Die Kirchen „verstehen sich als Teil einer demokratischen Zivilgesellschaft, in die sie ihre Überzeugungen einbringen." (Bedford-Strohm 2015, 10); aber nach Durchlaufen aller Argumente zur Würde des Menschen als ‚Gottebenbildlichkeit' (72; s. auch oben Kap. 1) enden sie doch wieder bei dem allgemeingültigen Anspruch für alle Mitglieder dieser Gesellschaft: „Müssen wir auch leben? Manchmal ja. […] ‚Leben müssen' und ‚Leben dürfen' liegen in der Perspektive des christlichen Glaubens beide in Gottes Hand." (ebda., 169f.) Bitte gerne, aber eben nur für Christen! Sobald dadurch jedoch das Recht anderer beschnitten wird (oder werden soll), den Suizid für eine zutiefst humane Option am Lebensende zu halten (und ggf. zu realisieren), dann handelt es sich um einen fundamentalistischen Anspruch. Denn die Würde des Menschen besteht in einer aufgeklärten, pluralistischen Gemeinschaft auch und gerade darin, nicht zum Objekt bzw. Opfer der Menschenwürde-Definition anderer zu werden (Arnold 2014, 207; Lewinski 2012, 53). Wie sehr jedoch die (christliche) ‚Unverfügbarkeits'-These in unserer Gesellschaft auch weiterhin vorherrschend ist, wird nicht zuletzt daran augenfällig, dass staatlicherseits die Strategie dominiert, „die Ausgänge aus dem Leben zu verschließen" (Wittwer

2003, 390), und zwar durch ein „Austrocknen der Suizidmethoden" (Entgiftung des Haushaltsgases, Geländersicherung von Brücken etc.; Fenner 2008, 74), was de facto das Recht auf Selbstbestimmung im Sterben weitestgehend aushöhlt.

Dieser Rückgriff auf eine den Suizid ablehnende Würdedefinition durchzieht auf diese Weise gerade auch die in diesem Zusammenhang relevantesten gesellschaftlichen Institutionen und Teilsysteme. Das betrifft nicht zuletzt sogar das Rechtssystem. Obwohl die rechtliche Zulässigkeit von Suizid-Handlungen und -Versuchen eindeutig gesichert und legitimiert ist (s. o.), gibt es bei nicht wenigen Juristen (Richtern wie Rechtsgelehrten) eine Tendenz, sich von der ‚Selbstmord'-These beeinflussen zu lassen und zu rechtlich unberechtigten Positionen zu kommen. So haben nach einer Befragung von 2004 über 30 % der deutschen Vormundschaftsrichter die Rechtslage zur ‚Sterbehilfe' falsch eingeschätzt, und über 10 % kannten die diesbezügliche höchstrichterliche Rechtsprechung nicht (vgl. Ridder 2011, 159). Dahinter steht der Rückgriff auf das (skizzierte) ‚Sittengesetz' im Verständnis der christlichen Tradition, obwohl es im pluralistischen Rechtsstaat nun einmal mehrere unterschiedliche Auffassungen in Bezug auf das Sittengesetz gibt und der Staat ihnen gegenüber zur Neutralität verpflichtet ist (s. o. und Fenner 2008, 65; Roxin 1978, 90f.). Da das Rechtssystem seine Aufgabe, den Pluralismus zu schützen, bezüglich der Suizidfrage nicht erfüllt, ist es auch nicht verwunderlich, dass es im Gesundheitssystem noch häufiger Verstöße gegen das Recht auf Selbstbestimmung am Lebensende gibt. An erster Stelle ist hier das Standesrecht der Ärzteschaft zu nennen, das sich in der von der Bundesärztekammer vertretenen Version immer noch auf den Hippokratischen Eid von vor über 2000 Jahren beruft und von da aus den Ärzten die Mitwirkung an der Erfüllung eines Sterbewunsches untersagen will (vgl. Flaßpöhler 2013, 11f.; Lewinski 2008, 140ff.). „Ärztinnen und Ärzte haben Sterbenden unter Wahrung ihrer Würde und unter Achtung ihres Willens beizustehen. [...] Sie dürfen keine Beihilfe zur Selbsttötung leisten." Das stellt unter anderem selbstverständlich auch den optimalen Rahmen für die erwähnte Psychiatrisierung des Suizidwilligen dar, die jeden Suizidwunsch von vornherein als Krankheitsnachweis ansieht. Diese Position ist zwar nicht von allem Landesärztekammern übernommen worden und es wird ihr auch von manchen Medizinern vehement widersprochen (Arnold 2014; Ridder 2011). Sie zeigt aber gleichwohl, dass zumindest die verfasste ‚Ärzteschaft den gesellschaftlichen Emanzipationsprozessen deutlich hinterher hinkt' (Arnold 2014, 99). Da ist es auch kein Trost, wenn man von der Außensicht aus feststellen muss, dass hier nicht nur Gewalt gegen die prospektiven

Patienten, sondern auch gegen die eigenen Kollegen/innen ausgeübt wird (zumal bei Zuwiderhandlung u. U. standesrechtliche Sanktionen drohen; s. genauer unten Kap. 5). Eine Diagnose, die auch im Urteil des Bundesverfassungsgerichts zur sog. ‚geschäftsmäßigen Sterbehilfe' vom Februar 2020 enthalten ist (BVerfG 2020a, b).

Diese Gewalt setzt sich dann in den von der Ärzteschaft abhängigen Institutionen weiter fort. So sind die Krankenhäuser schon von der finanziellen Notwendigkeit der Amortisation ihrer Geräte her strukturell mehr auf die ‚Apparatemedizin' und einen Zwang zur Übertherapie als auf eine fürsorgliche Sterbebegleitung ausgerichtet (vgl. Borasio 2014, 161ff.; Ridder 2011, 122ff.). Die Überforderung des Pflegepersonals und die Spezialisierung in einzelne Fachdisziplinen mit der ‚Zerlegung' des Patienten statt einer ganzheitlichen Ausrichtung auf die individuelle Person tragen ein Übriges zur ‚Kälte des Krankenhausbetriebs' (Ridder, ebda.) als ‚Vorherrschaft der Krankenhausroutine über Würde, Achtung und Menschlichkeit' (Moor 1973, 264) bei. Aber auch die Hospize versuchen zwar intensiver, den gesamten Menschen anzunehmen, versagen sich aber zumeist trotzdem dem selbstbestimmten Sterbewunsch von Patienten, weil sie größtenteils der Position des ‚natürlichen' (wenn auch palliativ begleiteten) Todes anhängen (vgl. Arnold 2014; Borasio 2014, 173f.; Ridder 2011, 85ff.). Wer sein Leben selbstbestimmt beenden will, sieht sich in unserer Gesellschaft also mit struktureller Gewalt auf mehreren Ebenen konfrontiert, die ihm die Kontrolle über sein Leben(sende) zu beschneiden oder sogar gänzlich zu entziehen droht.

Es gibt einen systematischen Fall, in dem all diese Gewaltquellen aufgetreten sind und desaströs zusammengewirkt haben. Es ist der ‚Fall Putz' (benannt nach dem involvierten Rechtsanwalt), der deshalb auch immer wieder von Kritikern der ideologischen Suizidablehnung berichtet wird (vgl. Borasio 2014, 76ff.; Putz 2012, 125ff.). Es ging um eine 71-jährige Patientin, die nach einem Schlaganfall jahrelang im Koma lag, ohne dass ihre – leider nur mündlich geäußerte – Ablehnung von lebensverlängernden Maßnahmen befolgt wurde, weil der betreuende Ehemann sich nicht daran hielt. Nach dessen Tod wandten sich die Kinder an den Rechtsanwalt (Putz) mit der Bitte um Unterstützung bei der Durchsetzung des Willens ihrer Mutter. In einem betreuungsgerichtlichen Verfahren wurde zunächst dieser (Sterbe-) Wille der Mutter anerkannt, so dass mit dem Pflegeheim Verhandlungen über dessen Realisierung aufgenommen werden konnten. Es resultierte eine Übereinkunft, dass das Heim nur die Basis-Körperpflege fortführte und sich die Kinder nach Einstellung der bisherigen (per Magensonde erfolgten) künstlichen Ernährung um die Mundbefeuchtung und Schmerzpflaster kümmern sollten. Kurz vor Einstellung der künstlichen Ernährung machte die Heimleitung aber (falsche) rechtliche Bedenken geltend und verfügte die Fortsetzung der Magensonden-Ernährung. Darauf schlug der Rechtsanwalt der Tochter der Patientin vor, den Schlauch der Magensonde durchzuschneiden (um diese unrechtmäßige Zwangsbehandlung und damit Missachtung des Patientenwillens durch die Heimleitung zu beenden). Als dies geschehen war, alarmierte die Heimleitung die Polizei, die dann (unzulässiger Weise) die Tochter festnahm. Die zuständige Staatsanwaltschaft klagte die Tochter und den Rechtsanwalt wegen Totschlags an, das zuständige Gericht sprach die Tochter frei, weil sie auf Anraten des Rechtsanwalts gehandelt habe, verurteilte diesen aber absurderweise zu neun Monaten Haft (auf Bewährung). Dagegen legte Rechtsanwalt Putz Revision beim Bundesgerichtshof (BGH) ein, vor dem der Fall dann endlich korrekt gemäß der geltenden Rechtslage (d. h. mit einem Freispruch des Rechtsanwalts) entschieden wurde. Und die Begründung dieses Urteils hat in der Folge die rechtliche Bewertung der ‚Sterbehilfe' klärend geprägt (s. dazu Kap. 5).

Vor dem Hintergrund dieser strukturellen Gewalt-Dimensionen ist es zwar nicht akzeptierbar, aber verständlich, dass es auch auf personaler Ebene immer wieder zu Gewalt gegen Suizidwillige kommt. In erster Linie geht es dabei naturgemäß um die behandelnden Ärzte, denen allerdings in der Regel ein Bewusstsein bezüglich der von ihnen ausgeübten Gewalt völlig fehlt. Vielmehr wird die dabei eingenommene Einstellung des Paternalismus gerade als Bemühen um das Wohl des Patienten empfunden. Der/Die Kranke soll sich vertrauensvoll in die Hand des Arztes begeben, der kraft Amtes weiß, was für die Patienten am besten ist. Damit wird eine gut gemeinte, gleichwohl entmündigende Bevormundung realisiert (vgl. auch Borasio 2014, 19ff.; Fenner 2008, 100ff.). Im Prinzip besteht sie – nicht nur bei der Psychiatrisierung des Suizidwunsches – darin, dem/der Kranken die Fähigkeit zu einer rationalen, freien Willensentscheidung abzusprechen. Dementsprechend wird dann der ärztliche Wille durchgesetzt, und zwar auch dort, wo er eigentlich nicht mehr nützlich ist, sondern nur noch schadet: z. B. bei der per Magensonde (PEG-Sonde) erfolgenden künstlichen Ernährung von Demenz-Kranken im fortgeschrittenen Stadium (vgl. Ridder 2011, 67ff.). Es handelt sich nach der wissenschaftlichen Forschungslage lediglich um eine Verlängerung der Sterbenszeit ohne Verbesserung des Allgemeinbefindens der Patienten; aber es stellt eine Beruhigung für den Arzt da, weil ja zumindest irgendetwas geschieht (das Prinzip: ‚ut aliquid fiat') – auch wenn es nur scheinbar therapeutisch ist. Dabei wird nicht selten auch gegenüber den Angehörigen Gewalt angewendet, indem – völlig unzutreffend – suggeriert wird, dass der Patient ohne diese Sonde schmerzhaft verhungern und verdursten würde. Manche Pflegeheime üben diese Gewalt sogar ganz offen und direkt aus, indem sie Patienten nur aufnehmen, wenn die Angehörigen vorab der Zwangsernährung mit PEG-Sonde (schriftlich) zustimmen (vgl. Ridder 2011, 94). Grundsätzlich ist selbstverständlich auch die Möglichkeit gegeben, dass vergleichbare – vor allem ideologische – Gewalt von Angehörigen ausgeübt wird, die sich gegen einen Suizidwunsch aus Glaubensgründen etc. sträuben. Solche Gewalt zu überwinden, setzt allerdings eine Dialogkultur voraus, die ersichtlich bisher in deutschen Familien noch nicht zureichend entwickelt ist (vgl. Borasio 2014, 131ff.; Woellert & Schmiedebach 2008, 72f. und unten Kap.4). Abgesehen von solchen z. B. religiösen Überzeugungen können sich Angehörige aber auch dem Wunsch des Sterbewilligen versagen, weil sie in liebevoller Verbundenheit lieber Zeiten von Pflege etc. auf sich nehmen wollen, als vor dem Eintreten derartiger Pflegenotwendigkeiten von dem geliebten Menschen Abschied zu nehmen (vgl. Arnold 2014, 126). Hier wird es in Zukunft darauf ankommen, Aufklärung zu leisten, d. h. den Betroffenen verständlich zu machen, dass die Akzeptanz eines solchen Sterbewunsches nicht nur dem Sterbewilligen die von ihm gewünschte Würde ermöglicht, sondern auch für die Angehörigen eine weniger belastende, friedvollere Trauerphase bedeutet (vgl. Lewinski 2008, 181ff. und unten Kap. 5).

Die Analyse und Argumentation wäre allerdings nicht vollständig, würde man nicht auch die mögliche entgegengesetzte Gewaltrichtung berücksichtigen: in Richtung auf einen Entschluss zum Suizid hin. Nach Lage der Dinge scheiden hier, wie beschrieben, die strukturellen Gewaltquellen und die Ärzteschaft von vorneherein aus. Und eine Gewalt, die man nach den bisherigen Erfahrungen und Forschungsergebnissen ebenfalls weitestgehend ausschließen kann, ist die von Suizid-ablehnender Seite immer gern beschworene Gefahr, dass kranke Menschen von ihren Angehörigen zum Suizid gedrängt werden (könnten; s. unten Kap. 5). Gerade in Ländern mit relativ weitgehender Sterbehilfe (z. B. Belgien und Niederlande) ist eine solche Gefahr nicht zu beobachten (vgl. insbesondere unten Teil III.). Was bleibt, ist die Person des Suizidwilligen selbst. Hier ist zwar einerseits die Unterstellung der Psychiatrisierung, nämlich dass *jeder* Suizidwunsch eine krankhafte, irrationale Einschränkung des freien Willens darstelle, als ideologisch zu kritisieren und vehement abzulehnen (s. o.). Denn auch z. B. bei Depression kann und darf man nicht unbesehen davon ausgehen, dass dadurch kein freier Willensentschluss mehr möglich ist (vgl. im Einzelnen Borasio et al. 2014, 48f.; Fenner 2008, 204ff.). Allerdings wäre es andererseits genauso ideologisch und uninteger argumentierend, wenn man die Möglichkeit einer Willensunfreiheit grundsätzlich ausschließen würde. Selbstverständlich gibt es, gerade bei psychischer Krankheit wie Depression etc., den Fall, dass die eigenen Lebensmöglichkeiten unrealistisch (negativ) eingeschätzt werden. Da auch auf diese Weise das Potenzial der individuellen Lebensentwicklung verfehlt wird, handelt es sich bei einer solchen Krankheitswirkung ebenfalls um eine Form von Gewalt (s. o. die Gewaltdefinition nach Galtung 1989). Die Quelle der Gewalt ist dabei die Suizid-willige Person selbst bzw. konkreter ihre unrealistisch negative Weltsicht. Eine solche (irrational) negativistische Weltsicht kann sehr wohl die Willensfreiheit substanziell einschränken. In der Alltagskommunikation spricht man dann häufig von einer ‚Kurzschlusshandlung', weil keine adäquate Informationsverarbeitung mehr möglich ist. Dass diese (temporäre) Irrationalität des Denkens und Fühlens durch eine in der Situation nicht zu beherrschende Überflutung mit negativen Gefühlen zustande kommt, wird durch den Begriff ‚Affektsuizid' am besten abgebildet (Fenner 2008, 123, 177ff.). Denn unter Affekten werden kurze, überaus intensive Gefühle verstanden, die die normale Emotionskontrolle und damit auch die Rationalität der (freien) Willensentscheidung außer Kraft setzen.

Daran wird deutlich, dass das Recht auf Selbstbestimmung auch im Sterben nur unter der Voraussetzung einer freien Willensentscheidung gilt. Von hier aus lässt sich deshalb allgemeiner und ganz grundsätzlich angeben, wogegen sich die strukturellen wie personalen Gewaltquellen richten: gegen die Willens- und Handlungsfreiheit des Subjekts, das selbstbestimmt sein Leben (einschließlich Lebensende) kontrollieren will. Willensfreiheit bezieht sich dabei auf die Möglichkeit eines rationalen, unabhängigen Entschlusses, Handlungsfreiheit auf die Realisierung dieses Entschlusses in der Lebenswirklichkeit. Gegen beides wirken die strukturellen und personalen Gewaltquellen, indem sie auf der einen Seite einen legitimen Suizid-Entschluss zu verhindern suchen und auf der anderen Seite Menschen, die trotzdem einen (freiwilligen) Suizidwunsch entwickelt haben, an dessen Umsetzung hindern. Das Recht auf Selbstbestimmung im Sterben bedeutet also, die Kontrolle über das eigene Leben (und Sterben) auch am Lebensende zu behalten, und zwar aufgrund einer freien, rationalen Willensentscheidung sowie deren ungehinderten Handlungsumsetzung in der Lebenswirklichkeit.

3. Notwendiger Zwischenschritt: Willensfreiheit

Das Problem der Willensfreiheit hat in den letzten beiden Jahrzehnten des 20. Jahrhunderts wieder eine erhöhte Aufmerksamkeit auf sich gezogen, auch und gerade in philosophisch interessierten Laien-Kreisen. Hintergrund ist der Siegeszug der Neurobiologie (bzw. -physiologie), die sich anheischig macht, für alle geistigen Prozesse die neurobiologischen Grundlagen und damit die ‚eigentliche' Basis des Denkens feststellen zu können (Schlagwort: ‚Naturalisierung des Mentalen': Appel et al. 2008). Besonders eindrucksvoll scheint dieses Versprechen durch die sog. bildgebenden Verfahren der Medizin erfüllt, mit denen man im Gehirn nicht nur Krankheitsherde (Tumoren etc.), sondern auch die neuronalen Verbindungen und Aktivitäten bei allen möglichen Denkprozessen (von Farbwahrnehmung über grammatisches Sprachverstehen bis zum Problemlösen) nachweisen kann (vgl. Dössel 2016). Auslöser für die geradezu hektische Diskussion der Willensfreiheits-Frage waren die sog. Libet-Experimente (Libet 1985; Libet et al. 1983), in denen bei den Versuchspersonen im EEG (Elektro-Enzephalo-Gramm, das die elektrische Aktivität im Gehirn misst) ein Bereitschaftspotenzial ca. 500 Millisekunden auftrat, bevor die Personen selbst den Eindruck hatten, sich zu der geforderten Handlung entschieden zu haben. Auch wenn es bei dieser ‚Handlung' nur um Fingerbewegungen ging, wurden die Ergebnisse von einem Teil der Wissenschaftler-Gemeinschaft als Nachweis dafür interpretiert, dass es keine Willensfreiheit gibt, sondern das Gehirn ‚für uns' entscheidet. Danach sind wir durch die Gehirnprozesse als Ursachen des Denkens determiniert. Und (Natur-)Wissenschaft besteht seit jeher darin, solche Ursachen-Determinationen zu erforschen und aufzudecken. Also kommt diese Interpretation zu dem unabweisbaren Schluss, dass sich wissenschaftlicher Determinismus (ohne den unser Weltbild nicht – mehr – denkbar ist) und Willensfreiheit (ohne die unser Sozialsystem – seit jeher – nicht denkbar ist) ausschließen. Es ist dies die Position der Unvereinbarkeit (Inkompatibilismus) von Determinismus und Willensfreiheit (vgl. Markowitsch 2004; Prinz 2004; Roth 2009). Die These hat – selbstverständlich – eine Fülle von Kritik und Gegenargumenten auf sich gezogen: unter anderem, was die Messmethodik der Zeitpunkte wie den Messpunkt im Gehirn angeht (vgl. Helmrich 2004); aber auch, dass es sich bei Fingerbewegungen nun wahrlich nicht um für Willensentscheidungen typische Handlungen handelt (Heidelberger 2005; Kupke 2011); außerdem wo denn das ‚Ich' sitzt, wenn es nicht mit dem Gehirn identisch ist (Herrmann & Dürschmid 2010); und dass es für die

Illusion der Willensfreiheit doch auch eine neurobiologische Basis geben müsste, um deren Nachweis sich merkwürdigerweise aber kein Vertreter des Inkompatibilismus kümmert (Walter 1998); sowie schließlich, dass es einen pragmatischen Selbstwiderspruch darstellt, für diese These zu argumentieren, weil der Versuch, andere vom Inkompatibilismus zu überzeugen, voraussetzt, dass diese sich umentscheiden können und damit Willensfreiheit besitzen (vgl. Kaiser 2004; was aparterweise mittlerweile auch im Rahmen der Libet-Versuchsanordnung empirisch nachgewiesen werden konnte: Schulze-Kraft 2016).

Es ist an dieser Stelle weder nötig, noch sinnvoll, sich mit den Varianten dieser Kritik und ggf. der Überwindung des Inkompatibilismus im Einzelnen auseinanderzusetzen. Denn unser Gesellschaftssystem, einschließlich des Rechtssystems, beruht nun einmal eindeutig auf der Unterstellung von Willensfreiheit. Das gilt, wie beschrieben, auch für die rechtlichen Regelungen zum Suizid und zur Patientenverfügung. Die Frage ist also, ob es auch eine Position gibt, die von einer Vereinbarkeit der deterministischen Verursachung und dem freien Willen ausgeht. Die diesbezügliche These des Kompatibilismus (vgl. Bieri 2001; Erb 2003; Pauen 2016) ist darauf abzuklopfen, ob und ggf. was sie uns im Hinblick auf ein selbstbestimmtes Sterben an Erkenntnisfortschritt liefern kann. Interessanterweise ist eine der ersten Differenzierungen, die mit dieser Position verbunden ist, diejenige, die sich auch am Ende unserer Analyse zu Selbstbestimmung und Kontrolle über das (eigene) Leben(sende) ergeben hat: nämlich die Unterscheidung von Willens- und Handlungsfreiheit (z. B. Bieri 2001, 43ff.). Bei der Willensfreiheit geht es um die Entscheidung zu einem Handeln, bei der Handlungsfreiheit um das Problem, ob ich in der jeweiligen Situation auch in der Lage bin, diese Entscheidung zu realisieren. Ich kann mich bewusst dafür entscheiden, in einen Fluss zu springen, um ein verunglücktes Kind zu retten; aber die Strömung ist u. U.so stark, dass es mir nicht gelingt, die beabsichtigte (intendierte) Handlung auch auszuführen. Wenn man diese Unterscheidung auf die Situation des Suizidwilligen zurückwendet, wird klar, dass es sich zum einen um die Freiheit und damit Legitimität (Gerechtfertigtheit) des Suizid-Entschlusses handelt (Willensfreiheit) und zum anderen um die Möglichkeiten vs. Grenzen seiner Realisierung, nicht zuletzt unter Beihilfe anderer (‚Sterbehilfe'). Ich werde daher im Folgenden zunächst die Aspekte diskutieren, die aus der Kompatibilismus-Position für das Verständnis eines Suizid-Entscheids in Willensfreiheit zu gewinnen sind, um diese dann im nächsten Kapitel (4.) in Richtung auf die Konzeption eines rationalen Suizids auszuarbeiten. Erst danach macht es, wie angekündigt, Sinn, die Frage nach den Möglichkeiten der Handlungsfreiheit im Rahmen auch eines ‚assistierten Suizidprozesses' (Kap. 5) zu behandeln.

Den Ausgangspunkt für die moderne Form des Kompatibilismus als Vereinbarkeit von Determinismus und Willensfreiheit bilden die bahnbrechenden Arbeiten von Frankfurt (1981; 1988; 1999), der zwei Stufen des Wollens unterscheidet (von ihm Volitionen erster und zweiter Ordnung genannt): einmal die direkt aufs Handeln bezogenen Wünsche und Absichten; und zum anderen die übergeordneten Einstellungen und Werthaltungen, von denen aus die (eigenen) Handlungsabsichten bewertet werden. Willensfreiheit liegt nach Frankfurt dann vor, wenn die Volitionen erster und zweiter Ordnung übereinstimmen, wenn ich also das zu tun beabsichtige, was ich für richtig halte, was ich tun will. Willensfreiheit ist nach dieser Konzeption ein reflexives Konzept, das in der Übereinstimmung der Wollensebenen besteht, durch die eine Person frei ist, das zu wollen (Volition erster Ordnung), was sie wollen will (Volition zweiter Stufe) (vgl. auch Bieri 2001; Erb 2003; Kane 2002). Die praktische (psychologische) Brauchbarkeit dieses theoretischen (philosophischen) Modells zeigt sich besonders eindrücklich an Phänomenen der Willensunfreiheit. Klassische Beispiele dafür sind phobische Angstreaktionen und Suchtverhalten. Wenn jemand (in unseren Breitengraden) eine Spinnen-Phobie hat, dann weiß er, dass diese Angst unberechtigt ist, weil Spinnen bei uns völlig ungefährlich sind; obwohl er diese Angst also nicht haben will, reagiert er beim Anblick auch der kleinsten Spinne mit einer panischen Vermeidungs- bzw. Fluchtreaktion. Den Gegenpol auf der Seite der Reaktionen bildet das Suchtverhalten, bei dem es sich nicht um eine Vermeidens-, sondern Aufsuchensreaktion handelt. Aber das Wissen um die Unangemessenheit dieser Reaktion besteht genauso. Wenn jemand eine Spielsucht hat und sprichwörtlich ‚Haus und Hof verspielt', dann hält er das praktisch immer für einen Fluch, dem er am liebsten entkommen will. In beiden Fällen (der phobischen Angst wie der Sucht) liegt Willensunfreiheit vor, weil die Person von ihren übergeordneten Werthaltungen und Einsichten her ihr konkretes Handeln eigentlich gar nicht will. Sie kann nur den situativen Reizauslösern nicht widerstehen und kommt so zu einem Handeln, das ihrem persönlichkeitszentralen (durch Werthaltungen bedingten) Wollen widerspricht (ausführlicher Erb 2003, 282ff.). Weil Willensfreiheit anthropologisch nur dem reflexiven Mensch gegeben ist (vgl. ausführlich Fenner 2008, 141ff.), fällt hier das Gefühl von Unfreiheit mit dem objektiven Tatbestand der (Willens-)Unfreiheit zusammen.

Bei diesen klassischen Unfreiheitsbeispielen ist die Inkohärenz zwischen den Volitionen erster und zweiter Stufe dadurch gekennzeichnet, dass die übergeordnete Volition sozusagen die richtige (eigentliche, persönlichkeitszentrale) Bewertung enthält, während die unmittelbare, situationale Volition dagegen verstößt. Es sind aber selbstverständlich auch umgekehrte Fälle von Widersprüchlichkeit zwischen unmittelbarem Wollen und reflexiver Volition denkbar. Wenn jemand spontan nach einem unverschuldeten Unfall nicht, wie von der Werkstatt praktisch selbstverständlich vorgeschlagen, die Schäden aus einer früheren Kollision mit dem Garagentor mitreparieren lassen will, kann ihn die Werkstatt u. U. mit dem Hinweis darauf zu überzeugen versuchen, dass das alle machen und die Versicherungen das längst in die Beiträge eingerechnet haben; das wäre dann eine Beeinflussung in Richtung auf Veränderung der übergeordneten Bewertungen (Volitionen zweiter Ordnung) – durch die allerdings nur eine scheinbare Willensfreiheit hergestellt würde, weil wahrscheinlich ein Nicht-Zusammenpassen mit anderen generellen Werthaltungen zustande käme, z. B. dass sich moralische Entscheidungen (grundsätzlich) nicht danach ausrichten sollten, was ‚alle machen'. Oder wenn der Steuerberater versichert, dass ein (eigentlich unzulässiger) Steuertrick ganz legal sei, weil hier eine Gesetzeslücke vorliege, so dass man nicht gegen die grundsätzliche Einstellung verstoße, die dem Staat die Steuereinnahmen als notwendig für die Erfüllung der Gemeinschaftaufgaben zuspricht; hier besteht die scheinbare Willensfreiheit in der falschen, nur vorgetäuschten Übereinstimmung von konkreter Handlung und übergeordneter Werthaltung. Zurückgewendet auf die Frage des selbstbestimmten Suizids wird unmittelbar deutlich, dass die besprochene strukturelle Gewalt in erster Linie bei der Beeinflussung von Volitionen zweiter Ordnung ansetzt – indem über Thesen wie die ‚Gottesebenbildlichkeit des Menschen' die ‚Unverfügbarkeit des Lebens' gegen den suizidalen Sterbenswillen gerechtfertigt werden soll. Personale Gewalt dürfte sich dagegen mehr auf die konkreten Handlungen beziehen, indem ggf. mit unvollständigen Informationen über den Krankheitszustand, unrealistischen Hoffnungsversprechen etc. die Bereitschaft ‚zum Ausharren' erreicht werden soll. Beides stellt aber eindeutig einen Manipulationsversuch dar, das eine Mal durch den Rückgriff auf Argumente, die mit dem Wertesystem des Betroffenen nicht übereinstimmen, das andere Mal durch das Vorenthalten von Information oder deren verzerrte Darbietung. So oder so verstößt jeder Manipulationsversuch gegen die Würde des Menschen (vgl. eingehend Bieri 2013, 124ff.)

Willensfreiheit besteht also in der Übereinstimmung von Volitionen erster und zweiter Ordnung, die im Laufe eine Persönlichkeitsentwicklung (möglichst ohne Manipulation) erreicht wird. In dieser Persönlichkeitsentwicklung liegt dann auch der zentrale Ansatz, mit dem der Kompatibilismus den Determinismus und die Willensfreiheit verbindet. Willensfreiheit ist nicht völlige Ungebundenheit von den Bedingungen unseres Handelns und Denkens, denn solche Ungebundenheit würde unser Handeln völlig zufällig und damit letztlich unfrei machen: weil von den jeweiligen, beliebigen Situationsbedingungen abhängig (vgl. Bieri 2001, 230ff.). Willensfreiheit bedeutet im Gegenteil durchaus Gebundenheit an vorlaufende Bedingungen, aber an die ‚richtigen' Bedingungen/Determinationen. Und die ‚richtigen Bedingungen' sind die von mir als persönlichkeitszentral erkannten Einstellungen und Werthaltungen. Wenn mein Handeln, mein Wollen auf der unmittelbaren, direkten Handlungsebene meinem Wollen auf der Ebene der Werthaltungen entspricht, dann fühle ich mich und bin in meinem Willen frei. *„Die Freiheit des Willens liegt darin, dass er auf eine ganz bestimmte Weise bedingt ist: durch unser Denken und Urteilen."* (Bieri 2001, 80; kursiv im Original).

Wenn man es genauer analysiert, kann man Determiniertheit an drei Stellen identifizieren, die alle mit dem (kompatibilistischen) Konzept von Willensfreiheit verbunden sind. Den Kern bildet die gerade herausgearbeitete Determination der unmittelbaren Handlungs-Volitionen (erster Ordnung) durch die Wertungs-Volitionen (zweiter Ordnung). Aber ich entscheide mich, ausgehend von meinen übergeordneten Wertungen, ja deshalb für bestimmte Handlungsoptionen, weil ich damit die von meinen Werthaltungen aus sinnvollen, angestrebten Ziele erreichen will. Das bedeutet, ich gehe auch davon aus, dass meine Handlungen (möglichst stark) wirksam sind, dass es eine (determinierende) Wirkung meiner Handlungen in Richtung auf die angestrebten Effekte gibt. Das ist die Determination auf der Wirkungsseite von Willensfreiheit. Noch wichtiger – und für die Freiheitsdiskussion sowohl umstrittener als auch weiterführender – ist die Determination auf der Entstehungsseite des freien Willens. Meine Werthaltungen habe ich im Laufe meines Lebens entwickelt, indem ich Einflüsse der Umwelt aufgenommen, kritisch verarbeitet und mit schon vorhandenen Überzeugungen zu meiner individuellen Lebensgeschichte umgeformt habe (vgl. Erb 2003, 286ff.). Auch in Bezug auf die Entwicklung meiner Volitionen zweiter Ordnung bin ich an Determiniertheit interessiert, sonst würde ich ohne Lebensgeschichte dastehen und die Übereinstimmung von Handeln und reflexivem Urteilen wäre ein punktuelles Ereignis ohne existenziellen Tiefgang. Aus dieser dreifachen Determiniertheit im (kompatibilistischen) Konzept der Willensfreiheit resultieren nun aber zwei eminent wichtige und konstruktiv weiterführende Konsequenzen: nämlich die Mehrschichtigkeit des Determinationskonzepts sowie die mehr oder minder große Verankerung der Willensfreiheit in der Lebensgeschichte, was mögliche Abstufungen von Freiheit impliziert (graduelles Konzept von Willensfreiheit).

Von der mehrstufigen (reflexiven) Konzeption der Willensfreiheit im Kompatibilismus aus wird die übermäßige, reduktive Vereinfachung des Inkompatibilismus auch und gerade in Bezug auf den Determinationsbegriff deutlich. Der Inkompatibilismus operiert mit einem dichotomisierenden (entweder-oder-)Gegensatz von Determinismus und (Willens-)Freiheit, was gleichzeitig auch eine Alles-oder-nichts-Vorstellung enthält. Das kommt dem vereinfachenden Alltagsdenken entgegen und macht ihn deshalb für viele so faszinierend und unmittelbar einsichtig. Dabei wird die Determination als Verursachung durch Bedingungen (*nur*) außerhalb vom Individuum angesetzt: zum einen über die genetische Vererbung, zum anderen über die Einflüsse der Umwelt. Determination legt dann die Assoziation nahe, dass der Mensch das (passive) Opfer dieser Bedingungen ist, denen er ohnmächtig ausgeliefert sei. Theoretisch wird damit eine unzulässige Vermischung des Begriffs ‚Naturgesetz' mit dem handlungstheoretischen Sprachspiel vorgenommen, als würde die Natur eine Art Zwang auf den Menschen ausüben und dadurch (vollständige) Macht über ihn gewinnen. Die Unangemessenheit dieser Assoziation wird deutlich, wenn man sich (mit Bieri 2001, 250ff.) klar macht, dass Ohnmacht notwendig Merkmale umfasst, die hier nicht gegeben sind: nämlich unter anderem, dass das Geschehen nicht beeinflussbar ist und von der ohnmächtigen Person nicht gewünscht wird. Beides gilt aber für den freien Willen gerade nicht. Und empirisch ist die ausschließliche Lokalisation des Determinismus in Bedingungen, die von außerhalb des menschlichen Subjekts auf dieses einwirken, schlichtweg falsch. Wenn die verschiedenen Strömungen der empirischen Psychologie in Bezug auf eine Erkenntnis am Ende des 20. Jahrhunderts übereinstimmen, dann ist das die kognitive Konstruktivität der menschlichen Weltverarbeitung (vgl. Gergen 2002; Westmeyer 1999). Wie die Umwelt auf mich einwirkt, hängt (mit-)entscheidend von der Bedeutung ab, die ich den Zuständen und Ereignissen der Welt zuschreibe. Das lässt sich sehr anschaulich schon am Gebrauch der Sprache beobachten (vgl. Funke & Frensch 2006, 575ff.): Wenn beim Hören eines sinnvollen Satzes zwischendurch ein Wort durch das Husten einer anderen anwesenden Person verdeckt wird, merken das die meisten Zuhörer gar nicht, weil sie das (nicht-gehörte) Wort unwillkürlich (rekonstruierend) ergänzen. Und bei ironischen Äußerungen sind wir ohne Schwierigkeiten in der Lage zu verstehen, was eigentlich gemeint ist, selbst wenn es das Gegenteil des direkt Geäußerten ist (Groeben & Scheele 2003). Diese Konstruktivität betrifft dann auch die (subjektive) Erklärung von (Lebens-)Ereignissen. Ich kann einen Misserfolg in einem bestimmten Leistungsbereich auf fehlende Begabung oder zu wenig Anstrengung zurückführen – mit weitreichenden Folgen für die Zukunft: nämlich aufzugeben oder sich das nächste Mal mehr anzustrengen (vgl. Stiensmeier-Pelster & Heckhausen 2010). Gleiches gilt nicht nur für die kognitive, sondern auch für die emotionale und motivationale Dimension der menschlichen Entwicklung. Man kann sich unterschiedliche Vorbilder aus seinem sozialen Umfeld auswählen und auf diese Weise zu unterschiedlichen Ausprägungen von Empathie (Scheele & DuBois 2006; Scheele 2014) oder Ungerechtigkeitssensibilität (Schmitt et al. 2009) kommen. So stellt der Einfluss der Umwelt keine eindimensionale Determination quasi ohne Mitwirkung der Person dar, sondern auch die Sozialisation ist ein Prozess der Ko-Konstruktion (vgl. Youniss 1994). Das heißt, die Gesellschaft (Umwelt) bietet dem Individuum Entwicklungsmodelle an, denen gegenüber das Individuum aktiv auswählend, gegebenenfalls auch modifizierend bis ablehnend reagiert (Groeben 2004). Die Phase der Pubertät ist hierfür nur das offensichtlichste Beispiel. Grundsätzlich bedeutet das: Das Individuum bildet ebenfalls einen essenziellen Faktor bei der Entstehung seiner Werthaltungen als übergreifenden Wollensdimensionen (Volitionen zweiter Ordnung). Die ‚richtige Determination' des freien Willens umfasst gerade auch die (Mit-)Verursachung des Wollens durch die (ko-)konstruktive Verarbeitung von (Um-)Welt und Lebensereignissen. Damit ist die übervereinfachende Determinations-Vorstellung des Inkompatibilismus aufgelöst, die nur ein ‚Außen' kennt, dem der Mensch als *Objekt* scheinbar (‚ohnmächtig') ausgeliefert ist. Sie wird aufgelöst hin zu einem mehrschichtigen Determinations-Konzept, das in Übereinstimmung mit der umfassenden psychologischen Empirie das *Subjekt* als konstitutiven Faktor der Determination einbezieht. Darin wird (noch einmal) das zentrale Argument des Kompatibilismus in seiner ganzen Konsequenz greifbar: Willensfreiheit ist mit dem Determinismus nicht nur in dem Sinn vereinbar, dass sich Determinismus und Willensfreiheit nicht ausschließen, sondern Willensfreiheit setzt den Determinismus (in Bezug auf das Subjekt als Einflussfaktor für die eigene Entwicklung) voraus. Nicht zuletzt resultiert aus dieser Relevanz des Subjekts für die eigene

Lebensgeschichte unweigerlich, dass die Sozialisation als Ko-Konstruktion zu unterschiedlichen Werthaltungen und Weltsichten führt, selbst wenn die soziale Umwelt identisch ist; das gilt natürlich umso mehr, wenn man die ökonomischen, kulturellen und religiösen Verschiedenheiten in unserer globalisierten Welt berücksichtigt. Und dazu gehören nicht zuletzt auch die Vorstellungen über die Würde des Menschen – im Leben wie im Sterben.

Die Überwindung jener Alles-oder-nichts-Position, die der Inkompatibilismus durch sein eindimensionales Determinismus-Konzept einnimmt, betrifft nun aber auch die Modellierung der Willensfreiheit selbst. Es geht nicht mehr (nur) um die einfache Frage, ob wir dem Menschen diese Freiheit überhaupt, d. h. ganz oder gar nicht, zuschreiben können bzw. dürfen. Vielmehr handelt es sich bei der Willensfreiheit um ein grundsätzliches Merkmal des Menschen im Sinne einer *Potenzialität*. Er ist prinzipiell zu Willensfreiheit fähig, aber sie kann mehr oder weniger umfassend ausgeprägt sein, d. h. u. U. auch völlig verfehlt werden – wie die besprochenen Phänomene der Sucht, Phobie und des Affekt-Suizids belegen. Der Kompatibilismus führt also zu einer graduellen Konzeption von Willensfreiheit, die unterschiedliche Ausprägungsgrade kennt: Willensfreiheit ist zwar ein anthropologisches Grundmerkmal menschlicher Existenz, zugleich aber auch eine Aufgabe, weil sie vom Subjekt immer und immer wieder zu erarbeiten ist. In dieser Einsicht der Willensfreiheit als existenzieller Aufgabe liegt denn auch der essenzielle, unverzichtbare Beitrag des kompatibilistischen Freiheitsmodells für die Frage des Sterbewillens. Im Optimalfall ist dieser Wille Teil einer Entwicklung, in der die Reflexionen (Volitionen zweiter Ordnung) zunehmend ausdifferenziert, aufeinander bezogen und stabilisiert worden sind. Die Quantität und Qualität der Beziehungen zwischen den übergreifenden Werturteilen und den situationalen Willensentscheidungen (Volitionen erster Ordnung) wird vergrößert, wodurch der Wille immer tiefer mit der Persönlichkeit verbunden ist. Das umfasst die obersten Grundwerte der Person, ihre Lebensziele wie auch die Rechtfertigung dieser Ziele. Für diese Rechtfertigung sollten einerseits zweckrationale Begründungen relevant sein, bei denen es um die empirische Gültigkeit der Überzeugungen geht; andererseits aber auch wertrationale Begründungen, die unabhängig von der empirischen Brauchbarkeit die humane Wertigkeit von Handlungen betreffen. Auf diese Weise können die jeweiligen Willensentscheidungen als rational bezeichnet werden, insofern sie vom Realitäts- wie auch Wertbezug her begründet sind und d. h. eine Integration von Denken, Fühlen und Handeln aufweisen, die zugleich in der Persönlichkeit(sentwicklung) des jeweiligen Individuums verankert ist. Das meint die Rede davon, dass eine rationale Entscheidung auf ‚guten Gründen' basiert (vgl. Fenner 2008, 289ff.), die also empirisch – in den menschenmöglichen Grenzen – realitätsadäquat ist und durch reflexives Abwägen in Bezug auf die relevanten Wertdimensionen zustande gekommen ist (vgl. Wittwer 2020, 75ff.). Soweit sich solche rationalen Willensentscheidungen auf existenzielle Lebensfragen beziehen, bilden sie den Kern der personalen Selbstidentität (Frey 1987; Keupp et al. 1999). Das gilt selbstverständlich nicht zuletzt für die Frage des Suizids. Dabei ist – noch einmal – mit Nachdruck festzuhalten, dass eine derartige Willensfreiheit selbstverständlich auch durch die Übereinstimmung von christlich-religiösen Werthaltungen (auf der Ebene zweiter Ordnung) mit der Entscheidung gegen jede Suizidmöglichkeit (auf der Ebene erster Ordnung) gegeben sein kann. Aber mit gleichem Recht kann es auch eine freie Willensentscheidung für einen rationalen Suizid geben!

Eine solche persönlichkeitsintegrierte Willensentscheidung ergibt sich allerdings nicht von selbst, sondern erfordert eben Entwicklungsstufen. Man kann (mit Bieri 2001, 385ff.) deren drei unterscheiden, die eine zunehmende Ausdifferenzierung und Verankerung der Volitionen in der Persönlichkeitsstruktur bedeuten. Die erste Stufe besteht in der expliziten Artikulation des Willens, vorzugweise auf sprachliche Art, aber auch bildliche Artikulationen sind denkbar. Die Artikulation ist vor allem dazu geeignet, mögliche Inkohärenzen zwischen den Volitionen erster und zweiter Ordnung aufzudecken, vor denen das Individuum bis dahin u. U. unwillkürlich die Augen verschlossen hat. Die genaue Benennung des Willens kann und wird auf diese Weise potenzielle Selbsttäuschungen auflösen; bei der Frage des Sterbens z. B. in Bezug auf die eigene Leidensbereitschaft und -fähigkeit, über die man sich eventuell bisher noch nicht bewusst Rechenschaft abgelegt hat. Die nächste Stufe besteht im Verstehen des eigenen Wollens. Hier geht es vor allem um das Bemerken möglicher Ungereimtheiten zwischen den Volitionen erster und zweiter Ordnung, aber auch zwischen verschiedenen Volitionen auf der zweiten Ebene. Ein schönes Beispiel in Bezug auf das Suizid-Problem hat hier ein Interview (in der ZEIT; vgl. Bedford-Strohm 2015, 136) mit dem ehemaligen Vorsitzenden der EKD, Nikolaus Schneider, erbracht. Er hat, wie von seinem Glauben vorgeschrieben, jeglichen Suizid, so auch den assistierten bei einer Schweizer Hilfsorganisation, abgelehnt, zugleich aber zugestanden, dass er seine Frau, wenn sie sich zu einem solchen Suizid entschließen sollte, aus Liebe auf diesem Weg begleiten würde. Das hat verständlicherweise die Kritik ausgelöst, dass er anderen Mitgliedern seiner Kirche eine vergleichbar barmherzige Liebe versagen würde – und das im Namen Gottes. Dass darin eine

Unstimmigkeit liegt, ist auch nicht durch den Hinweis (von Bedford-Strohm 2015, 138f.) aufzulösen, dass ja nicht er selbst, sondern nur seine Frau die Suizid-Hilfe in Anspruch nehmen würde. Worum es beim Verstehen des (eigenen) Willens geht, ist selbstverständlich auch dessen allgemeine Geltung, soweit sich die übergeordneten Volitionen (zweiter Ordnung) auf eine einschlägige Gesamtheit von Situationen wie Personen beziehen (im Sinne des Kant'schen Imperativs als höchster Stufe der Moralentwicklung; vgl. Heidbrink 2008; Kohlberg 1996). Die dritte und letzte, vollständigste, Stufe der Willensbildung stellt der ‚gebilligte Wille' dar, mit dem ich mich identifizieren kann. Es ist der Wille, der zu meinem Selbstbild passt, den ich als zentral für mein Ich empfinde, mit dem ich voll und ganz übereinstimme. Wenn der Prozess des Verstehens zu der Einsicht führt, dass ich u. U. bestimmte Werthaltungen übernommen habe, die nicht zu den übrigen Grundwerten meines Selbstbildes passen, dann bedeutet die Umorientierung des Wollens in Richtung auf eine vollkommene(re) Entsprechung zum Kern meines Ichs eine Überwindung von innerer Zensur. Eine solche Überwindung von (interner) Zensur dürfte bei denjenigen Christen vorliegen, die auf weiten Strecken die von ihrer Religion vorgegebenen Werthaltungen verinnerlicht haben, aber bei der Frage des Suizids dem Wertungshorizont ihres Glaubens nicht mehr folgen können und wollen (was immerhin auf über 80 % der Katholiken und Protestanten zutrifft; vgl. voriges Kapitel; dass damit auch die Kohärenz der Werthaltungen auf der übergeordneten, allgemeinen Ebene fraglich werden kann, muss hier nicht meine Sorge sein). Wenn man den bisher vorhandenen gesellschaftlichen Rahmen mit seinen Dynamiken gegen das Recht auf Selbstbestimmung im Sterben (vgl. oben Kap.2) berücksichtigt, wird man daher auf jeden Fall davon ausgehen können, dass der Wille zu einem Suizid zumeist ein intensiv erarbeiteter, rationaler Wille ist (s. nächstes Kap.)!

Im Idealfall kann der Einzelne diese Erarbeitung und Vertiefung des freien Willens aus eigener Kraft erreichen. Das wird aber nicht immer gelingen, insbesondere nicht, wenn dem psychische Krankheitszustände wie Depression etc. entgegenstehen. Dann ist die Person auf Hilfe z. B. von therapeutischer Seite angewiesen. Das widerspricht aber keineswegs der Würde des Menschen, weil es sich dabei nicht um Manipulation handelt, sondern um eine frei verabredete Einflussnahme zur Steigerung der Selbsterkenntnis und Selbstkontrolle (Bieri 2013, 84, 143f.). Doch auch unabhängig von der Notwendigkeit eines solchen Dialogs im Rahmen therapeutischer Hilfe spielt Dialogizität bei der freien Willensentscheidung eine wichtige Rolle. Denn zum einen bilden sich unsere Werthaltungen und Einstellungen selbstverständlich in Interaktion mit der Umwelt – selbst dann, wenn es um eine dezidierte Gegenposition zu von der Gesellschaft oder jeweiligen Gemeinschaft/Bezugsgruppe vertretenen Positionen geht (s. o. und Lewinski 2008, 36ff.). Zum anderen gibt es in der Regel für den Suizidwilligen ein soziales Umfeld, dem gegenüber er/sie die Suizid-Entscheidung begründen, rechtfertigen sollte, weil der Suizid für die Betroffenen (Angehörigen, Freunde etc.) ein zu bewältigendes Lebensereignis darstellt. Die Rücksicht auf diejenigen, die mit den Folgen des Suizids (weiter) leben müssen, kann und sollte idealer Weise in die moralische Abwägung über die (freie) Willensentscheidung für oder gegen die Selbsttötung mit einfließen (vgl. Wittwer 2003, 341ff. und genauer u. Kap. 5.). Und zum Dritten stellt der Dialog mit relevanten Bezugspersonen auch eine bestmögliche Sicherung gegen irrationale Kurzschlusshandlungen, also gegen die Möglichkeit eines Affekt-Suizids, dar (vgl. im Einzelnen unten Kap. 4.). Im Optimalfall ist also sowohl in Form eines quasi virtuellen Dialogs mit sich selbst als auch eines realen Dialogs mit sozialen Bezugspersonen die Rechtfertigung für den Sterbewillen zu entwickeln, die die eigene (selbst mitbestimmte) Lebensgeschichte, die übergreifenden Werthaltungen und die konkreten Handlungsentscheidungen in Übereinstimmung bringt. Das ist die selbstbestimmte Autonomie, wie sie auch im Grundgesetz der BRD als Persönlichkeitsrecht festgeschrieben ist (Art. 2 Abs. 1 in Verbindung mit Art. 1 Abs.1: siehe BVerfG 2020b). Für das Problem des selbstbestimmten Sterbens folgt daraus, dass die Erarbeitung des freien Willens auf die Rechtfertigung eines rationalen Suizids hinausläuft.

4. Die Pflicht zur Rationalität im Entscheiden

Das Recht auf Selbstbestimmung im Sterben hat sich in letzter Konsequenz als Recht auf Willensfreiheit erwiesen, die sowieso die Grundlage unserer Gesellschafts- und Rechtsordnung darstellt. Ohne Willensfreiheit kann ich nicht von der Verantwortlichkeit des Individuums für seine Handlungen ausgehen, die aber in unserem Gemeinschaftsleben als Standardfall vorausgesetzt wird; denn nur für eventuelle Ausnahmen (wie Bewusstlosigkeit, Unzurechnungsfähigkeit etc.) gibt es explizite (gesetzliche) Regelungen. Nun kann (und sollte) das Recht immer nur Minimalbedingungen für richtiges Handeln angeben (vgl. Kamlah 1976, 14), zumeist auch in Form von Verboten unerlaubten Handelns. ‚Gutes' Handeln greift in der Regel auf weitere, z. B. moralische Normen zurück (vgl. Flaßpöhler 2013, 124; Wittwer 2020, 43ff., 137ff.). Insofern ist die moralische Reflexion und Diskussion des Suizids nicht von vornherein unangemessen oder schädlich. Das Problem mit der bisherigen ‚Moralisierung des Suizids' besteht darin, dass die Moralperspektive hier überwiegend eingesetzt wurde, um die erreichten Entwicklungen des Rechts (auf Selbstbestimmung) einzuschränken oder sogar aufzuheben (vgl. in den vorhergehenden Kapiteln die Ideologie/n als strukturelle Gewalt mit den entsprechenden Effekten von personaler Gewalt etc.). Im Gegensatz dazu ist eine moralische Argumentation dann nicht nur unschädlich, sondern sogar angezeigt, wenn sie eine Weiterführung und existenzielle Vertiefung des (Selbstbestimmungs-)Rechts darstellt. Dies trifft auf die moralischen Implikationen des Konzepts ‚Willensfreiheit' zu. Wer mit einem Entschluss zum selbstbestimmten Sterben das Recht auf Willensfreiheit für sich in Anspruch nimmt, der sollte auch bemüht sein, diesem Recht möglichst angemessen gerecht zu werden und d. h.: die Willensfreiheit in bestmöglicher Weise zu realisieren. Nach dem vorgestellten Modell von Willensfreiheit bedeutet das neben den ‚guten Gründen' im Sinn einer realitätsadäquaten Situationsbeschreibung und -bewertung (vgl. auch Wittwer 2020, 75ff.) vor allem eine möglichst starke Verbindung dieses Willens mit den zentralen Dimensionen und Strukturen der eigenen Persönlichkeit, so dass von einem rationalen Suizid (im Sinne der Integration von Denken, Fühlen und Handeln auf existenzieller Ebene) die Rede sein kann (ebda., 86ff.). Die Existenzialität zeigt sich darin, dass es bei der Rechtfertigung des (rationalen) Suizids vor allem um die menschliche Würde und ein sinnvolles Leben geht. In Bezug auf letzteres wird häufig davon gesprochen, dass das Leben unter bestimmten Bedingungen nicht mehr als lebenswert empfunden wird. Da diese Wortwahl aber eine semantische Nähe zu dem unseligen Begriff des ‚unwerten Lebens' im sog. Euthanasie-Programm der Nazis hat, sind andere Benennungen vorzuziehen (vgl. auch z. B. Fenner 2008, 355f.), weswegen ich im Folgenden den Begriff ‚sinnvolles Leben' verwende. Denn wenn das (Weiter-)Leben für jemanden keinen Wert mehr darstellt, sieht er darin auch keinen Sinn; und der Sinn, den ich mit meinem Leben verbinde, macht es auf jeden Fall (für mich) auch wertvoll: lebenswert.

Jeder solcher Sinn ist allerdings ein personaler und damit individuell-subjektiver – genauso wie die Vorstellung von menschlicher Würde nicht überindividuell mit allgemeinem Geltungsanspruch festzulegen ist (s. o. Kap. 1. und 2. z. B. die ‚Gottesebenbildlichkeit' des Menschen als Kern der ‚Unverfügbarkeits'-These).

Diese Subjektivität ist jedoch kein zu tolerierender Mangel, sondern ein essenzielles Merkmal der (Willens-)Freiheit, soll sie doch mit der (individuell-subjektiven) Lebensgeschichte als der ‚richtigen Determination' meines Wollens in Übereinstimmung stehen (s. o. und unter ethischer Perspektive Schöne-Seifert 2020, 28ff.). Das wirkt sich als Ko-Konstruktivität der Sozialisation aus, die notwendigerweise zu jenem Pluralismus der Wertvorstellungen und Lebensentwürfe führt, der für unsere Gesellschaft konstitutiv ist und von ihr geschützt werden muss. Daraus folgt, dass (auch) die Rationalität des Suizidwillens notwendigerweise eine subjektive ist und sein soll: Der rationale Suizid entspringt aus der Lebensgeschichte der Person und ist auch nur von ihr aus zu verstehen und d. h. unter Rückgriff auf die Innensicht des Einzelnen und seine Wertüberzeugungen zu rechtfertigen (vgl. Wittwer 2020, 86ff.). Subjektivität (der Innensicht) und Rechtfertigung schließen sich nicht gegenseitig aus, wie es beim Blick auf die bisherige moralische Diskussion des Suizids häufig erscheinen mag. Denn das Recht auf ein selbstbestimmtes Sterben wird zumeist von der Außensicht, nicht von der Innensicht des Sterbewilligen aus bestritten. Deshalb hat sich Amery (1976) zum radikalen Verfechter der Innensicht gemacht, der der Gesellschaft das Recht bestreitet, den Suizid(-Willigen) von außen zu betrachten und zu bewerten: „Mitreden darf nur, wer da eingetreten ist in die Finsternis. Er wird nichts herausfördern, was im Lichte draußen als nützlich erscheint." (ebda., 18) „Worauf ich hinaus will, ist ja nur der cruciale Punkt, an dem sich herausstellt, daß jegliche Suizidforschung, die psychologische, soziologische, im Namen der Gesellschaft spricht – und dies auch dann, wenn sie bestehende gesellschaftliche Ordnungen schärfstens kritisiert! – anstatt den Suizidär dort zu suchen, wo allein er auffindbar ist: in seinem eigenen und unveräußerlichen System." (ebda., 89) Die Innensicht des Suizidwilligen ist (für Amery) die letzte und einzige Instanz, die jede Frage nach der Rechtfertigung unsinnig, unzulässig macht. Das ist ein sich-Wehren gegen die übermächtige Negativ-Bewertung von der Außensicht aus. Nach all den Erfahrungen mit struktureller und personaler Gewalt gegen ein selbstbestimmtes Sterben ist diese Verteidigung absolut verständlich, – und trotzdem bedeutet sie, das Kind mit dem Bade auszuschütten. Man kann und sollte auch hier beide Frageperspektiven trennen und nacheinander behandeln. Also zunächst die Frage nach der Rechtfertigung des rationalen Suizids aus der Innensicht stellen: nach einer Rechtfertigung, die nicht nur möglich ist, sondern von der beanspruchten Willensfreiheit aus sogar eine moralische Pflicht darstellt. Und danach klären, wie die Gesellschaft mit dieser Rechtfertigung aus der Innensicht umgehen kann und sollte, ohne von der Außensicht aus die Innensicht de facto zu negieren, d. h. sie in irgendeiner Form von Gewalt zu missachten. Dementsprechend sollen im Folgenden zunächst die wichtigsten Varianten eines rationalen (subjektiv gerechtfertigten) Suizids herausgearbeitet werden, um danach das Problem anzugehen, ob die Gesellschaft irgendwelche Sicherheiten in Bezug auf diese (oder sogar über die Subjektivität hinausgehende) Rationalität geltend machen kann oder nicht (darf).

Die Situation, die am häufigsten – auch gerade im Zusammenhang mit der ‚Sterbehilfe' – diskutiert wird, ist die des ***Leidens-Suizids***. Es handelt sich dabei typischerweise um das Endstadium einer unausweichlich zum Tod führenden Krankheit, die für die erkrankte Person mit unerträglichen Leiden verbunden ist. Dazu zählen neben den unterschiedlichen Krebstumoren auch schwerwiegende neurologische Erkrankungen (wie Multiple Sklerose und Amyotrophe Lateralsklerose) sowie hochgradige unfallbedingte Querschnittslähmungen (vgl. Arnold 2014, 25ff.; Lewinski 2008, 15ff.). Das sind auch die paradigmatischen Fälle, die im Mittelpunkt jener Gesetze stehen, die einen ärztlich assistierten Sterbebeistand zulassen (z. B. in den Niederlanden, Belgien, den USA-Staaten Oregon, Washington etc; s. u. Kap. 5). Als Leiden stehen hier, gerade aus Laiensicht, die drohenden, nicht aushaltbaren Schmerzen im Vordergrund. Dem wird von ärztlicher Seite nicht selten entgegengehalten, dass die heutige Palliativmedizin mit den vorhandenen Opiaten (Morphium etc.) solche Schmerzen durchaus ‚in den Griff bekommen' kann. Allerdings muss man festhalten, dass dies zumindest für 10–15 % der Patienten nicht gilt (vgl. Küng 2009, 217f., Ridder 2011, 101ff.). Überdies ist das aber ein rein theoretischer Wert, weil in der Praxis viele und z. T. strukturelle Hindernisse einer angemessenen Schmerztherapie im Wege stehen (Ridder 2011, 109ff.). Das betrifft zum einen die immer noch vorhandene unprofessionelle Einstellung mancher Mediziner, die wegen einer vorgeblichen (aber de facto nicht existierenden) Lebenszeitverkürzung nicht die nötigen Dosierungen verschreiben. Doch selbst wenn sie dazu bereit sind, haben sie mit dem strukturellen Hindernis zu kämpfen, dass es dazu spezieller Rezepte bedarf, die den (abzuschließenden – gesetzliche Vorschrift) ‚Giftschrank' zu öffnen in der Lage sind – was wieder mit ‚Betäubungsmittelbüchern' zu dokumentieren ist. Das Bemühen des Gesetzgebers, einen Missbrauch im Zusammenhang mit Drogensucht zu verhindern, führt an dieser Stelle zu einer „Erhöhung der ärztlichen Verordnungsschwelle, die zahllosen Patienten nach wie vor quälende Leiden beschert." (Ridder 2011, 118) Zudem haben diese Mittel (wie alle wirksame Medizin) auch Nebenwirkungen (wie Verstopfung etc.), die auch wieder angegangen werden müssen (ebda., 114). Es kommen Gefahren wie Atemnot, das Gefühl zu ersticken, hinzu, die noch mehr als Schmerzen mit Vernichtungsangst einhergehen (Ridder 2011, 115). Aber selbst wenn all dies durch palliative Sedierung weitestgehend eliminiert werden kann, resultiert im Endeffekt ein Zustand von Betäubtheit, der mit der normalen wachen Verarbeitung von Welt eines Menschen nichts mehr zu tun hat. Nicht nur die Kontrolle über das eigene Handeln, sondern auch über das Denken und vor allem Fühlen verschwindet. Nun mag es Menschen geben, für die eine solche Fühllosigkeit am Lebensende tröstlich ist. Doch sie kann auch als Verlust der Würde und des sinnvollen Lebens empfunden werden. Wenn dieses Verlust-Gefühl mit den persönlichkeitszentralen Werthaltungen einer Person in Konflikt steht, die sie in einer selbstbestimmten Lebensgeschichte entwickelt hat, dann stellt der Suizidwunsch einen Akt der Willensfreiheit dar, die letzte Möglichkeit, die eigene Würde aufrecht zu erhalten (vgl. Bieri 2013, 359ff.). Für die Innensicht eines solchen rationalen Suizidwunsches gibt es überzeugende Belege von Autoren, die ihr Lebensende tagebuchmäßig begleitet haben (vor allem Burger 1988 und Noll 1984). Der rationale Suizid ist dann ein sich-Wehren dagegen, „daß die Krankheit entscheidet, wann sie vom Patienten genug hat." (Burger 1988, 91) Denn: „Das Leiden übertreibt, nicht der" Suizidwillige (ebda., 104). Deswegen gilt, „daß man sich das Leben nicht nimmt, sondern den Tod gibt." (ebda., 125) „Der Lebenszwang darf einfach nicht so stark sein, dass du all dies" Leiden „über dich ergehen lässt. Der Lebenswille muss sich dem entgegensetzen." (Noll 1984, 28) Denn: „Jesus und die Märtyrer haben *für etwas* gelitten. Leiden für nichts ist sinnlos." (ebda., 41) „‚Hoffnung' scheint für die Ärzte jede Möglichkeit der Lebensverlängerung zu sein. Ich habe einen anderen Begriff von Hoffnung." (ebda., 58) Die rationale, freie Willensentscheidung zum Suizid ist also nicht zuletzt der Weg, die eigene Persönlichkeit vor der Auflösung zu bewahren, die eigene Lebensgeschichte ohne Bruch, ohne Beschädigung abzuschließen. Das führt zu dem immer wieder zu beobachtenden Phänomen, dass der Suizid-Entschluss zwar mit Abschiedsschmerz (vgl. Amery 1976, 103), aber zugleich als Befreiung erlebt wird. „Sehen wir das Leben vom Tode her, werden wir freier, vieles wird leichter, manches intensiver. Etwas zum letztenmal sehen ist fast so gut, wie etwas zum erstenmal sehen." (Noll 1984, 83) Und die Sicherheit, den willensfreien Suizid-Entschluss auch (mit ärztlichem Beistand) realisieren zu können, führt zu einem existenziell intensiven Entlastungsgefühl, das die letzte Lebensphase entscheidend erleichtert, weil sie nicht mehr mit der Angst vor dem Kontrollverlust verbunden ist (vgl. Arnold 2014, 166f.).

Der Leidens-Suizid bedeutet also nicht Lebensmüdigkeit, sondern Leidensmüdigkeit (Ridder 2012, 36). Er enthält eine Zukunftsperspektive, insofern mit ihm weiteres, zukünftiges (eventuell oder sicher noch schlimmeres) Leiden verhindert werden soll. Sicher gibt es Leiden, das als konstruktiv gelten kann bzw. empfunden wird (vgl. Fenner 2008, 331ff.): z. B. die Schmerzen nach einer Operation, die aber zur Gesundung führt und notwendig ist; oder Schmerzen, die im Rahmen einer Glaubenshaltung (s. o.) als sinnvolle Lebensaufgabe begriffen werden. Leidensmüdigkeit aber bezieht sich auf als destruktiv empfundenes Leiden, das eben als nicht notwendig erlebt wird; und das vor allem nicht für jeden aus (unerträglichen) Schmerzen bestehen muss. Für manche sind nicht die Schmerzen das Entscheidende, sondern es ist die damit verbundene negative Veränderung der (eigenen) Persönlichkeit. Deshalb kann sich der freie Wille zum selbstbestimmten Sterben auch auf andere (Lebens-)Situationen beziehen, in denen ebenfalls von einer rationalen Entscheidung gesprochen werden kann. Das hat auch das Bundesverfassungsgericht als Konsequenz aus dem im Grundgesetz verankerten Persönlichkeitsrecht in seinem Urteil zum § 217 StGB (‚geschäftsmäßige Sterbehilfe') festgehalten: „Das Recht auf selbstbestimmtes Sterben ist nicht auf fremddefinierte Situationen wie schwere oder unheilbare Krankheitszustände oder bestimmte Lebens- und Krankheitsphasen beschränkt. Es besteht in jeder Phase menschlicher Existenz." (BVerfG 2020b, 1. 1.a), aa)) Aus psychologischer Perspektive geht es dabei vor allem um die Furcht vor der Auflösung der eigenen Persönlichkeit, der gegenüber sich die Medizin häufig als weitgehend unsensibel erweist. Wolfgang Herrndorf, der Autor des überaus erfolgreichen Jugendromans ‚Tschick', der sein Leben mit einem inoperablen Gehirntumor bis zum Suizid in einem Blog beschrieben hat, beklagt sich: „C. angeschrien, weshalb noch mal, weiß ich nicht, vergessen, wegen nichts. Ich verändere mich. Normal, findet Dr. Vier, Gereiztheit, aber so bin ich nicht, und ich will derselbe sein, bis zum Ende." (2013, 375) Das bedeutet dann allerdings, dass man gegebenenfalls dieses Ende herbeiführen muss, bevor es zum – absehbaren – Persönlichkeitszerfall kommt. Man muss diesem Zerfall zuvorkommen, das ist das Rationale des ***Präventiv-Suizids***. In Abhängigkeit von der jeweiligen Lebensgeschichte und den individuellen Werthaltungen kann sich diese Prävention auf ganz unterschiedliche Persönlichkeitsaspekte beziehen. Für manche mag es der Verlust von Kontrolle über die Sprache sein, z. B. für Literaten (vgl. Herrndorf 2013, 417ff.) oder Wissenschaftler/innen (vgl. Noll 1984). Für andere ist es der Verlust der Würde, den sie bei der Intimpflege durch fremde (oder auch verwandte) Personen empfinden (vgl. z. B. grundsätzlich Bieri 2013, 157ff.). Die Einschränkung der Intimsphäre kann als eine Art von Verletzung empfunden werden, was übrigens auch rechtlich durch die Verbindung von Art. 1 (1) Grundgesetz (‚Menschenwürde') mit Art. 2 (1) Grundgesetz (‚Freie Entfaltung der Persönlichkeit') abgedeckt ist. Aus der Innensicht: „Ich habe meine Würde verloren, ich habe mein Selbstgefühl verloren, ich hasse meinen Körper [...]. Und solange ich mich als Mensch noch akzeptieren kann, möchte ich gehen. Ich möchte nicht so lange warten, bis ich nicht nur meinen Körper hasse, sondern auch mein Wesen." (Arnold 2014, 104) Deshalb: „Man tötet sich nicht, wie man es gemeinhin denkt, in einem Anfall von geistiger Verwirrung, sondern in einem Anfall unerträglicher Luzidität." (Cioran nach Burger 1988, 104) Sicher gibt es Menschen, die auch bei einer Querschnittslähmung ab einem Halswirbel dem Leben noch genügend sinnvolle Möglichkeiten abgewinnen können; aber entsprechend der eigenen Lebensgeschichte ist es genauso legitim, wenn jemand nicht „als beatmeter Kopf" weiterleben möchte (Ridder 2011, 249). Das Schwergewicht des Präventiv-Suizids wird allerdings in absehbarer Zeit sicher zunehmend bei den verschiedenen Formen von Demenz-Erkrankungen liegen (vgl. Lewinski 2012, 112ff.; Schöne-Seifert 2020, 86ff.). Denn mit Demenz ist absehbar und unvermeidlich eine Auflösung der Persönlichkeit verbunden. Und die Anfänge dieser Auflösung sind auch mit Fortschreiten der Krankheit vom Erkrankten selbst zu spüren, wenn sich neben Panikattacken Misstrauen und Aggressivität nicht nur gegenüber dem Pflegepersonal, sondern auch gegen Angehörige und gute Freunde ausbreiten (vgl. Lewinski 2008, 24f.). Deshalb steht bei einem auf Demenz bezogenen Präventiv-Suizid sicherlich die rationale Legitimität (des aufgrund seiner Lebensgeschichte dazu Entschlossenen) überhaupt nicht in Frage, das Problem besteht eher in der rechtzeitigen Entscheidung, wie das tragische Beispiel von Walter Jens zeigt, der zusammen mit Hans Küng ein engagiertes Plädoyer für den Suizid verfasst (1994/2010) und dann selbst den ‚Absprung' vor seiner Demenz-Erkrankung verpasst hat (vgl. I. Jens 2009, 199ff.).

Einen Sonderfall des Präventiv-Suizids stellt, als Extremfall der Geschichte, der tausendfache Suizid deutscher Juden während der Zeit des Nationalsozialismus dar, die der drohenden Vernichtung in KZs und auf Todesmärschen durch den humaneren Ausweg der Selbsttötung zuvorgekommen sind (vgl. Baumann 2001, 10f.). Daran wird auch deutlich, dass die Rationalität der Suizid-Entscheidung durch die realistische Sicht der (Um-)Welt mitbestimmt wird, denn sicher hätten sehr viel mehr Juden aufgrund ihres Wertesystems diesen Ausweg gewählt, hätten sie sich über die Konsequenz der Nazi-Ankündigungen (z. B. in Hitlers ‚Mein Kampf') nicht einer (Selbst-)Täuschung hingegeben.

Parallel zu diesen Suiziden von in Deutschland gebliebenen gibt es allerdings auch Selbsttötungen im Kreis der emigrierten Juden. Die prominentesten Beispiele sind sicherlich Tucholsky und Stefan Zweig. Sie mussten keine Gefahr für ihr Leben befürchten, hatten sogar ein erträgliches, sicheres Auskommen. Dass sie ihr Leben trotzdem an einem Ende angekommen sahen, lag daran, dass ihnen (durch die historische Entwicklung) der Sinn des Lebens abhanden gekommen war. Tucholsky hatte z. B. schon seit Mitte der 1920er Jahre die Gefahren des Nationalsozialismus mit unglaublicher Klarheit und Genauigkeit vorhergesehen und beschrieben; er hatte wortgewaltig und mit aller existenziellen Kraft die absehbaren historischen Entwicklungen zu verhindern versucht, war aber voll und ganz gescheitert. Diesen seinen Lebenssinn vom Exil (in Schweden ab 1930) aus weiter zu verfolgen, erschien ihm gänzlich hoffnungslos, weswegen er dort das Schreiben völlig eingestellt hatte. „Ich habe über das, was da geschehen ist, nicht eine Zeile veröffentlicht – auf alle Bitten hin nicht. Es geht mich nichts mehr an. […] Ich bin damit fertig." (Tucholsky in Dietze 1981, 65). Das ist die paradigmatische Begründung eines ***Bilanz-Suizids***. Wie auch bei dem Dichter-Kollegen Carl Einstein: „[…] nie werde ich in französischer Dichtung zu hause sein; denn ich träume und sinniere auf deutsch. Also nun bin ich durch Hitler zu voelliger Heimatlosigkeit und fremdheit verurteilt." (Einstein in Dietze 1981, 69) Allerdings ist ein Bilanz-Suizid nicht nur bei solchen Begründungen aus dem Bereich der Hoch-Kultur rational zu nennen. In der Alltagsrealität ist der Verlust von sozialen Kontakten, das Versiegen aller Lebensenergie und -freude ein ebenso gravierendes Abhandenkommen von Lebenssinn (vgl. Lewinski 2008, 26ff.). Gleiches gilt für das ‚Ausfransen' des Lebensgefühls, wenn die berufliche Selbstbestimmung altersbedingt nicht mehr existent ist und auch für alle anderen persönlichen Interessen keine Energie mehr zur Verfügung steht, so dass die restliche Lebenszeit nicht mehr die Lebensqualität erreichen wird, die jemand als sinnvolles Leben empfinden kann (Bieri 2013, 358ff.; Kaufmann 2012, 17ff.; Lewinski 2008, 26ff.). Doch auch moralische Dilemmata können zu einem Bilanz-Suizid führen. Wenn die ökonomische Fürsorge für die Angehörigen nur noch erreichbar erscheint, indem man kriminelle Wege einschlägt, ist es bei einer entsprechenden Persönlichkeitsstruktur völlig rational, die entwickelten moralischen Normen aufrecht zu erhalten, auch wenn das in der Konsequenz die Beendigung des eigenen Lebens bedeutet (vgl. z. B. Baumann 2001, 73f.). Der Suizid ist hier das Festhalten der noch möglichen (Willens-)Freiheit gegen die ökonomischen Zwänge der (kapitalistischen) Gesellschaftsstruktur. In welchem Ausmaß es sich bei Selbst-Tötungen u. U. um derartige Bilanz-Suizide aus Rücksicht auf sozialökonomische, familiäre Verpflichtungen handelt, ist weitestgehend unbekannt; bei der zunehmenden Schere von Arm und Reich in unserer Gesellschaft am Anfang des 21. Jahrhunderts dürfte es sich aber um eine durchaus bedeutsame Dunkelziffer handeln.

Noch radikaler wirkt sich die soziale Verankerung aus, wenn jemand ohne den (einen) geliebten Menschen nicht mehr weiterzuleben imstande ist; wenn das (eigene) Leben also durch den Tod eines anderen leer und sinnlos wird (vgl. Flaßpöhler 2013, 61; auch als Ausgangsproblem im Theaterstück GOTT von v. Schirach 2020). Das setzt eine Art symbiotische Beziehung zwischen zwei Menschen voraus, weswegen diese Form von Sterbenswille am ehesten ***Symbiose-Suizid*** zu nennen ist. In Bezug auf die Rationalität kann man hier sicherlich schon mit der Frage einsetzen, ob eine derartige Symbiose einen rationalen Lebensentwurf darstellt. Aber zugleich wird man konzedieren müssen: lieber ein symbiotisches Glück als gar keines. Dann aber fühlt es sich aus der Innensicht wie von Walser (2012, 228) beschrieben an: „Alle Bewegungen und Wörter, die aus der Gemeinsamkeit stammen, haben plötzlich keinen Sinn mehr. […] Alles verläuft jetzt ins Leere. Man müsste sprachlos werden. Bewegungslos. Sinnlos ist man schon. Das ist der genaueste Ausdruck der Sinnlosigkeit, dieses Alleingelassenwerden nach sehr langer Zeit. Der fehlende Mensch ist auf eine geisterhafte Weise gegenwärtig. Aber eben negativ gegenwärtig. Als Mangel. / Jetzt frage ich: Warum darf, wer übrig bleibt, nicht sagen: So will ich nicht leben? Warum muss diese Trennung ertragen werden?“ Natürlich gibt es eine konstruktive Antwort auf diese Frage, mit der die soziale Existenz über die Dyade hinaus aufrechterhalten (oder wiedergewonnen) wird – meisterlich formuliert von Claire Goll in ihrem Gedicht ‚Nachsterben‘:

> „Immer träum ich davon dir nachzusterben / Aber eine künftige Rose / Bedarf vielleicht meiner Tränen / Um zu wachsen
> Immer träum ich davon dir nachzusterben / Aber ein leidenschaftlicher Reim / Bedarf vielleicht meiner Feder / Um dich zu singen
> […]
> Immer träum ich davon dir nachzusterben / Aber ein Mensch, vom Tod gesucht / Bedarf vielleicht meiner Hand / Um nicht zu sterben“

Doch ist, wer zu diesem Festhalten (oder Wiedergewinnen) von Lebenssinn nicht in der Lage ist, als irrational zu bezeichnen? Die Antwort ist eindeutig: Es kommt darauf an. Auf die Verankerung dieser Art von (verlierbarem) Lebenssinn in der Lebensgeschichte des Betroffenen. Wenn sich dieser Lebenssinn in einer selbstbestimmten Entwicklung der zentralen Werthaltungen einer Person herausgebildet hat, dann ist und bleibt auch der Symbiose-Suizid ein Akt von Willensfreiheit.

Das macht noch einmal deutlich, dass die beiden zentralen Entscheidungskriterien für oder gegen das Weiterleben/Lebensende – die Menschenwürde und der Lebenssinn – subjektive sind (vgl. Wittwer 2020, 86ff.). Jeder hat in unserer pluralistischen Gesellschaft das Recht, seinen eigenen Sinn des Lebens, seine eigene Vorstellung von Menschenwürde zu entwickeln – solange dadurch nicht andere beeinträchtigt oder geschädigt werden (vgl. z. B. Amery 1976; Borasio 2014; Kamlah 1976; Lewinski 2008; Moor 1973). Mit maximaler Klarheit und Eindeutigkeit auch vom Bundesverfassungsgericht festgehalten: „Die Entscheidung des Einzelnen, dem eigenen Leben entsprechend seinem Verständnis von Lebensqualität und Sinnhaftigkeit der eigenen Existenz ein Ende zu setzen, entzieht sich einer Bewertung anhand allgemeiner Wertvorstellungen, religiöser Gebote, gesellschaftlicher Leitbilder für den Umgang mit Leben und Tod oder Überlegungen objektiver Vernünftigkeit." (BVerfG 2020b, 1bb). Die Suizid-Entscheidung eines Menschen nach bestimmten, vorgeblich objektiven Festlegungen des Lebenssinns bzw. der Menschenwürde zu beurteilen, ist also nicht nur unzulässig, sondern stellt eine Art von Vergewaltigung dar, raubt der Person die Würde eines selbstbestimmten Lebens. Nur zur Sicherheit noch einmal: Wenn jemand den Lebenssinn darin sieht, auch bei schwerem Leiden ‚auszuharren', weil er über das Leben als ‚Geschenk Gottes' nicht verfügen will, ist das selbstverständlich ebenfalls ein Akt von Willensfreiheit – vorausgesetzt diese Haltung ist eine in der Lebensgeschichte frei (ohne Manipulation, Indoktrination etc.) entwickelte. Wenn diese Einstellung allerdings mit den übrigen persönlichkeitszentralen Wertungen (Volitionen zweiter Ordnung) nicht übereinstimmt, sondern nur durch physischen oder psychischen Zwang welcher Art auch immer zustande gekommen ist, dann kann von Willensfreiheit nicht mehr die Rede sein. Die Ansicht mancher Religions- und Kirchenkritiker, dass die Einstellung des ‚Ausharrens' (im Leid) nicht ohne Indoktrination zustande kommen kann, muss hier nicht diskutiert werden, sondern kann als empirische Frage der Forschung überantwortet werden.

Die Subjektivität des Lebenssinns und der Menschenwürde führt jedoch keineswegs zwangsläufig dazu, dass man jede Suizid-Entscheidung als rational akzeptieren müsste; wäre das der Fall, dann würde der Rationalitätsbegriff sinnlos und leer. Nein, selbstverständlich gibt es auch irrationale Suizid-Entscheidungen, die als willensunfrei zu kritisieren sind. Arnold (2014, 182) bezeichnet sie als ‚Verzweiflungssuizide', bei denen die Person ‚zum falschen Zeitpunkt' und aus den falschen Gründen aus dem Leben scheiden will. Das entspricht dem oben angeführten Konzept des ‚Affekt-Suizids', bei dem die Integration von Denken, Fühlen und Handeln durch ein Übermaß von (unkontrollierbaren) Affekten gestört ist. In erster Linie zählen dazu Depressionen, die mit einer inadäquaten (überzogen negativen) Selbst- und Weltwahrnehmung einhergehen. Das Problem ist dabei, dass die depressive Person diese Wahrnehmung ja für die einzig wahre hält (im Gegensatz zu den scheinbaren Selbsttäuschungen der nicht-depressiven Phasen). Was folgt daraus? Für die traditionelle, überholte paternalistische Sicht der früheren Medizin resultierte daraus die legitime Konsequenz, dass eben der Arzt für den Patienten entscheiden (und diesen in die Psychiatrie einweisen) muss(te). Das widerspricht, wie es heute zumindest allgemein gesellschaftliche Übereinstimmung ist, dem Recht auf Selbstbestimmung und körperliche Unversehrtheit des Menschen. Daran ändert auch das Argument nichts, dass viele, die einen Suizidversuch unternommen haben, nach einer Therapie wieder in ein nicht-suizidales Leben zurückfinden (vgl. z. B. Borasio et al. 2014, 70; Lewinski 2008, 75f.). Denn ein auf Zwang aufgebautes Leben entspricht nun einmal nicht der Würde des Menschen – ganz abgesehen davon, dass man über das Glück und den Sinn eines solchen Lebens auch unsicher sein kann (vgl. Amery 1976, 18). So ist z. B. völlig ungeklärt, ob die Wiederholung von Suizidversuchen nicht deshalb unterbleibt, weil die Angst vor einem erneuten zwangsweisen ‚Zurückholen' in das Leben nach den einmal gemachten Erfahrungen einfach zu groß ist (vgl. Fenner 2008, 104). Es bleibt also dabei: Die paternalistische Haltung stellt eine Form personaler Gewalt gegen die Selbstbestimmung des Patienten dar. Anders liegt der Fall allerdings, wenn der Therapieentschluss vom Patienten ausgeht. Dann handelt es sich um eine Form von sekundärer Rationalität, die realistisch sieht, dass die genuine Willensfreiheit derzeit nicht gegeben und ohne professionelle Hilfe nicht erreichbar ist; eine solche Einsicht ist durchaus ein Ausdruck von menschlicher Würde (Bieri 2013, 82ff.). Therapieangebote sind eben eine Art von gewaltloser Suizidprophylaxe und von daher in Bezug auf die Unversehrtheit der Menschenwürde völlig unproblematisch (Wittwer 2003, 381f.).

Nur der Vollständigkeit halber ist zu erwähnen, dass es neben dem Affekt-Suizid als paradigmatischem Fall von (selbst subjektiver) Irrationalität auch noch andere Varianten der Desintegration von Denken, Fühlen und Handeln im Bereich der Suizid-Entscheidung gibt. Dazu gehört z. B. auch, wenn jemand mit dem Suizid Rache an einem Angehörigen üben will, wie es Bächler (1981) in seiner Suizid-Typologie beschrieben hat; diese bisher einzige Typologie konzentriert sich allerdings nicht auf eine Binnenstrukturierung möglicher rationaler Suizid-Entscheidungen (vgl. Fenner 2008, 302ff.; Wittwer 2003, 44ff.). Deshalb thematisiert Bächler als eine weitere Variante auch das ‚Spiel mit dem Leben', bei dem das Todesrisiko eingegangen wird, um durch den Gefahren-‚Kick' eine erhöhte Lebensintensität zu erfahren. Hier ist der gegebenenfalls eintretende Tod dann kein rational gewollter, sondern eher ein Misslingen des gefährlichen ‚Spiels'. Vergleichbares gilt ebenfalls für den bloßen Suizid-Versuch, der als Hilferuf an Bezugspersonen gemeint ist, aber eben auch ‚misslingen' kann, insofern es nicht beim Versuch bleibt. Wittwer hat (2003, 35ff.) für diese Art von Suizidalität den Begriff ‚suizidale Geste' vorgeschlagen, mit der zumeist auch ein Moment der Erpressung verbunden ist. Wenn der Suizid also auf die eine oder andere Art und Weise als Instrument für die Erreichung anderer (und zumal moralisch nicht legitimer) Zwecke eingesetzt wird, handelt es sich von vornherein nicht um einen rationalen Suizid. Das Merkmal der Integration von Denken, Handeln und Fühlen impliziert also ein Streben nach realitätsadäquatem Denken und moralisch legitimem Fühlen als Basis des rationalen Entscheidens und Handelns. Dieses Streben ist als approximative Zielidee für die Entwicklung von Willensfreiheit des individuellen Subjekts auch und gerade in Bezug auf die Entscheidung für oder gegen den Suizid zu verstehen.

Bedeutet das nun, dass es für die Frage von Rationalität oder Irrationalität (auch und gerade beim Problem des Suizids) nur eine subjektive Antwort gibt und geben kann, deren Berechtigung von außen nicht zu überprüfen ist? Oder hat die Gesellschaft im Interesse der Allgemeinheit bzw. in Fürsorge für den Suizidwilligen das Recht bzw. sogar die Pflicht, die Rationalität der suizidalen Willensentscheidung zu kontrollieren? Hat der Staat (als Gesetzgeber) sozusagen eine Garantenstellung (§ 13 StGB) in Bezug auf die Rationalität eines Sterbewilligen? Das hieße, er hätte die Pflicht, durch Gesetze bzw. Verordnungen etc. dafür zu sorgen, dass der Fall der Irrationalität nicht eintritt. Als Rechtfertigung für eine solche Kontrolle auf staatlicher Ebene kommt nur die bereits von Thomas von Aquin (s. o. Kap. 1) angeführte Pflicht des Einzelnen in Frage, als Teil der Gemeinschaft zu deren Wohl beizutragen bzw. dieses zumindest nicht zu beinträchtigen. In diesem Sinn hat der Staat z. B. das Recht, eine sog. Medizinisch-Psychologische Untersuchung zur Prüfung der Fahrtüchtigkeit einer Person zu verordnen, um Schaden von der Allgemeinheit der Verkehrsteilnehmer abzuwenden. Desgleichen gibt es Abschläge bei vorzeitigem Eintritt in Pension oder Rente, um unberechtigte Leistungen der Gesellschaft zu vermeiden. Wenn allerdings jemand vollständig ‚aussteigt' und wie Gauguin in die Südsee zieht, hat der Staat nichts dagegen und unternimmt auch nichts, weil diese Person zwar nichts mehr zur Gesellschaft beiträgt, aber eben auch keine Kosten verursacht. Und selbst in Bezug auf die Kosten (nach Unfällen etc.) von tendenziell nicht-rationalen Entscheidungen wie die zum Motorrad-Fahren, das ein mindestens vier Mal höheres Unfallrisiko enthält im Vergleich zum Autofahren (Destatis 2020), werden von der Gesellschaft keine Verbotsregelungen angestrengt. Das gilt selbst für höchst gefährliche Sportarten oder Abenteuerurlaube, die sogar zu erheblichen Rettungskosten führen können (und zumindest z. T. als ‚Spiel mit dem Leben' anzusehen sind; vgl. Wittwer 2020, 70f.)). In allen möglichen Bereichen des (Alltags-)Lebens gehört die mögliche Irrationalität von Entscheidungen mit zum Selbstbestimmungsrecht der Person, warum auf einmal in Bezug auf Entscheidungen über das eigene Leben nicht? Der Staat hat in Bezug auf die direkte Relation von Gesellschaft und Einzelnem dessen Entscheidung zum Suizid als Selbstbestimmungsrecht der Person zu respektieren; selbst wenn diese Entscheidung irrational ist, wie viel mehr also, wenn es sich um eine willensfreie rationale Entscheidung handelt! Wie die Analyse der strukturellen und personalen Gewaltphänomene gezeigt hat, wird diese Achtung vor der Pluralität der Vorstellungen über menschliche Würde und sinnvolles Leben von einem großen Teil der Allgemeinheit – und der Politik – aber bisher nicht aufgebracht. Die Schutzpflicht des Staates für seine Bürger bezieht sich darauf, sie vor Eingriffen von außen, von Dritten, zu bewahren (Fenner 2008, 72ff.); diese Pflicht aber auf einen ‚Schutz' der Bürger vor sich selbst bzw. vor ihrer (eventuellen) auf sich selbst bezogenen Irrationalität auszuweiten, stellt einen Übergriff dar (so auch abschließend das BVerfG 2020a, b).

Die Folge eines solchen Übergriffs ist, dass die Realisierung des Suizidwillens, gleichgültig ob er rational oder irrational ist, nicht mehr auf rationale Weise möglich ist. Gerade die Verteidiger der ‚Unverfügbarkeit des Lebens' „treiben […] Menschen dazu, sich auf grausame und entwürdigende Weise das Leben zu nehmen." (Arnold 2014, 176) – weil durch die ‚Unverfügbarkeits'-Ideologie die Handlungsfreiheit des Sterbewilligen extrem eingeschränkt wird (vgl. auch Lewinski 2008,

104f. und Schöne-Seifert, die vom Zwang zum ‚Brutalsuizid' spricht: 2020, 7ff.). Aus der Innensicht von Herrndorf formuliert (2013, 371): „Wobei an die Medikamente, wie gesagt, gar nicht ranzukommen war. An überhaupt nichts Sicheres. Nichts Einfaches, nichts Hundertprozentiges. Erschießen ist in 76 bis 92 % der Fälle tödlich [...] Erhängen fühlt sich schätzungsweise an, wie es aussieht [...] Man kann aus dem 12. Stock springen und überleben. [...] und wenn man wochen- und monatelang durch das Labyrinth geirrt ist auf der Suche nach dem sicheren Ausgang, versteht man irgendwann, wie vollkommen vernünftige und zurechnungsfähige Menschen auf die Idee kommen können, sich auf eine ICE-Trasse zu stellen im vollen Bewusstsein, einen Lokführer für den Rest seines Lebens zu traumatisieren." Angesichts dieser erzwungenen Irrationalität auf der Handlungsebene des Suizidwilligen kehrt sich die Argumentationsrichtung eigentlich um: Wenn der Staat wirklich den Suizidwillen des Einzelnen zu achten bereit wäre, hätte er dann nicht eher die Pflicht, ihm auch die Mittel dazu zur Verfügung zu stellen? (vgl. Lewinski 2008, 199; Woellert & Schmiedebach 2008, 40) Diese Frage hat auf dem abstrakten Niveau von Gesetzgebung das Bundesverfassungsgericht abschließend entschieden: „Dem Einzelnen muss die Freiheit verbleiben, auf die Erhaltung des Lebens zielende Angebote auszuschlagen und eine seinem Verständnis von der Sinnhaftigkeit der eigenen Existenz entspringende Entscheidung, das eigene Leben mithilfe Dritter zu beenden, umzusetzen." (BVerfG 2020b, 3c9, bb), 1). Über die ‚Hilfe Dritter' kommen hier aber jetzt (wieder) unvermeidlich die Mediziner als Personen ins Spiel; denn bei den ‚sicheren Mitteln' handelt es sich in erster Linie um Arzneimittel in einer bestimmten Dosierung, die ein sanftes und zugleich sicheres Sterben ermöglichen (s. u. Kap. 5). Interessanterweise interessiert es den Staat auch überhaupt nicht, und zwar weder auf legislativer noch exekutiver Ebene, wenn jemand über diese Mittel verfügt; der Suizid-Anteil bei Ärzten liegt signifikant über dem in der ‚normalen' Bevölkerung, ohne dass die Politik darin irgendein Problem erblickt. Einerseits liegt damit sicher der Tatbestand einer doppelten Moral vor. Denn nicht-ärztliche Suizidwillige sind hinsichtlich der ‚sicheren Mittel' auf die Hilfe der Mediziner angewiesen, die ihnen vom Gesetzgeber und dem ärztlichen Standesrecht zumindest erheblich erschwert wird. Andererseits stellt sich an dieser Stelle die Frage nach der Kontrolle der Suizid-Rationalität durchaus noch einmal und neu.

Denn der Staat hat selbstverständlich auch den Pluralismus der Werthaltungen von Ärzten als Mitgliedern dieser Gesellschaft zu schützen. Die Achtung vor der Suizid-Entscheidung des Sterbewilligen kann nicht bedeuten, dass dieser damit andere gegen ihren Willen dominiert. Genauso wie er in seinem Suizidwillen nicht von anderen gehindert werden darf, darf er mit seiner Entscheidung nicht andere an ihrer Willensfreiheit hindern. Die Frage des rationalen Suizids ist also auf zwei Ebenen zu verhandeln: einmal in der unmittelbaren Relation von Staat und Einzelnem; hier kann nur die Achtung der Gesellschaft vor der Suizid-Entscheidung des Sterbewilligen die Maxime sein. Zum anderen aber in der mittelbaren Relation zwischen Sterbewilligem und Gesellschaft unter Einbeziehung des Mediziners, der den ‚sicheren Weg' ermöglichen soll; hier darf und muss der Staat ausgleichend dafür sorgen, dass die Freiheit keiner der beiden Seiten beschränkt oder beschnitten wird. Der Staat hat durchaus die Pflicht, die Bedingungen für die Entfaltung der Grundrechte seiner Bürger zu schaffen (Fenner 2008, 73ff.), also auch für das Recht auf Selbstbestimmung und Persönlichkeitsentfaltung, letztlich Willensfreiheit, in der Suizid-Frage. Aber diese Pflicht bezieht sich auf alle in einem Problemfeld involvierten Gruppen, hier den Suizidwilligen wie auch die Mediziner, die für den ‚sicheren Weg' zur Realisierung dieses Willens unverzichtbar sind. Diese beidseitige Freiheitssicherung muss die grundsätzliche Zielsetzung bei allen Bestimmungen zur sog. ‚Sterbehilfe' sein, wie es das Bundesverfassungsgericht in seinem diesbezüglichen Urteil auch nach differenzierter juristischer Abwägung festgehalten hat (BVerfG 2020a). Als letzten Schritt der Argumentationssequenz kann daher, wie angekündigt, nun auch die Frage des Sterbebeistands durch Dritte behandelt werden; wobei diese Dritten in der Regel schon von der Kompetenz her eben Mediziner sein dürften, deshalb ist m.E. der Begriff des ‚ärztlich-assistierten Suizids' dem eher vagen Begriff der ‚Sterbehilfe' vorzuziehen.

5. ‚Sterbehilfe' als ärztlich-assistierter Suizid

Die Diskussion um die sog. Sterbehilfe hat sich zu großen Teilen, zumindest unterschwellig, mehr um Suizid-Verhütung bzw. -verhinderung gedreht, und zwar weil eben aus den besprochenen ideologischen Gründen die Möglichkeit eines willensfreien, rationalen Suizids letztlich abgestritten wurde. So ging es gerade in den politischen Kontroversen häufig darum, ob bestimmte Formen (z. B. die ‚Organisation') von Sterbebeistand zu einem ‚Dammbruch' führen würden oder durch welche Regelungen man sichern kann, dass es keine irrationalen ‚Kurzschluss-Suizide' gibt

(s. u.). Die Wortwahl (,Dammbruch', ,Kurzschluss' etc.) zeigt bereits, dass hier die Deutungsmacht der Suizid-Ablehnung (s. o. Kap. 1) fortgeschrieben werden soll. Selbstverständlich stellt die Grenze zwischen rationalem und irrationalem Suizid auch ein (zu lösendes) Problem dar, aber das betrifft den Sonderfall des nicht willensfreien Suizid-Entschlusses. Von diesem Sonderfall (und seinen Gefahren) aus das Verständnis des Suizidbeistands zu entwickeln, bedeutet jedoch formal wieder eine reduktionistische Verengung des Problem- und Argumentationshorizonts – und inhaltlich: die Realisierung des willensfreien, rationalen Suizids zu be-, wenn nicht zu verhindern (vgl. schon Kamlah 1976, 23f.; zuletzt BVerfG 2020a, b). Im Gegensatz dazu erlaubt es der Rückgriff auf die Perspektive der Willensfreiheit, das Kernproblem des Suizidbeistands argumentativ stringent herauszuarbeiten. Um es noch einmal komprimiert zusammenzufassen: Der willensfreie Suizid-Entschluss ist in verschiedenen Formen möglich und rational. Dieser Willensfreiheit steht aber das Problem der eingeschränkten Handlungsfreiheit gegenüber, weil der Staat eben in einer unterschwelligen, dadurch allerdings umso wirksameren Aufrechterhaltung der ,Unverfügbarkeits'-Position die Möglichkeiten zu einem selbstbestimmten Lebensende der Bürger systematisch beschränkt und verschlossen hat (s. o. und Fenner 2008, 74f.; Wittwer 2003, 390f.). Das gilt mit dem Verbot der ,geschäftsmäßigen Sterbehilfe' (§ 217 StGB von 2015) sogar für den medizinischen Beistand, der für medizinische Laien den einzigen sicheren Weg für ein selbstbestimmtes Sterben darstellt! Aus diesem Grund ist es m.E. auch adäquater, statt von ,Sterbehilfe' von einem (medizinisch) ,assistierten Suizid' zu sprechen (vgl. auch Fenner 2008, 54ff.). Denn es geht dabei um die (Wieder-)Herstellung der Handlungsfreiheit des Suizidwilligen. Dessen Handlungsfreiheit findet aber ggf. ihre Grenze in der Willensfreiheit (vor allem als Gewissensfreiheit) des begleitenden Mediziners. Das Kernproblem des assistierten Suizids besteht also darin, die Handlungsfreiheit des (rational) Suizidwilligen ohne Verletzung der Willens-/Gewissensfreiheit des (ärztlichen) Beistands zu sichern.

Um dieses Problem zu lösen, ist es (wie immer) sinnvoll, den Gegenstandsbereich einzugrenzen. Das betrifft in diesem Fall nicht zuletzt die Abgrenzung zur ,Tötung auf Verlangen'. Das entscheidende (juristische) Kriterium ist die sog. Tatherrschaft (Borasio et al. 2014, 16; Eser 2009, 137ff.; Woellert & Schmiedebach 2008, 24). Wenn ein Suizidwilliger das (lebensbeendende) Mittel aus eigener Kraft einnimmt, hat er die Tatherrschaft, und die Bereitstellung des Mittels durch einen Arzt gilt lediglich als Beihilfe (eben Assistenz: ebda.). Wenn aber der Mediziner das Mittel verabreicht (durch Infusion, Spritze oder dergleichen) hat er die Tatherrschaft inne, und es handelt sich um Tötung auf Verlangen – vorausgesetzt selbstverständlich, dass beim Patienten ein eindeutiger Suizidwille vorhanden ist. Bis vor kurzem war damit in der Tat bei bestimmten Fällen die schwierige Frage verbunden, ob z. B. im Fall einer durch Querschnittslähmung bedingten Bewegungsunfähigkeit nicht auch eine solche (‚aktive') Sterbehilfe legitim oder sogar moralisch angezeigt wäre. Mittlerweile hat an dieser Stelle jedoch der technische Fortschritt das Problem, das er zumindest teilweise mitverursacht hat, weitestgehend gelöst. Die Angst-auslösende mögliche Abhängigkeit von der ‚Apparatemedizin' am Lebensende ist heute, wenn ein den Suizid ermöglichendes Mittel bereitsteht, ohne Schwierigkeiten durch geringste Bewegungen überwindbar: indem z. B. sogar nur durch ein Augenzwinkern einem entsprechend programmierten Apparat der Befehl zur Infusion gegeben wird (vgl. auch Arnold 2014, 209; Borasio 2014, 67ff.; Schöne-Seifert 2020, 103). Auf absehbare Zeit wird sich das Problem der ‚Tötung auf Verlangen' also auflösen in die Frage, wie die bisher nur in der Science-Fiction formulierten Robot-Gesetze (vgl. Asimov 1982) auf die heutige Alltagsrealität einzurichten sind (denn nach Asimov darf ein Roboter dem Menschen keinen Schaden zufügen, auch nicht auf dessen Befehl hin).

Es reicht also völlig aus (und ist schwierig genug), den Bereich des ärztlich-assistierten Suizids in Bezug auf den Ausgleich zwischen den Freiheiten von Suizidwilligem und begleitendem Mediziner aufzuarbeiten. Juristisch gilt dabei grundsätzlich, dass eigentlich jede Assistenz (Beihilfe) zum Suizid straffrei ist, weil die Beihilfe zu einer Tat, die als solche nicht ‚strafbewehrt' ist, nicht bestraft werden kann. Das schließt, wie die Diskussion der strukturellen und personalen Gewaltaspekte gezeigt hat, jedoch nicht aus, dass es juristische Unklarheiten und systematische (ideologiebedingte) Fehleinschätzungen gibt. Und es macht die moralische Analyse der zu schützenden Willensfreiheit auf Seiten des begleitenden Mediziners nicht überflüssig. Dafür ist allerdings zu berücksichtigen, dass sich in den letzten 50 Jahren sowohl die Rechtsprechung als auch die begriffliche Konzeptualisierung (z. B. durch den Bundesgerichtshof als auch den Nationalen Ethikrat) verändert haben, nicht zuletzt um die Unklarheiten und Widersprüchlichkeiten der traditionellen Konzeptualisierung zu überwinden. Die einzelnen Schritte dieser Entwicklung nachzuzeichnen, ist hier m.E. nicht nötig (vgl. dazu im Einzelnen Arnold 2014, 78ff.; Borasio et al. 2014, 14ff.; Bedford-Strohm 2015, 34ff.; Lewinski 2008, 106ff.; Ridder 2011, 258ff.; Schöne-Seifert 2020, 12ff.; Woellert & Schmiedebach 2008, 17ff.). Es reicht, den Anfangs- und (bisherigen) Endpunkt dieser Entwicklung zu skizzieren:

Klassischerweise hat man (abgesehen von der schon besprochenen ‚Tötung auf Verlangen') zwischen indirekter, passiver und aktiver Sterbehilfe unterschieden. Indirekte Sterbehilfe liegt vor, wenn z. B. Mittel (Opiate) mit dem direkten Ziel der Schmerzminderung verabreicht werden, die als Nebeneffekt (indirekt) zu einer Lebenszeitverkürzung führen (können). Passive Sterbehilfe meint den Verzicht auf mögliche Behandlungen (wie künstliche Ernährung etc.) oder deren Abbruch, wodurch der Sterbeprozess ungehindert(er) ablaufen kann und wird. Darüber hinausgehend bezeichnet die aktive Sterbehilfe die Verabreichung von Mitteln, die die Beendigung des Lebens direkt anzielen und bewirken – selbstverständlich auf Bitten des Patienten; ohne eine solche Bitte läge Tötung *ohne* Verlangen vor, die ohne Zweifel rechtlich ‚strafbewehrt' ist und bleiben muss. Diese drei Kategorien der ‚Sterbehilfe' enthalten alle je spezifische Problematiken bzw. (auch rechtliche) Unklarheiten: Bei der indirekten Sterbehilfe spricht die neuere Forschung dafür, dass es durch palliative (schmerzlindernde, sedierende) Behandlung keineswegs zu einer Lebenszeitverkürzung kommt (vgl. Ridder 2011, 118ff.); außerdem ist gar nicht – von außen – feststellbar, ob der Arzt ein entsprechendes Mittel mit der primären Intention der Schmerzlinderung oder der Beendigung des Lebens verabreicht. Bei der ‚passiven Sterbehilfe' stellt der Behandlungsabbruch eindeutig ein aktives Handeln des Mediziners dar, so dass die Benennung schon deswegen als irreführend erscheint; abgesehen davon gilt nach übereinstimmender handlungsphilosophischer Analyse auch jedes Unterlassen als Handeln (vgl. Berger 2004), weswegen hier juristisch das Fehlen einer Behandlung als Ursache für den Sterbeprozess entscheidend ist. Und bei der ‚aktiven Sterbehilfe' gibt es das Problem, dass die Tatherrschaft für den gesamten Sterbeprozess beim Patienten bleiben muss, was Bewusstheit voraussetzt; das führt zu der absurden Konsequenz, dass der Arzt, sobald der Patient unter seiner Mithilfe das Bewusstsein verliert, wegen seiner ‚Garantenstellung' für das Leben des Patienten diesen ‚retten', also z. B. wiederbeleben muss – oder er muss sich vom Ort des Geschehens entfernen, kann den Patienten also gerade nicht beim Sterben begleiten. Diese problematischen Implikationen haben dazu geführt, dass heute (in Zusammenführung von höchstrichterlicher Rechtsprechung und Vorschlägen des Nationalen Ethikrates) folgende Konzeptualisierungen als brauchbar(er) an- und einzusetzen sind (Arnold 2014): (1) Sterbebegleitung: alle palliativen Maßnahmen ohne Frage nach der potenziellen Lebenszeitverkürzung. (2) Behandlungsunterlassung oder -abbruch: Unterlassung oder Beendigung aller möglichen Maßnahmen zur Lebensverlängerung. (3) Beihilfe zum Suizid: die Bereitstellung von Mitteln zur

Selbsttötung, die in Tatherrschaft vom Patienten vollzogen wird; zur Vermeidung von rechtlichen Problemen kombinierbar mit einer ‚modifizierten Garantenerklärung', „die den Arzt vom *Garanten des Lebens* zu einem *Garanten des Sterbewillens* macht." (ebda., 82)

Wie ist nun innerhalb dieses Rahmens die Handlungsfreiheit des Suizidwilligen zu gewährleisten, ohne die Willensfreiheit des Mediziners einzuschränken? Das Prinzip für diese konstruktive Verbindung kann nur sein, dass von keiner Seite die andere destruktiv dominiert wird. Das bedeutet zunächst einmal, dass nicht von der Willens-/Gewissenfreiheit des Arztes aus die Willensfreiheit des Patienten ausgehebelt werden darf. Diese paternalistische Medizinerhaltung ist mit dem ‚Patientenverfügungsgesetz' (formal ‚Drittes Gesetz zur Änderung des Betreuungsrechts') von 2009 eigentlich endgültig (zumindest juristisch) außer Kraft gesetzt. Denn dann, wenn eine eindeutige Patientenverfügung (am besten zusammen mit einer Vorsorgevollmacht) in Bezug auf die vom Patienten gewollten Behandlungsgrenzen vorliegt, haben sich die behandelnden Ärzte an diesen Patientenwillen zu halten; Zuwiderhandlung würde den Tatbestand der Körperverletzung erfüllen (s. o. Kap. 1 und Arnold 2015, 35f.; Ridder 2011, 197ff.; Woellert & Schmiedebach 2008, 54ff.). Das betrifft allerdings lediglich die Kategorien der Sterbebegleitung (s. o. (1)) und der Behandlungsgrenzen (s. o. (2)). Der hier zentrale Fall der Suizidbeihilfe ist im ‚Patientenverfügungsgesetz' noch nicht thematisch. Er ist vom Gesetzgeber 2015 in dem umstrittenen ‚Gesetz zur Strafbarkeit der geschäftsmäßigen Förderung der Selbsttötung' (§ 217 StGB) zum Gegenstand gemacht und (teilweise) geregelt worden; und zwar in die Richtung, dass ‚geschäftsmäßige Suizid-Beihilfe' unter Strafe gestellt wird. In der Bundestagsdebatte wurde nahezu unisono betont, dass das Sterben Privatsache sei und der Staat in Bezug auf eine Suizid-Entscheidung kein Recht (und schon gar keine Pflicht) zur Regulation besitze; trotzdem ist mit dem Gesetz sehr wohl eine Regulation vorgenommen worden, die zwar vom Ansatz her nur kommerzielle Sterbehilfe-Organisationen verbieten soll(te), aber wegen der unscharfen Definition von ‚Geschäftsmäßigkeit' (die als ‚auf Wiederholung angelegt' interpretiert werden kann) auch alle Palliativ-Mediziner potenziell bedroht(e). Abgesehen von solchen Unschärfen stellte das Gesetz aber überdies nicht nur einen Eingriff in die Handlungsfreiheit der Sterbewilligen, sondern eben auch in die Willensfreiheit der Mediziner dar. Es ist ein weiteres Beispiel dafür, dass durch die Ideologisierung der Suizid-Diskussion auch die Neutralitätspflicht des Staates verletzt worden ist. Entsprechend haben sowohl Sterbehilfe-Organisationen als auch einzelne betroffene Personen (Sterbewillige, die in ihrer Handlungsfreiheit durch das Gesetz eingeschränkt wurden) Verfassungsbeschwerde beim Bundesverfassungsgericht eingelegt. Dessen Urteil hat dann (2020) eindeutig festgestellt, dass die Regelungen des § 217 StGB gegen die in der Verfassung garantierten Grundrechte der Menschenwürde und des allgemeinen Persönlichkeitsrechts verstoßen. Denn dieses Gesetz „entfaltet eine objektiv die Freiheit zum Suizid einschränkende Wirkung. Es macht es dem Einzelnen faktisch weitgehend unmöglich, Suizidhilfe zu erhalten." (BVerfG 2020b, 2.) Die einschränkende Wirkung kommt durch die Strafbarkeit der (‚geschäftsmäßigen') Suizidhilfe zustande, durch die auch Mediziner, die eigentlich zu einem Sterbebeistand bereit wären, davon abgehalten werden. Das ist komplementär eine Verletzung der Grundrechte „von Personen und Vereinigungen, die Suizidhilfe leisten möchten." (BVerfG 2020b, II). Diese „Dritten müssen ihre Bereitschaft zur Suizidhilfe auch rechtlich umsetzen dürfen. Der Gewährleistung des Rechts auf Selbsttötung korrespondiert daher auch ein entsprechend weitreichender Schutz des Handelns von Suizidassistenten." (ebda.) Damit ist eine Werteentwicklung zu einem (vorläufigen) Abschluss gebracht, der noch in den 1980er Jahren, als z. B. die Deutsche Gesellschaft für Humanes Sterben gegründet wurde, als (fast) unerreichbare Utopie erschien (vgl. Roeg 2018 und unten Nachwort).

Dieser Wertewandel erfordert nicht zuletzt eine Änderung des (schon erwähnten) ärztlichen Standesrechts. Denn die Bundesärztekammer hat 2011 in ihrer (Muster-)Berufsordnung für Deutschland beschlossen: „Ärztinnen und Ärzte haben Sterbenden unter Wahrung ihrer Würde und unter Achtung ihres Willens beizustehen. [...] Sie dürfen keine Hilfe zur Selbsttötung leisten." (vgl. Borasio et al. 2014, 34; Flaßpöhler 2013, 12). Nur der Vollständigkeit halber sei noch einmal darauf hingewiesen, dass hier in der Widersprüchlichkeit der beiden Sätze schon die Beschränkung der Willensfreiheit des Patienten offenbar wird: Denn was ist, wenn der Patient gerade die Selbsttötung wünscht und will? Man kann also mit Fug und Recht sagen, dass der ärztliche Stand häufig „eher das Wohl des Arztes als das des Patienten im Auge hat" (Ridder 2010, 196). Aber an dieser Stelle ist die Beschränkung der ärztlichen Willens- und Gewissensfreiheit zentraler. Denn die Berufsordnung der Bundesärztekammer ist zwar als solche nicht rechtsverbindlich, sie wird es aber, sobald sie von einer Landesärztekammer übernommen wird (was bei 10 von 17 Landesärztekammern geschehen ist: Borasio et al. 2014, 34). Doch unabhängig davon sehen sich Ärzte, die Suizid-Beihilfe leisten, bisher durch diesen Standesrahmen immer der Gefahr von standesrechtlichen Sanktionen ausgesetzt.

Wenn der Gesetzgeber nach dem Urteil des Bundesverfassungsgerichts gefragt ist, dann auf jeden Fall auch an diesem Punkt, indem er solche Einschnitte in die ärztliche Willensfreiheit verhindern muss! Ansatzpunkte dafür gibt es genug, denn zum einen wird dadurch auch die Freiheit der Berufsausübung eingeschränkt, und zwar unter Rückgriff auf eine ethisch selbst in der Ärzteschaft durchaus umstrittene Position (vgl. Borasio et al. 2014, 38). Zum anderen wird hier der ärztlichen Profession etwas untersagt, was den anderen Bürgern (z. B. Angehörigen) erlaubt ist (ebda., 67); vor allem aber liegt ein Verstoß gegen das Grundrecht der (ärztlichen) Gewissensfreiheit (Art. 2 (2) Grundgesetz) vor (ebda., 37; vgl. auch umfassend Kusch & Hecker 2020).

Der ideologische Dogmatismus dieses Verstoßes gegen die ärztliche Willensfreiheit wird unmittelbar deutlich in der immer wieder vorgebrachten These, dass durch ärztliche Suizid-Beihilfe das Vertrauensverhältnis zwischen Arzt und Patient gestört werde (vgl. Hübner & Montgomery 2012, 170f; z. T. mit geradezu absurder Wortwahl vorgebracht, nämlich dass dadurch der ‚Heiler zum Henker' werde: Weiss 2012, 153). Dieses ‚Argument' stellt nun aber ganz eindeutig eine Ursachen-Wirkungs-Umkehrung dar. Alle Umfragen der letzten beiden Jahrzehnte zeigen, dass sich die Mehrheit der Bevölkerung nicht nur eine liberale rechtliche Regelung zur Ermöglichung eines (rationalen) Suizids wünscht, sondern vor allem auch die Sicherheit gebende ärztliche Unterstützung dabei (Borasio et al. 2014, 52f.; Lewinski 2008, 123ff.). Der befürchtete Vertrauensverlust entsteht also gerade dann, wenn man bei einem eventuellen Suizidwillen mit Unverständnis oder dezidierter Ablehnung durch den behandelnden Arzt rechnen muss (vgl. Fenner 2008, 92f.); und das Vertrauen wird gestärkt, wenn man auf ärztlichen Suizidbeistand rechnen kann (wie die Erfahrungen in Oregon zeigen: Arnold 2015, 109; und unten Teil III.).

Eine sich gegenseitig nicht beschneidende Verbindung von Handlungsfreiheit des Suizidwilligen und Willensfreiheit des (potenziellen) ärztlichen Beistands setzt also die (rechtlichen) Rahmenbedingungen zur Sicherung der ärztlichen Gewissensfreiheit voraus. Praktisch gesprochen: Ärzte, die von ihrem Gewissen her bereit sind, Suizidbeihilfe zu leisten, müssen dies auch ohne Gefahr für ihre Person und/oder Berufsausübung tun können (s. o. BVerG 2020b). Das bedeutet selbstverständlich nicht, dass damit alle Ärzte zu einer solchen Beihilfe verpflichtet wären. Sie werden durch eine solche Verteidigung der Gewissensfreiheit gerade nicht ‚zum Erfüllungsgehilfen des Patientenwillens' (Borasio 2014, 125), das würde ja einer freien Gewissensentscheidung diametral zuwiderlaufen (so auch das BVerG 2020a, b).

Es gibt m.E. zwar gute Gründe, die Suizidbeihilfe moralisch als einen Teil der ärztlichen Fürsorge für die Patienten zu verstehen, aber ich kann nicht verlangen, dass alle, deren (religiöses) Gewissen hier nicht zustimmt, über ihren ‚weltanschaulichen Schatten springen' müssen (Arnold 2014, 203). Das hieße, Teufel mit Beelzebub auszutreiben. Denn der Verstoß der ‚Unverfügbarkeits'-Ideologen gegen den Pluralismus besteht ja darin, die eigene Position allen anderen gegenüber als übergeordnete Wahrheit anzusetzen. Ich kann und darf dem nicht mit der gleichen Argumentationsfigur begegnen, indem ich nun die mich überzeugenden Rechtfertigungen (für den rationalen Suizid) als übergeordnet behaupte und einführe. Man muss also konzedieren, dass sich bestimmte Ärzte der Suizidbeihilfe versagen, ohne dass dies als unprofessionell zu kritisieren ist. Was ich allerdings als professionelle Kompetenz verlangen kann, ist der Überblick über die Haltung der Kollegenschaft in dieser Frage und damit die Möglichkeit, suizidwillige Patienten an solche Mediziner zu überweisen, bei denen sie den gewünschten Beistand erhalten können. Man kann hier die Situation beim Problem des Schwangerschaftsabbruchs als vergleichbar ansetzen, für den bewährte Lösungsstrategien zur Verfügung stehen, die in entsprechender Anpassung übertragbar sind (vgl. auch Fenner 2008, 79f.). Wenn auf diese Weise die rechtlichen Rahmenbedingungen für die Gewissens- und damit Willensfreiheit in Bezug auf ärztliche Suizidbeihilfe geschaffen wären, würde die Handlungsfreiheit der Patienten darin bestehen, dass sie zwar nicht von jedem Mediziner den gewünschten Beistand erhalten könnten, aber auf jeden Fall an eine ihrem Willen entsprechende Anlaufstelle überwiesen würden – oder sich selbst an solche Ärzte/innen wenden können, die z. B. über eine entsprechenden Dokumentation auffindbar wären (s. u. und ausführlich Teil III.). Bleibt noch die Frage der Handlungsfreiheit für die Beistand-willigen Ärzte: Sie würde – ex negativo – dadurch gewährleistet, dass die bisher drohenden Sanktionsgefahren eliminiert werden. Sie muss aber auch positiv etabliert werden, und zwar vor allem, indem die Mediziner ohne unnötige Schwierigkeiten die Mittel für diesen Beistand erreichen und einsetzen können. Das bedeutet, dass der (deutsche) Gesetzgeber (für die ärztliche Verschreibung) z. B. das medizinische Mittel freigeben muss, das sich schon seit Jahren in der Schweiz bei der Suizidbeihilfe bewährt hat: Natrium-Pentobarbital (NaP oder ein ähnliches, ggf. brauchbareres Präparat; vgl. Arnold 2014, 54f.)! Denn unter der Voraussetzung eines rationalen Suizid-Entschlusses ist die Hilfsbedürftigkeit des Sterbewilligen sogar als ein moralischer Grund für die Sicherung seiner Handlungsfreiheit wie der des assistierenden Mediziners anzusehen (vgl. Wittwer 2003, 393ff.). Dem entspricht auch – zumindest partiell – die höchstrichterliche Entscheidung des Bundesverwaltungsgerichts zur Freigabe dieses Mittels an unheilbar Kranke (vgl. Urteil von 2017 (3 C 19.15)). Dabei muss diese Freigabe unter der Perspektive des rationalen Suizids konsequenter Weise natürlich auch über den Leidens-Suizid hinaus erfolgen.

Ist also eine Strafgesetzgebung (außer dem Verbot der ‚Tötung auf Verlangen', s. o.) gänzlich unnötig? In Bezug auf die Willensfreiheit des Sterbewilligen: Ja (s. o. Kap. 4). Dem widersprechen allerdings auch solche Gesetzentwürfe, die bisher als Reformentwürfe vorgelegt worden sind (z. B. Borasio et al. 2014, 22ff.). Denn sie setzen die Strafandrohung (für Ärzte) nur bei Erfüllung bestimmter Kriterien aus, zu denen eine unheilbare, zum Tode führende Krankheit gehört, die überdies von einem zweiten Arzt mit schriftlichem Gutachten bestätigt werden muss. Das würde letztendlich in vielen Fällen praktisch doch wieder auf eine Suizid-Verhinderung hinauslaufen, zumindest impliziert es die – paternalistische – Bewertung des Suizidwillens von ärztlicher Seite aus. Hier würde dann per Gesetz dem Arzt die Garantenstellung in Bezug auf die Überprüfung der Rationalität des Suizid-Entscheids übertragen, die (wie oben entwickelt und vom Bundesverfassungsgericht bestätigt) keiner Instanz zusteht, auch nicht der Medizin sozusagen im Auftrag des Staates.

Das einzig Legitime ist auch an dieser Stelle (wieder) nur der Schutz der Beistand-willigen Ärzte und ihrer Willensfreiheit. Dazu gehört sicherlich, dass der Arzt seinen Beistand als ein sinnvolles Tun empfinden muss; das bedeutet, der Suizidwunsch des Patienten muss ihm als grundsätzlich sinnvoll und berechtigt erscheinen. Und diese Überzeugung soll er gewinnen, ohne sich selbst paternalistisch als Urteilsinstanz über den Patientenwillen zu setzen. Das ist nur möglich, wenn man keine inhaltliche Rationalitätsprüfung einführt, sondern lediglich den Ermöglichungsgrund für die Rationalität des Patienten sichert. Dieser Ermöglichungsgrund besteht in einer möglichst vollständigen Information über die Alternativen zur Suizid-Entscheidung (so auch Wittwer 2020, 78ff.). Dabei handelt es sich nach den bisherigen Analysen vor allem um die palliative Sterbebegleitung bzw. um Therapiemöglichkeiten (zur Überwindung von depressiven Phasen oder dergleichen). Wenn der Suizidwillige die Informationen über solche Handlungsalternativen erhalten hat, können und müssen wir ihm deren Verarbeitung und Gewichtung für den eigenen Entschluss überlassen, um nicht seine Willensfreiheit einzuschränken. Diese Verarbeitung als Übereinstimmungsprüfung des Suizidwunsches (Volition erster Ordnung) und der persönlichkeitszentralen

Werthaltungen (Volition zweiter Ordnung, s. o. Kap. 4) mag individuell unterschiedliche Tiefe erreichen, aber das gehört mit zur Willensfreiheit des mündigen Bürgers in dieser pluralistischen Gesellschaft. Was man also im Namen der ärztlichen Willensfreiheit höchstens vorsehen kann, ist ein Beratungsgespräch, in dem der suizidwillige Patient bzw. Klient über die Handlungsalternativen zur Selbsttötung informiert wird – soweit ihm ein solches Gespräch (noch) möglich ist bzw. von ihm gewünscht wird. Für den nicht-paternalistischen, beistands-willigen Mediziner wird dieses informierende Gespräch seine Werthaltungen hinsichtlich einer aufgeklärten Arzt-Patient-Relation so gut erfüllen, dass damit die Willensfreiheit seiner Beistands-Handlungen gesichert ist. Nur der Vollständigkeit halber ist dabei zu betonen, dass ein solches Beratungsgespräch in der Tat auch nur aus einer Informationsgebung ***für*** Patienten/Klienten bestehen darf; es muss dezidiert ausgeschlossen bleiben, dass diese dabei ihre Entscheidung für eine der vorgestellten Handlungsoptionen rechtfertigen müssen (vgl. Arnold 2014, 200f.). Dann ergibt sich nur noch die Frage, ob der beistandswillige Arzt selbst eine solche Beratung übernehmen oder sie anderen Personen überlassen sollte. Die Antwort darauf folgt mit großer Sicherheit aus dem Doppelcharakter der Beratung, geht es doch einerseits um medizinische Aspekte der palliativen Versorgung, z. B. in einem Hospiz, und andererseits um die Möglichkeiten einer psychotherapeutischen Unterstützung bei der Bewältigung potenzieller Lebenskrisen. Die normale (auch z. B. allgemeinärztliche) medizinische Ausbildung deckt nicht beide Bereiche ab; hier ist eine zuständige(re) Teildisziplin gefordert, z. B. die Medizinische Psychologie, die zu beiden Beratungsthemen qualifizierte Information anbieten kann. Ein in dieser Form institutionalisiertes Beratungsgespräch weist wieder eine – durchaus beabsichtigte – Parallelität zum Vorgehen beim Schwangerschaftsabbruch auf, das sich auch in der Praxis voll und ganz bewährt hat. Dabei ist aber unter der Perspektive des rationalen Suizids nicht von einer Pflicht zum Beratungsgespräch auszugehen. Hier endet die Parallelität zum Schwangerschaftsabbruch, weil der nicht als Teil des Persönlichkeitsrechts anzusehen ist. Denn das (vom Bundesverfassungsgericht konstatierte) Recht auf ein selbstbestimmtes Sterben wird im Falle von Präventiv-, Bilanz- und Symbiose-Suizid häufig nicht in erster Linie zur einer Information über Handlungsalternativen, sondern eher zum Prozedere eines ärztlichen Sterbebeistands führen; insofern können in diesen Fällen auch Hausärzte mit einem langfristigen Vertrauensverhältnis zum Sterbewilligen die optimale Anlaufstelle sein.

In welcher Form auch immer ein derartiges Beratungsgespräch sinnvoll ist und ablaufen mag, es impliziert gerade nicht, dass zwischen beistandswilligem Arzt und suizidwilligem Patienten irgendeine Form von Sprachlosigkeit einzieht, wie es häufig von Suizid-Gegnern befürchtet wird. Im Gegenteil, gerade eine solche Beziehung, die auf das Lebensende eines der Beteiligten hinausläuft, erfordert unvermeidlich eine existenzielle Kommunikation, in der die dialog-fürsorgende Seite der Medizin (im Gegensatz zur Angst auslösenden ‚Apparate-Medizin') zum Tragen kommt (Borasio 2014, 158ff.; Ridder 2011, 235ff.). Die gleichberechtigte Sicherung der patienten- wie ärzteseitigen Willensfreiheit ist nur im persönlichkeitszentralen Dialog möglich. Und das schließt auch die Angehörigen mit ein. Im Optimalfall sind die engsten Bezugspersonen (z. B. Lebenspartner) sowieso schon bei jeder willensfreien Suizid-Entscheidung einbezogen (s. o. und Lewinski 2014, 212ff.). Denn die Folgen für andere, besonders nahestehende Menschen, können durchaus einen moralischen Grund gegen die Suizid-Entscheidung darstellen (vgl. Wittwer 2003, 341ff.). Das betrifft zum einen die emotionalen Probleme, dass Angehörige sich – u. U. auch gerade unberechtigterweise – eine (Mit-)Schuld an dem Suizid geben; zum anderen kann es aber auch ökonomische Konsequenzen geben, die nach dem Tod eines ‚Ernährers' die Lebenssituation der ‚Überlebenden' drastisch verschlechtern. All diese Aspekte sollten in eine rationale Willensentscheidung ohnehin mit eingeflossen sein, am besten aber selbstverständlich in Interaktion mit den Betroffenen. Denn die Zustimmung liebender Angehöriger zu einer solchen Entscheidung stellt die erste und existenziell gewichtigste Prüfung der Rationalität des Suizidwunsches dar – und zwar ohne dass diese Prüfung als Einschränkung der Willensfreiheit empfunden wird, weil die Verbindung mit emotionalen Bezugspersonen zu den zentralen Werthaltungen des Suizidwilligen gehört. Dementsprechend werden relevante Angehörige nach dem Willen des Patienten selbstverständlich auch in die Kommunikation mit dem behandelnden Arzt sowie in ein eventuelles Beratungsgespräch eingebunden (werden). Soweit sie in einer Patientenverfügung als Betreuer etc. eingesetzt sind, gilt dies sogar mit rechtlicher Verbindlichkeit. Auf jeden Fall sichert die intensive Kommunikation zwischen allen Beteiligten bzw. Betroffenen (Suizidwilligem, persönliche Bezugspersonen, assistierende Mediziner), dass der Tod des geliebten Menschen für die Angehörigen weniger traumatisch ist, wenn sie den Suizidwillen und dessen Realisierung – soweit möglich – mitgetragen haben (vgl. Lewinski 2008, 182ff.); und dass folglich auch der beteiligte Arzt nicht mit nachträglichem Unverständnis oder sogar Vorwürfen rechnen muss.

Dabei sollte eine eventuelle Beratung durch eine ‚externe' Institution, die selbst weder eine palliativ-medizinische Sterbebegleitung noch Suizid-Beihilfe oder psychotherapeutische Intervention anbietet, auch dazu geeignet sein, die Diskussion um die dem Sterbewilligen offen stehenden Handlungsoptionen zu versachlichen. Denn gerade in Bezug auf die Sterbebegleitung in Einrichtungen wie Hospizen treten an vielen Stellen die Haltung der Suizid-Ablehnung und der Versuch der Suizid-Verhinderung wieder zutage. Und das, obwohl die Hospiz-Bewegung vom Ansatz her eine konstruktive Konzeption darstellt, die eine umfassende palliative (schmerzlindernde) ärztliche Versorgung mit einer gleichgewichtigen pflegerischen Betreuung und Einbeziehung von empathischen sozialen Bezügen, nicht nur zu den Angehörigen, zu verbinden versucht (vgl. Borasio 2014, 23ff.; Lewinski 2008, 127ff.; Woellert & Schmiedebach 2008, 80ff.). Doch diese Konzeption leidet einerseits unter praktischen (Umsetzungs-)Problemen: Wir haben zwar seit 1990 eine signifikante Zunahme von Hospiz-Einrichtungen, aber es besteht immer noch eine erhebliche Unterversorgung (vgl. Borasio 2014, 167ff.; Woellert & Schmiedebach 2008, 85ff.); das gilt gerade auch im Bereich der Pflege, außerdem lassen sich nicht alle Schmerzen, Erstickungsanfälle etc. palliativ ausreichend lindern (vgl. oben und Ridder 2010, 221ff.). Gravierender ist aber andererseits das Problem, dass die Palliativmedizin häufig und systematisch in einen Gegensatz zur willensfreien Suizid-Entscheidung gesetzt wird. Und zwar nicht von den zur Suizidbegleitung bereiten Medizinern, sondern von den Hospizen und den darin tätigen medizinischen Kräften (vgl. Arnold 2014, 118f.; der oben in Kap. 2 berichtete ‚Fall Putz' ist ein drastisches Beispiel dafür).

Dass die Hospize und Palliativ-Mediziner vielfach doch wieder nur die ideologische Suizid-Ablehnung und -Verhinderung betreiben, stellt heute die (hoffentlich) letzte Bastion im Rückzugsgefecht der ‚Unverfügbarkeits'-Position dar. Das kommt schon in den immer wieder verwendeten Negativ-Metaphern der drohenden Gefahren wie ‚schiefe Ebene', (moralische) ‚Anarchie' und vor allem ‚Dammbruch' in Richtung auf eine (unkontrollierte) Zunahme von Suiziden zum Ausdruck (vgl. z. B. Bedford-Strohm 2015, 113; Hardinghaus 2015, 44f.; kritisch Fenner 2008, 76ff.; Wittwer 2003, 368ff.). Damit wird unterstellt und vorhergesagt, dass die Zulassung von (ärztlich) assistiertem Suizid zu einem Druck auf Patienten und einem massiven Anschwellen der Suizid-Häufigkeiten führen würde (vgl. auch Schnieder 2015, 60f.). Auf diese Weise wird der potenzielle Suizid(-Wunsch) von Patienten ganz eindeutig nicht neutral bewertet, sondern als bedrohliche Überflutung verunglimpft.

Selbst wenn es eine solche Zunahme von Suizid-Häufigkeiten geben sollte, könnte das aus der Sicht der Suizidwilligen ja auch ein Brunnen von Selbstbestimmung in einer von Fremdbestimmung beherrschten Wüstenei sein (als Möglichkeit auch vom Bundesverfassungsgericht gesehen: BVerfG 2020a, Rn 256). Doch auf jeden Fall gilt: „Eine Pflicht zur Inanspruchnahme palliativmedizinischer Behandlung besteht nicht." (BVerfG 2020b, (2) (b)). Aber unabhängig davon gibt es durchaus empirische Daten, die eine Überprüfung der ‚Anarchie'- und ‚Dammbruch'-These erlauben und zum Nachweis führen, dass diese völlig unberechtigt ist (im Einzelnen werden die ‚schiefe Ebene'-Argumente unten in Teil III einer differenzierten empirischen Überprüfung unterzogen). Hier nur stichwortartig: Im US-Staat Oregon existiert z. B. seit 1997 eine entsprechende Regelung zur (ärztlichen) Suizidbegleitung, die mitnichten eine bedeutsame Erhöhung der Suizid-Häufigkeit ausgelöst hat. Es ist vielmehr so, dass mehr als ein Drittel der Patienten die Zusicherung des ärztlichen Beistandes nur als psychische Sicherheit braucht, ohne sie aber am Schluss wirklich in Anspruch zu nehmen (vgl. Arnold 2014, 128ff.; Ridder 2011, 274ff.). Die – jüngeren – Erfahrungen in den Niederlanden und Belgien, die vor einiger Zeit ähnliche Regelungen eingeführt haben, weisen in die gleiche Richtung (Gutzwiller 2015, 55ff.). Außerdem haben diese Staaten (einschließlich Oregon) eine sehr viel bessere Palliativversorgung als z. B. Deutschland! Die Konsequenz kann nur sein, Suizid-Begleitung und Hospiz-Versorgung als gleichberechtigte Optionen zu etablieren, zwischen denen sich die Menschen am Lebensende in Willensfreiheit entscheiden können. Und es gibt auch hier einen ganz einfachen Weg, um die optimalen Bedingungen für diese Willensfreiheit zu schaffen: indem jedem Bürger ab einem bestimmten Alter (oder einer bestimmten Erkrankung) ein Hospiz-Platz garantiert wird. Mit diesem Recht wird einem möglichen Druck in Richtung auf einen Suizid-Entschluss so weit wie möglich jede Dynamik genommen: und zwar vor allem durch ein auf Freiheit abzielendes positives Angebot, nicht mit Strafandrohungen, die die Entscheidungsfreiheit des Einzelnen eingrenzen. An dieser Stelle gibt es die – beabsichtigte – Parallelität zum Anrecht eines jeden Kindes auf einen Kindergartenplatz: Was der Gesellschaft für den Lebensanfang billig ist, sollte ihr auch für das Lebensende recht sein!

Ein solches Angebot, nämlich die Garantie eines Hospiz-Platzes, würde auch die Voraussetzungen für eine freie Willensentscheidung (für oder gegen einen Suizid), nämlich Reflexion und Kommunikation, entscheidend befördern. Zumindest würde dadurch die Situation sehr viel unwahrscheinlicher, dass jemand sterbend aufgefunden wird, ohne dass etwas über seinen potenziellen Sterbenswillen bekannt ist. Diese, heute eben gerade nicht ausgeschlossene, Situation ist der einzige Fall, in dem eine Suizid-Verhütung mit Zwangsmitteln moralisch gerechtfertigt ist, nämlich unter der Maxime: im Zweifelsfall für das Leben, für die Erhaltung des Lebens („in dubio pro vita", vgl. Fenner 2008, 98ff., Wittwer 2003, 382f.). Die Rechtfertigung für den Zwang resultiert aus der Unumkehrbarkeit der Handlungsfolgen, die im Falle des Todes gegeben ist, nach einer Lebensrettung aber nicht. Allerdings ist ein solcher Zwang auch nur kurzfristig legitim, bis die betroffene Person wieder das Bewusstsein erlangt und dadurch über Reflexions-und Kommunikationsfähigkeit verfügt (ebda.). Alle längerfristigen Zwangsmaßnahmen (z. B. eben der Psychiatrisierung, der zwangsweisen Ernährung innerhalb von Pflegeheimen etc.) sind aus den besprochenen Gründen (s. die vorhergehenden Kapitel) als Verletzung der Selbstbestimmung und Willensfreiheit des Einzelnen nicht legitim. Das bedeutet auf der Ebene der einzelnen Person, dass jeder, der sich die Möglichkeit eines rationalen Suizids offenhalten will, rechtzeitig dafür sorgen muss, seinen Willen adäquat zu entwickeln, zu kommunizieren und zu dokumentieren (z. B. im gegenwärtig geltenden juristischen Rahmen durch eine Patienten- und Vorsorgeverfügung; auf Dauer durch eine explizite Sterbeverfügung ergänzbar). Auf der überindividuell-gesellschaftlichen Ebene heißt es, dass alle gewaltsamen Maßnahmen zur Suizid-Verhütung bzw. -Verhinderung abgeschafft werden müssen (von der ideologischen Manipulation gegen die Willensfreiheit bis zur Psychiatrisierung, Zwangshospitalisierung und Behinderung medizinischer Assistenz als Negation von Handlungsfreiheit des Sterbewilligen). Legitim ist das Ziel einer Suizid-Verhütung allein durch konstruktive (gewaltfreie) Strategien zur Verbesserung der Lebenssituation Suizid-Gefährdeter (von Fenner 2008, 94f. ‚Primärstrategien' genannt) sowie zur Erweiterung der Handlungsoptionen (eben durch Beratung bzw. das Recht auf einen Hospiz-Platz) zu realisieren (im Prinzip auch vom Bundesverfassungsgericht als „sozialpolitische Verpflichtung" des Gesetzgebers angemahnt: BVerfG 2020b). Und wenn jemand trotzdem in Vollzug seiner (mehr oder minder großen) Willensfreiheit den Suizid als selbstbestimmten Ausgang aus dem Leben wählt, ist dieser Wille nicht nur auf allen gesellschaftlichen Ebenen zu respektieren, sondern es sind die Bedingungen zu schaffen, dass der Einzelne auch das Lebensende in Übereinstimmung mit den zentralen Werthaltungen seiner Persönlichkeit gestalten kann (z. B. eben durch medizinischen Beistand).

Um es komprimiert zusammenzufassen: Wenn man ernsthaft von der Willensfreiheit des Menschen auch am Lebensende ausgeht, folgt daraus die Möglichkeit eines rationalen Suizids, dessen Rationalität nicht von außen zu überprüfen oder zu kontrollieren ist. Die Durchführung des (freien) Suizid-Entschlusses als zugehörige Handlungsfreiheit ist allerdings am ehesten unter ärztlichem Beistand in Form des ‚assistierten Suizids' möglich, weswegen die Handlungsfreiheit des Suizidwilligen mit der Willensfreiheit des assistierenden Arztes in Übereinstimmung gebracht werden muss. Dies sollte durch folgende Regelungen möglich sein (siehe ausführliche Begründung im Anschluss an die empirische Überprüfung der ‚Schiefe-Ebene-Argumente' unten im Teil III.):

- Auf der Ebene des Einzelnen zeigt sich die Dauerhaftigkeit des Suizidwillens z. B. durch eine Sterbe-Verfügung (entweder im Rahmen einer Sterbehilfe-Organisation oder einer längerfristigen Betreuung durch den Arzt/die Ärztin des jeweiligen Vertrauens).
- Die Informiertheit über eventuelle Alternativen wird über ein Beratungsangebot gesichert, d. h. keinesfalls eine Beratungspflicht mit Rechtfertigung des Suizidwunsches (gleichgültig ob Leidens-, Präventiv-, Bilanz-, oder Symbiose-Suizid).
- Die Realisierbarkeit potenzieller Alternativen wird unter anderem dadurch gewährleistet, dass jeder Person auf Wunsch ein Hospiz-Platz garantiert wird.
- Auf gesetzlicher Ebene sind als Rahmenbedingung die Statuten von Ärztekammern in Richtung auf einen ärztlichen Suizid-Bestand zu ändern; gleichzeitig muss es eine Dokumentation zu möglichen Anlaufstellen geben.
- Die zur Suizidassistenz bereiten Mediziner müssen ein Recht auf Information über ihre Bereitschaft sowie auf Verschreibung des jeweils geeignetsten Mittels haben (derzeit Natrium-Pentobarbital).
- Dadurch wechselt im Falle des rationalen Suizids die ärztliche Garantenstellung für die Lebenserhaltung in eine für die Erfüllung des patientenseitigen Sterbewillens.
- Auf gesellschaftlicher Ebene muss auf der Grundlage der kulturell-historischen Rahmenbedingungen ein möglichst breiter Konsens über das Vorgehen beim Sterbebeistand entwickelt werden.

- Außerdem ist der rationale Diskurs über die Sicherung und ggf. Weiterentwicklung des ärztlich-assistierten Suizids unter Einbeziehung empirischer Daten und potenzieller Schritte im Wertewandel dauerhaft zu etablieren und fortzuführen.

6. Literatur

Améry, J. (1976). Hand an sich legen. Diskurs über den Freitod. Stuttgart: Ernst Klett.

Appel, K. et al. (2008). Naturalisierung des Geistes? Würzburg: Königshausen & Neumann.

Arnold, U.-Chr. (2014). Letzte Hilfe. Ein Plädoyer für das selbstbestimmte Sterben. Reinbek: Rowohlt.

Asimov, I. (1982). Meine Freunde, die Roboter. München: Heyne.

Bächler, J. (1981). Tod durch eigene Hand. Berlin: Ullstein.

Bätzing-Lichtenthäler, S. (2015). Das „Ich will" in der Sterbehilfedebatte. In H. Niederschlag & I. Proft (Hrsg.) (2015), S. 47–49.

Baumann, U. (2001). Vom Recht auf den eigenen Tod. Die Geschichte des Suizids vom 18. bis zum 20. Jahrhundert. Weimar: Hermann Böhlaus Nachfahren.

Bedford-Strohm, H. (2015). Leben dürfen – Sterben müssen. Argumente gegen die Sterbehilfe. München: Kösel.

Berger, A. (2004). Unterlassungen. Paderborn: Mentis.

Bieri, P. (2001). Das Handwerk der Freiheit. Über die Entdeckung des eigenen Willens. München: Hanser.

Bieri, P. (2013). Eine Art zu leben. Über die Vielfalt menschlicher Würde. München: Carl Hanser.

Borasio, G. D. (2014). Selbstbestimmt sterben. München: Beck.

Borasio, G. D. et al. (2014). Selbstbestimmung im Sterben – Fürsorge zum Leben. Ein Gesetzesvorschlag zur Regelung des assistierten Suizids. Stuttgart: Kohlhammer.

Boucsein-Keller, V. (2012). Was Angehörige erleben – eine Befragung von Familienangehörigen und engen Freunden. In H. Wehrli et al. (Hrsg.) (2012), S. 132–139.

Brunner, A. (2012). Weiter im Zickzack – der Diskurs muss fortgeführt werden. In H. Wehrli et al. (Hrsg.) (2012), S. 82–89.

Brysch, E. (2015). „(K)ein Recht auf Sterbehilfe?" In H. Niederschlag & I. Proft (Hrsg.) (2015), S. 13–21.

Burger, H. (1988). Tractatus logico-suicidalis. Über die Selbsttötung. Frankfurt/M.: S. Fischer.

BVerfG (2020a). Urteil des Zweiten Senats vom 26. Februar 2020 – 2 BvR 2347/15-, Rn. 1–343.

BVerfG (2020b). Verbot der geschäftsmäßigen Förderung der Selbsttötung verfassungswidrig. Pressemitteilung Nr. 12 /2020 vom 26. Februar 2020.

BVerfG (2020c). Leitsätze. Zum Urteil des Zweiten Senats vom 26. Februar 2020.

Cavalli, F. (2012). Der Arzt und die Sterbehilfe – ein Plädoyer dafür. In H. Wehrli et al. (Hrsg.) (2012), S. 156–162.

Destatis (2020). Kraftrad- und Fahrradunfälle im Straßenverkehr 2019. Statistisches Bundesamt.

Dietze, G. (1981). Vorbemerkung. In G. Dietze (Hrsg.) (1981), Todeszeichen. Freitod in Selbstzeugnissen. (S. 8–18) Darmstadt/Neuwied: Luchterhand.

Döring, E. (1978). Der Tod des Poeten. Zum Problem des Suizids bei Heinrich von Kleist. In H. Pohlmeier (Hrsg.) (1978), S. 135–153.

Dössel, O. (2016). Bildgebende Verfahren in der Medizin. Berlin/Heidelberg: Springer Nature.

Durkheim, E. (1987). Der Selbstmord. Frankfurt/M.: Suhrkamp.

Erb, E. (2003). Willensfreiheit: Therapeutische Zielimplikation – anthropologische Entwicklungsmöglichkeit. In N. Groeben (Hrsg.) (2003), Zur Programmatik einer sozialwissenschaftlichen Psychologie. Bd. II. Objekttheoretische Perspektiven, 2. Halbbd. (S. 273–315) Münster: Aschendorff.

Eser, A. (2009). Möglichkeiten und Grenzen der Sterbehilfe aus der Sicht eines Juristen. In W. Jens & H. Küng, H. (2009), S. 137-164.

Fenner, D. (2008). Suizid – Krankheitssymptom oder Signatur der Freiheit? Freiburg/München: Karl Alber.

Fischer, G. (2012). Im Sterben getragen – Schicksal einer Ehefrau und Mutter. In H. Wehrli et al. (Hrsg.) (2012), S. 114–121.

Flaßpöhler, S. (2013). Mein Tod gehört mir. Über selbstbestimmtes Sterben. München: Pantheon.

Frankfurt, H. G. (1981). Willensfreiheit und der Begriff der Person. In P. Bieri (Hrsg.) (1981), Analytische Philosophie des Geistes. Königstein: Hain. S. 287–324.

Frankfurt, H. G. (1988). The Importance of What We Care About. Cambridge: University Press.

Frankfurt, H. G. (1999). Necessity, Volition, and Love. Cambridge: University Press.

Frey, H-P. (Hrsg.) (1987). Identität. Entwicklungen psychologischer und soziologischer Forschung. Stuttgart: Enke.

Funke, J. & Frensch, P. A. (2006). Handbuch der Allgemeinen Psychologie – Kognition. Göttingen: Hogrefe.

Galtung, J. (1975). Strukturelle Gewalt. Beiträge zur Friedens- und Konfliktforschung. Reinbek: Rowohlt.

Gergen, K. (2002). Konstruierte Wirklichkeiten. Stuttgart: Klett.

Giger, H. (2012). Sterbehilfe im Fokus völkerrrechtlicher Aspekte und deren Auswirkungen auf das nationale Recht. In H. Wehrli et al. (Hrsg.) (2012), S. 176–189.

Groeben, N. (1986). Die Herleitung von Erziehungszielen. In W. Twellmann (Hrsg.) (1986), Handbuch Schule und Unterricht. Bd. 8.1: Bildung/Frieden. Düsseldorf: Schwann. S. 175–198.

Groeben, N. (1999). Fazit: Die metatheoretischen Merkmale einer sozialwissenschaftlichen Psychologie. In N. Groeben (Hrsg.) (1999), Zur Programmatik einer sozialwissenschaftlichen Psychologie. Bd. I. Metatheoretische Perspektiven, 2. Halbbd. Münster: Aschendorff. S. 311–404.

Groeben, N. (2004). (Lese-)Sozialisation als Ko-Konstruktion – Methodisch-methodologische Problem-(Lösungs-)Perspektiven. In N. Groeben & B. Hurrelmann (Hrsg.) (2004), Lesesozialisation in der Mediengesellschaft. Weinheim: Juventa. S. 145–169.

Groeben, N. & Scheele, B. (2003). Produktion von Ironie un Witz. In Th. Herrmann & J. Grabowski (Hrsg.) (2003), Enzyklopädie der Psychologie: Themenbereich C: Theorie und Forschung; Serie III. Sprache, Band 1 Sprachproduktion. Göttingen: Hogrefe. S. 733–763.

Guillon, C. & Le Bonniec, Y. (1982). Gebrauchsanleitung zum Selbstmord. Eine Streitschrift für das Recht auf einen frei bestimmten Tod. Frankfurt/M.: Robinson.

Gutzwiller, F. (2012). Die Verantwortung des Staates bei der Sterbehilfe – Recht auf Menschenwürde und Recht auf Fürsorge. In H. Wehrli et al. (Hrsg.) (2012), S. 52–57.

Hardinghaus, W. (2015). Für eine sorgende Gesellschaft. In H. Niederschlag & I. Proft (Hrsg.) (2015), S. 37–45.

Heidbrink, H. (2008). Einführung in die Moralsychologie. Weinheim: Beltz.

Heidelberger, M. (2005). Freiheit und Wissenschaft. Metaphysische Zumutungen von Verächtern der Willensfreiheit. In E.-M. Engels & E. Hildt (Hrsg.) (2005), Neurowissenschaften und Menschenbild. Paderborn: Mentis. S. 195–219.

Helmrich, H. (2004). Wir können auch anders: Kritik der Libet-Experimente. In Chr. Geyer (Hrsg.) (2004), Hirnforschung und Willensfreiheit. Frankfurt/M.: Suhrkamp. S. 92–97.

Herrmann, Chr. S. & Dürschmid, St. (2010). Von Libet zu einer ‚neuen' Willensfreiheit: Bewusste versus unbewusste Handlungsabsichten. In Th. Fuchs & G. Schwarzkopf (Hrsg.) (2010), Verantwortlichkeit – nur eine Illusion? Heidelberg: Winter. S. 127–146.

Herrndorf, W. (2013). Arbeit und Struktur. Reinbek: Rowohlt.

Höffe, O. (2012). Ist Suizidhilfe moralisch vertretbar? Eine schwierige Güterabwägung. In H. Wehrli et al. (Hrsg.) (2012), S. 20–27.

Hofmann, D. (2007). Suizid in der Spätantike. Stuttgart: Steiner.

Hübner, M. & Montgomery, F. U. (2012). Beistand für Sterbende – Weiterentwicklung der Grundsätze der Bundesärztekammer zur ärztlichen Sterbebegleitung. In H. Wehrli et al. (Hrsg.) (2012), S. 163–173.

Jaspers, B. et al. (2015). Euthanasie, ärztlich assistierter Suizid und Freitodbegleitungen. In H. Niederschlag & I. Proft (Hrsg.) (2015), S. 23–36.

Jencquel, J. (2012). Heimliche Sterbehilfe in Frankreich und Deutschland – unmenschliche Gesetze zwingen Leidende in die Illegalität. In H. Wehrli et al. (Hrsg.) (2012), S. 214–221.

Jens, I. (2009). Ein Nach-Wort in eigener Sache. In W. Jens & H. Küng, H. (2009), S. 199–211.

Jens, W. & Küng, H. (1999/2014). Menschenwürdig sterben. Ein Plädoyer für Selbstverantwortung. München: Piper.

Kaiser, G. (2004). Warum noch debattieren? Determinismus als Diskurskiller. In Chr. Geyer (Hrsg.) (2004), Hirnforschung und Willensfreiheit. Frankfurt/M.: Suhrkamp. S. 261–267.

Kamlah, W. (1976). Meditatio Mortis. Stuttgart: Klett.

Kane, R. (Hrsg.) (2002). The Oxford Handbook of Free Will. Oxford: University Press.

Kaufmann, P. (2012). Soll man den Tod rufen? In H. Wehrli et al. (Hrsg.) (2012), S. 13–18.

Keupp, H. et al. (1999). Identitätskonstruktionen. Das Patchwork der Identitäten in der Postmoderne. Reinbek: Rowohlt.

Klöckner, J. (2015). Maßstab Menschenwürde. In H. Niederschlag & I. Proft (Hrsg.) (2015), S. 51–55.

Kohlberg, L. (1996). Die Psychologie der Moralentwicklung. Frankfurt/M.: Suhrkamp.

Kriesi, W. (2012). Aus der Praxis der Freitodbegleitung – ein Schicksal, das uns harte Fragen stellt und Antworten verweigert. In H. Wehrli et al. (Hrsg.) (2012), S. 105–112.

Künast, R. (2012). Ausgangspunkt für eine Neuregelung muss stets das Schutzgut Leben, die Selbstbestimmung darüber und die Würde der Betroffenen sein. In H. Wehrli et al. (Hrsg.) (2012), S. 45–51.

Küng, H. (1999). Der lange Weg zum Projekt Weltethos. Zwanzig Jahre nach dem Missio-Entzug. Vorlesung an der Universität Tübingen vom 14.12.1999.

Küng, H. (2009). Sterbehilfe? Thesen zur Klärung. In W. Jens & H. Küng, H. (2009), S. 213–235.

Kupke, Chr. (2011). Metaphysischer Determinismus und naturgeschichtliche Freiheit. In M. Heinze, Th. Fuchs & M. Reischies (Hrsg.) (2011), Willensfreiheit – eine Illusion? Lengerich: Pabst. S. 63–76.

Kusch, R. (2012). Selbstbestimmung bis zuletzt – bleibt Deutschland ein Rechtsstaat? In H. Wehrli et al. (Hrsg.) (2012), S. 69–79.

Kusch, R. & Hecker, B. (2020). Handbuch der Sterbehilfe. Norderstedt: BoD.

Lenk, K (Hrsg.) (1978). Ideologie: Ideologiekritik und Wissenssoziologie. Neuwied/Berlin: Luchterhand.

Levé, É. (2012). Selbstmord. Berlin: Matthes & Seitz.

Lewinski, M. von (2008). Ausharren oder gehen? Für und wider die Freiheit zum Tode. München: Olzog.

Lewinski, M. von (2012). Freiheit zum Tode? Annäherungen und Anstöße. Berlin: logos.

Libet, B. (1985). Unconscious cerebral initiative and the role of conscious will in voluntary action, Behavioral and Brain Sciences, 8, S. 529–539.

Libet, B. et al. (1983). Time of conscious intention to act in relation to onset of cerebral activities (readiness potential): The unconscious initiation of voluntary act, Brain, 106 (3), S. 623–642.

Markowitsch, H. J. (2004). Warum wir keinen freien Willen haben. Der sogenannte freie Wille aus Sicht der Hirnforschung, Psychologische Rundschau, 55 (4), S. 163–168.

Minelli, L. A. (2012). Freitodhilfe als menschenrechtlicher Anspruch in Deutschland und Anmerkungen zur fehlenden Suizidversuchs-Prophylaxe. In H. Wehrli et al. (Hrsg.) (2012), S. 190–196.

Moor, P. (1973). Die Freiheit zum Tode. Ein Plädoyer für das Recht auf menschen-würdiges Sterben. Reinbek: Rowohlt.

Müller, M. (2017). Religion im Rechtsstaat. Von der Neutralität zur Toleranz. Bern: Stämpfli.

Neusüss, A. (Hrsg.) (1986). Utopie: Begriff und Phänomen des Utopischen. Frankfurt/M.: Campus.

Niederschlag, H. (2015). „Niemand wird leichter betrogen als das Gewissen." Gewissensbildung im Angesicht des Sterbens. In H. Niederschlag & I. Proft (Hrsg.) (2015), S. 97–110.

Niederschlag, H. & Proft, I. (Hrsg.) (2015). Recht auf Sterbehilfe? Politische, rechtliche und ethische Positionen. Ostfildern: Matthias Grünewald.

Niethammer, D. (2009). Menschenwürdig sterben aus der Sicht eines Arztes. In W. Jens & H. Küng, H. (2009), S. 125–135.

Noll, P. (1984). Diktate über Sterben & Tod. Zürich: pendo.

Oesterreich, R. (1981). Handlungsregulation und Kontrolle. München: Urban & Schwarzenberg.

Oswald, U. (2012). Gehen lassen – dem Vater beistehen. In H. Wehrli et al. (Hrsg.) (2012), S. 140–146.

Pauen, M. (2016). Illusion Freiheit? Frankfurt/M.: Fischer.

Pohlmeier, H. (Hrsg.) (1978). Selbstmord-Verhütung. Anmaßung oder Verpflichtung. Düsseldorf/Bonn: Parerga.

Pohlmeier, H. (1978). Wann wird Selbstmordverhütung notwendig? In H. Pohlmeier (Hrsg.) (1978), S. 29–52.

Prinz, W. (2004). Kritik des freien Willens. Bemerkungen über eine soziale Institution, Psychologische Rundschau, 55 (4), S. 198–206.

Putz, W. (2012). Der Tod als Mandat – das Leiden vor der passiven Sterbehilfe. In H. Wehrli et al. (Hrsg.) (2012), S. 122–130.

Reiner, A. (1978). Das theologische Problem von Selbstmord und Selbstmordverhütung. In H. Pohlmeier (Hrsg.) (1978), S. 115–129.

Ridder, M. de (2011). Wie wollen wir sterben? Ein ärztliches Plädoyer für eine neue Sterbekultur in Zeiten der Hochleistungsmedizin. München: pantheon.

Ridder, M. de (2012). Jenseits der Palliativmedizin? Ein Plädoyer für die ärztliche Beihilfe zum Suizid. In H. Wehrli et al. (Hrsg.) (2012), S. 28–37.

Ringel, E. & Sonneck, G. (1978). Präsuizidales Syndrom und Gesellschaftsstruktur. In H. Pohlmeier (Hrsg.) (1978), S. 99–113.

Roeg, B. (2018). Requiescam. In B. Roeg, Verwandtschaften. Politische Real-Fiktionen aus sieben Jahrzehnten bundesdeutscher Utopie-Geschichte. Solingen: custos verlag. S. 147–177.

Roth, G. (2009). Aus Sicht des Gehirns. Frankfurt/M.: Suhrkamp.

Roxin, C. (1978). Die Mitwirkung beim Suizid als Problem des Strafrechts. In H. Pohlmeier (Hrsg.) (1978), S. 75–97.

Scheele, B. (2014). Empathie und Sympathie bei der Literatur-Rezeption: ein Henne-Ei-Problem? In C. Hillebrandt & E. Kampmann (Hrsg.) (2014), Sympathie und Literatur. Zur Relevanz des Sympathiekonzepts für die Literaturwissenschaft. Berlin: EV. S. 35–48.

Scheele, B. & DuBois, F. (2006). Catharsis as a moral form of entertainmant. In J. Bryant & P. Vorderer (Hrsg.) (2006), Psychology of Entertainment. Hillsdale, N. J.: Erlbaum. S. 405–422.

Scheele, B. & Rothmund, J. (2001). Sprache als Sozialität: Linguistische Relativität und das Genus-Sexus-Problem. In N. Groeben (Hrsg.) (2001)., Zur Programmatik einer sozialwissenschaftlichen Psychologie. Bd. II. Objekttheoretische Perspektiven, 1. Halbbd. Münster: Aschendorff. S. 77–129.

Schirach, F. von (2020). GOTT. Ein Theaterstück. München: Luchterhand.

Schmitt, M. et al. (2009). Sensibilität für Ungerechtigkeit, Psychologische Rundschau, 60, S. 8–22.

Schnieder, P. (2015). Normgerechtes Sterben. Aufgaben und Grenzen staatlicher Regulierung. In H. Niederschlag & I. Proft (Hrsg.) (2015), S. 57–63.

Schöne-Seifert, B. (2020). Beim Sterben helfen – dürfen wir das? Berlin: Metzler.

Schulze-Kraft, M. et al. (2016). The point of no return in vetoing self-initiated movements. Proceedings of the National Academy of sciences, 113, S. 1080–1085.

Segmüller, P. (2012). Es gibt auch Selbstbestimmung ohne Sterbehilfe – nicht Politiker, sondern Fachleute müssen das Problem lösen. In H. Wehrli et al. (Hrsg.) (2012), S. 40–44.

Stiensmeier-Pelster, J. & Heckhausen, H. (2010). Kausalattribution von Verhalten und Leistung. In J. Heckhausen & H. Heckhausen (Hrsg.) (2010), Motivation und Handeln. (S. 389–426). Berlin/Heidelberg: Springer.

Tag, B. (2012). Die Sterbehilfe unter der Lupe – die große Herausforderung verlangt nach Regeln. In H. Wehrli et al. (Hrsg.) (2012), S. 60–68.

Walser, M. (2012). Wem gehören wir eigentlich? Ein Plädoyer. In H. Wehrli et al. (Hrsg.) (2012), S. 226–229.

Walter, H. (1998). Neurophysiologie der Willensfreiheit. Von libertarischen Illusionen zum Konzept der natürlichen Autonomie. Paderborn: mentis.

Wehrli, H. et al. (Hrsg.) (2012). Der organisierte Tod. Sterbehilfe und Selbstbestimmung am Lebensende – Pro und Contra. Zürich: orell füssli.

Wehrli, H. (2012). Wozu es Sterbehilfeorganisationen braucht. In H. Wehrli et al. (Hrsg.) (2012), S. 90–96.

Weiss, Ph. (2012). Hilfe beim Suizid - Dürfen Ärzte das? In H. Wehrli et al. (Hrsg.) (2012), S. 148–155.

Welz, R. (1978). Gesellschaftliche Einflußgrößen auf die Selbstmordhandlung. In H. Pohlmeier (Hrsg.) (1978), S. 53–73.

Werlen, I. (2002). Sprachliche Relativität. Eine problemorientierte Einführung. Tübingen: Francke.

Westmeyer, H. (1999). Konstruktivismus und Psychologie, Z. Erziehungswiss., 2 (4), S. 507–525.

Whorf, B. L. (2008). Sprache - Denken - Wirklichkeit. Reinbek: Rowohlt.

Wittwer, H. (2003). Selbsttötung als philosophisches Problem. Über die Rationalität und Moralität des Suizids. Münster: mentis.

Wittwer, H. (2020). Das Leben beenden. Über die Ethik der Selbsttötung. Paderborn: mentis (Brill).

Woellert, K. & Schmiedebach, H.-P. (2008). Sterbehilfe. München/Basel: E. Reinhardt.

Wuermeling, H.-B. (2019). Durch die Hand oder an der Hand eines Anderen sterben? In H. Niederschlag & I. Proft (Hrsg.) (2015), S. 65–72.

Youniss, J. (1994). Soziale Konstruktion und psychische Entwicklung. Frankfurt/M.: Suhrkamp.

Zoborowski, H. (2015). Von einer verlorenen Kunst des Sterbens - und des Lebens. Zu Wolfgang Herrndorfs *Arbeit und Struktur*. In H. Niederschlag & I. Proft (Hrsg.) (2015), S. 87–96.

Zorn, F. (1977). Mars. München: Kindler.

II. Biographien

Prominent-historische Beispiele selbstbestimmten Sterbens: Dokumentation und Erklärung in Erzählungen

1. Leidens-Suizid
Hannelore Kohl

(07.03.1933–05.07.2001)

4/2000

Desensibilisierung hilft tatsächlich gegen eine ganze Bandbreite von Allergien. Sagt nicht nur Prof. Möbius, sondern auch eine Fülle von wissenschaftlicher Literatur, die es dazu gibt. Also ist es einen Versuch wert, unbedingt! Das Prinzip: Die Allergie-auslösende Substanz wird in kleinsten Schritten gesteigert, so dass der Organismus die Steigerung praktisch nicht merkt und auf diese Weise die allergische Reaktion sozusagen verlernt. Ähnlich zu der Strategie des Ausschleichens, z. B. bei Medikamenten, hier aber nur das Gegenteil: eine Form des Einschleichens. Bleibt allerdings die Frage, ob Licht eine ‚Substanz' ist wie irgendein Obst oder dergleichen ... ob es bei Licht genauso funktioniert wie bei Unverträglichkeit von Erdbeeren, Nüssen oder oder ... Außerdem die Angst, dass die Steigerungsschritte zu groß sein könnten, so dass der Körper die Veränderung sehr wohl registriert und wie gewohnt oder noch stärker reagiert! Deshalb sollte der Therapeut auf jeden Fall möglichst genau über die Krankheitsgeschichte informiert sein. Zur Unterstützung der mündlichen Anamnese kann eine schriftliche Zusammenfassung also sicher nicht schaden, im besten Fall sogar nutzen. Deshalb:

- 1968 Entwicklung einer Allergie gegen Penicillin. Konkreter Auslöser in der Rückschau jetzt nicht mehr präzise feststellbar.

- 1993 durch den damaligen Hausarzt Dr. Lössl Verschreibung eines penicillinhaltigen Antibiotikums gegen einen grippalen Effekt (obwohl er selbst vorher eine Liste von den zu vermeidenden Penicillin-Medikamenten erstellt hatte).
- Konsequenz: ein anaphylaktischer Schock, notärztliche Einweisung in das Sankt-Marien-Krankenhaus in Ludwigshafen; vier Tage Intensiv-Station; Diagnose eines Lyell-Syndroms mit äußerst schmerzhaften Hautablösungen und Verlust von Nägeln und Haaren.
- Anschließender Kuraufenthalt, bei dem sich aber bereits erste Zeichen der Lichtallergie zeigen: Die Haut reagiert auf (zunächst starke) Sonnenstrahlung mit Rötung, Quaddeln und Juckreiz.
- In den folgenden Jahren schubweises Auftreten mit kontinuierlicher Verschlimmerung; anfangs während eines Schubs noch Spaziergänge mit Sonnenschirm möglich, dann bei bedecktem Himmel, mit Richtung auf Dämmerlicht; außerdem z. T. auch Atemnot (Bronchospasmus).
- Schubfreie Zeiten sowohl unter Stressbedingungen als auch bei Stressfreiheit. Kein Stress bzw. sogar das Gegenteil davon z. B. die Verleihung des medizinischen Ehrendoktors durch die Uni Greifswald (1995) für die Arbeit im ZNS-Kuratorium; oder auch die Kochbücher mit dem französischen Kochbuchpreis 1996, vor allem aber Kauf und Einrichtung der Berliner Wohnung nach der Wahlniederlage 1998. Merkwürdigerweise jedoch auch unter extremem Stress kein Schub wie in der sog. Spendenaffäre Ende 1999, desgleichen die gemeinsame Arbeit an H.s ‚Tagebuch 2000' und die Spendensammlung in Höhe des Strafgeldes für die Partei; deshalb bisher keine belastbaren Daten für psychosomatisch bedingte Schwankungen!

5/2000

Wieder eine Enttäuschung! Obwohl die Steigerungsraten wirklich nicht zu bemerken waren, nicht mit ‚bloßem Auge'. Aber der Körper hat reagiert! Letztlich noch intensiver als vorher. Heftige Schmerzen im Zahnfleisch, nicht nur beim Kauen, die ganze Mundschleimhaut brennt. Die Haut überall am Körper noch empfindlicher, jetzt auch bei Streulicht. Als ob sich die Krankheit rächen will für jeden Versuch, sie zu überwinden, sie aus dem Organismus, den sie annektiert hat, zu vertreiben. Doch auch mit Fatalismus ist ihr nicht beizukommen, nichts nutzt, gar nichts! Was gibt es denn noch, was?

*

Zeit meines Lebens kein Tagebuch geführt. Nicht nur, weil ich es wegen des guten Gedächtnisses nicht nötig hatte. Viel mehr, weil jedes Tagebuch die Gefahr in sich trägt, gefunden zu werden. Von Menschen, denen man aus welchen Gründen auch immer diese Informationen nicht zukommen lassen will. Und zwar nicht aus Geheimniskrämerei oder sogar aus schlechtem Gewissen. Sondern um bestimmen zu können, wann wer in welcher Form Kenntnis haben soll, von Gedanken und Gefühlen, von Verzweiflungen wie Hoffnungen. Die Information über mich zu kontrollieren, war immer ein zentraler Teil meiner Selbstkontrolle! Jetzt trotzdem mit einer Art Tagebuch zu beginnen, ist also eindeutig ein Verzweiflungsakt. Der verzweifelte Versuch, durch systematische Dokumentation vielleicht doch noch irgendwelche Situationsbedingungen zu identifizieren, die Schübe auslösen – oder eben verhindern können! Eine Art Haushaltsbuch. Haushaltsbuch des Scheiterns vermutlich. Auch ein Fluch dieser Krankheit, die mich moralisch verpflichtet, das Scheitern zu versuchen. Dann aber wenigstens nicht in konventioneller Buchform, sondern lediglich als Lose-Blatt-Sammlung.

*

Durch die Arbeit im ZNS-Kuratorium und für die Stiftung habe ich doch so viel Erfahrung mit menschlichem Leid! Was sollen denn im Vergleich zu mir Menschen sagen, die infolge eines Unfalls Schäden am zentralen Nervensystem davongetragen haben? Beziehungsweise und besser anders herum: Was muss ich mich beklagen im Vergleich zu solchen Schicksalen? Eine absolut berechtigte Frage, aber in Zeiten der brennenden Schmerzen erreicht sie nur noch das Denken, nicht das Fühlen!

6/2000

Anhörung von Juliane Weber vor dem Untersuchungsausschuss zur ‚Spendenaffäre'. Eine der wenigen aus dem Mitarbeiterkreis, die loyal zu H. stehen. Habe ihr einen Geburtstagsbrief geschrieben. Dabei noch einmal all die Monate durchlebt, in denen die unberechtigten Vorwürfe auch gegen das ZNS-Kuratorium und die

Stiftung abzuwehren waren. Einerseits unglaublicher Stress, aber andererseits ist mir doch gerade dadurch die Kraft zugewachsen, alles so zu organisieren, dass wir die Behauptungen als haltlos nachweisen konnten. Heißt das, dass Stress eine Art Immunisierung gegen die Krankheit darstellt? Letztlich nicht, denke ich. Wenn es nötig ist, übersteigt lediglich der seelische Schmerz den körperlichen. Der körperliche wird dadurch nicht weniger, im Gegenteil, der seelische Schmerz kostet Kraft, die dann bei der Beherrschung des körperlichen fehlt. So dass die Lichtempfindlichkeit in dieser Zeit auch eindeutig stärker geworden ist. Jetzt alle Rollläden den ganzen Tag geschlossen, das Haus ein Mausoleum!!

*

Spazierengehen nur noch nach 22 Uhr, Sonnenlicht ist die Hölle. Um fit zu bleiben eine Art Powerwalking, hänge dabei trotz meines Alters von 68 noch die meisten Leute ab. Also kann und muss es doch auch wieder besser werden.

*

Vorbereitung des Urlaubs in St. Gilgen. Deprimierend, dass jetzt auch dieses Ferienhaus völlig abgedunkelt werden muss. Ecki Seeber hat massenweise schwarze Folie im Großhandel besorgt, die gute Seele. Und im Wagen zusätzlich zu den abgedunkelten Scheiben auch noch Vorhänge, immer zugezogen selbstverständlich. Alles wird von dieser verdammten Krankheit determiniert, bin eine Last für alle, nicht nur für mich. Wie ich das hasse!

*

Kann die Blumen im Garten nur noch im Licht der Taschenlampe sehen. Woher soll die Seele ihre Energie beziehen, wenn alles in Finsternis versinkt? Disziplin ist kein Kraftspender!!!

7/2000

St. Gilgen, wie jedes Jahr. Für die anderen, nicht für mich. Für mich hat es sich aufgelöst in gleißende Lichtblitze wie nach einem Atomschlag. Nur dass es am Abend in der Dämmerung wie zum Hohn wieder unversehrt auftaucht … Aber das Wasser des Sees kühlt unverdrossen, wie gewohnt. Und verschafft die Rechtfertigung für den Neoprenanzug, auch wenn ich ihn nicht gegen die Temperatur, sondern gegen das Restlicht des Tages brauche. Aber wer zwei Stunden oder noch mehr am Stück schwimmen kann, der kann doch nicht todkrank sein! Also muss ich weiter hoffen, immer weiter!

*

Aber wer kann denn verstehen, wenn ich sage: Ich verbrenne von innen??

*

Fazit: Schwimmen fühlt sich physisch an wie zu Zeiten des Gesundseins, beruhigend, tröstend, jetzt jedoch psychisch zugleich schmerzend, entmutigend. Auf jeden Fall ist es keine Bedingung, die das Krankheitsgeschehen substanziell verändert, verbessert. Trotzdem sollte ich zuhause vielleicht den Swimmingpool mehr nutzen?!

8/2000

Alle Birnen, heute Leuchtmittel genannt, ersetzen lassen. Geringste Wattzahl. Beziehungsweise bei den dimmbaren niedrigste Energiestufe.

*

In der Jugend waren Nachtwanderungen eine Form von Abenteuerurlaub. Jetzt gehören sie zur Überlebensstrategie. Aber Überleben setzt ein lebenswertes Leben als erreichbares Ziel voraus! Wenn es dieses Ziel realistischer Weise nicht gibt, was soll dann jegliche Strategie? Was ist dann der Sinn von Überleben?

*

Die gemeinsame Arbeit an H.'s Memoiren lenkt wenigstens ab, so wie im letzten Jahr bei der Mammutanstrengung für sein ‚Tagebuch 1998–2000'. Konzentration ist eine Art von Schmerzmittel, zumindest in den Phasen zwischen den schrecklichen, höllischen Schüben. Im Zusammenwirken mit den pharmazeutischen, körperlich wirkenden Schmerzmitteln selbstverständlich. Gottseidank muss ich bei Prof. Hillmann nicht um deren Verschreibung kämpfen.

*

Disziplin ist alles: Lange schlafen, um für den Abend möglichst fit zu sein. Nach dem Frühstück Korrespondenz und wenn nötig Telefonate für das ZNS-Kuratorium und die Stiftung. Nach dem Mittagessen, wenn erforderlich, Fortsetzung; wenn möglich Besuch von alten Freundinnen, Unterhaltung, aber vor allem Karten spielen: mein Ehrgeiz als Konzentrationsverstärker! Abends Spaziergänge, Ausflüge oder Mitarbeit im ‚Memoiren-Keller'. Abstruses Symbol der Gemeinsamkeit: Memoiren seinetwegen, Keller meinetwegen. Aber vielleicht lässt sich durch diese Disziplin der status quo festschreiben?!

9/2000

Alle Freundinnen erweisen sich als zuverlässiger Beistand, mitfühlend, mitleidend, vor allem auch weil sie an der Krankheit selbst nichts ändern können. Genau wie ich selbst. Gemeinsames Gefühl der Hilflosigkeit. Sicher gehen sie meistens völlig deprimiert wieder nach Hause, aber während des Beisammenseins lassen sie sich nichts anmerken. So verdanke ich Ihnen Momente des Vergessens, ja sogar gemeinsamen Lachens. Muss bei Gelegenheit an jede einen umfassenden Dankesbrief schreiben!

*

Die Arbeit für das Kuratorium und die Stiftung geht immer schwerer von der Hand. Mitgefühl ist ab einem gewissen Ausmaß nur etwas für Gesunde. Als Kranke versteht man sehr viel besser, was es heißt, eine ‚dicke Haut' zu haben. Sozusagen eine Oberfläche, an der die schweren Dinge des Lebens abprallen oder abgleiten. Die Fähigkeit zu Empathie, Anteil zu nehmen, ist einerseits eine Tugend. Andererseits kann sie auch zu einem Zerreiben der eigenen Kräfte führen. Und das hilft am Schluss niemandem. Ein gewisser solider Egoismus spart Kräfte und verhindert die Zerrüttung der eigenen Nerven. Obwohl Egoismus sicher eine Art Abschied von der Welt, vom Leben ist. Aber irgendwann muss man eben Abschied nehmen. Das Alpha und Omega des Lebens kennt keiner.

*

Die Schübe folgen schneller aufeinander, die Zeiten dazwischen – ‚schmerzfrei' ist ein bösartiger Euphemismus – werden kürzer. Die Schmerzen nehmen immer noch zu, besonders in den Schleimhäuten. Bei den Schmerzmitteln sind jetzt Morphine nötig. Das, was die Mediziner einen ‚progressiven Verlauf' nennen. Also keine Faktoren, Bedingungen identifizierbar, die zu einer Besserung führen könnten, nicht einmal solche, die den Prozess aufzuhalten in der Lage sind. Wozu dann noch diese Lose-Blatt-Sammlung? Die doch gerade solche Faktoren aufweisen sollte! Schlicht und einfach: nun für das genaue Gegenteil! Um mich endgültig von der Unbeherrschbarkeit des Krankheitsprozesses zu überzeugen. Brutal realistisch, ohne Ausflüchte. Damit die Quälerei irgendwann ein Ende hat!

10–11/2000

H. nutzt all seine Verbindungen, um immer noch eine neue Koryphäe für eine Untersuchung und Diagnose zu gewinnen. Es ist seine Art, mit der eigentlich aussichtslosen Situation umzugehen. Aktiv wie immer, die Bewältigung notfalls erzwingen. Das Beste, was er für mich tun kann. Nie könnte er es verstehen, dass man für einen solchen immer wieder neuen Versuch zu erschöpft ist. Dass einfach keine Kraft mehr da ist für diesen sowieso nie endenden Kampf. Dass ein Überstehen jedes neuen Schubs nur mit angehaltenem Atem der Seele, mit völliger Reglosigkeit möglich ist. Und dass jeder neue Anlauf nur zu immer stärkeren Wellen von Hass auf diesen unbarmherzigen Körper führt, Wellen von verzweifelter Kraftlosigkeit. Zugleich mit der Grausamkeit einer sich doch wieder regenden Hoffnung. Die aber genauso sicher enttäuscht wird. Wenn ich nur endlich diese verdammte Hoffnung überwinden könnte!

12/2000

Adventszeit, die Städte erstrahlen in Weihnachtsbeleuchtung! Nachtausflüge nach Mannheim, Heidelberg, Speyer. Aber die glitzernd leuchtenden Schaufenster sind viel zu hell, immer ein Slalom von einer Schatteninsel zur nächsten. Und der Geschenkeeinkauf: Warten in einem Häuserschatten, während eine der Freundinnen im Geschäft nach dem Gesuchten fahndet, zurückkommt um zu berichten – so lange, bis wir gemeinsam das Richtige gefunden haben. Deprimierend, aber zugleich muss ich dankbar sein, dass alle, die ich frage, diese Bitte bereitwillig erfüllen. Dankbarkeit für Depression, das ist jetzt der Zwang, unter dem ich stehe …

*

Genau zur rechten Zeit hat sich nun auch eine Überempfindlichkeit gegen Wärme eingestellt! Muss auf Kerzen verzichten, weil sie zu viel Wärme abstrahlen! Als ob das Schicksal zu absichtlichen Zeitpunkten in der Lage wäre, zu absichtlichem Sadismus!

*

Die Indianer haben den Feinden den Skalp bei (noch) lebendigem Leibe abgezogen, so steht es nach meiner Erinnerung zumindest bei Karl May. Schon das kann man nicht überleben. Und wenn einem die Haut am gesamten Körper abgezogen wird? Reichen auf die Dauer immer noch stärkere Schmerzmittel aus, um zu überleben?

1/2001

Grandioses Symbol der Widersinnigkeit: Mitten im Winter muss die Klimaanlage kühlen, damit ich die Tage, Stunde für Stunde, Minute für Minute überstehe! Was für mich eine unverzichtbare Erleichterung ist, muss für alle anderen eine grässliche Belastung sein. Trotzdem wahren alle Freundinnen, die ich einlade, die Contenance, lassen sich nicht abschrecken. So dass die Einladungen nicht nach Betteln aussehen, was sie in Wirklichkeit aber eigentlich sind. Die anderen sorgen für meine Würde, in liebevollster Weise. Doch das bedeutet auch: Meine Würde hängt nicht mehr von mir selbst ab! Und es kann nur schlimmer werden!!

*

Wegen der Dunkelheit gehen alle Topfpflanzen im Haus ein. Leben ohne Licht ist nun einmal nicht möglich! Wann wird das endlich nicht nur mein Kopf, sondern auch mein Herz verstehen?

*

Man gewöhnt sich angeblich an alles. Nur an Schmerzen nicht, im Gegenteil, man wird mit jedem ‚Durchgang‘ sensibler, anfälliger. Zumindest psychisch. Trotz Schmerzmitteln verengt sich das Leben auf die nächste Minute, die es zu überstehen gilt, auf den Versuch, mit angehaltenem Atem Gefühllosigkeit zu erreichen. Aber wirklich helfen kann nur, den Atem für immer anzuhalten …

*

Die Redewendung ‚aus der Haut fahren' muss von Menschen stammen, die – auch – irgendeine Hauterkrankung gehabt haben. Aber in lebendigem Zustand ist das nun einmal nicht möglich. Wie sagen die Zyniker: Solange man Schmerzen hat, lebt man … Ja, und daraus folgt im Umkehrschluss: Wenn man nicht mehr lebt, hat man auch keine Schmerzen mehr!

2/2001

Bei dem mittlerweile notwendigen Tablettenbedarf ist es nicht sonderlich schwer, mit erhöhter Disziplin die eine oder andere Dosis ‚abzuzweigen'. Das auf diese Weise angelegte Reservoir wird noch in diesem Monat die nötige Größe erreichen. Neben den Beipackzetteln ist zur Abschätzung der Mindestmenge das Internet ausgesprochen hilfreich. Überhaupt ist der PC in den letzten Monaten immer mehr zu einem unverzichtbaren Freund geworden. Allerdings jetzt mit einem besonders strahlungsarmen Flachbildschirm. Hier zumindest hat das Schicksal adäquat auf die technische Entwicklung gewartet. Dankesehr!

*

Das Bewusstsein, der Qual jederzeit ein Ende bereiten zu können, macht sie merkwürdigerweise irgendwie doch leichter erträglich. Die Angst vor dem nächsten Schub ist nicht fort, aber unvergleichlich weniger intensiv. Zum ersten Mal seit Jahren das Gefühl, wieder etwas Freiheit zurückgewonnen zu haben. Nicht völlig hilflos dem Schicksal, der Krankheit ausgeliefert zu sein! Denken und Fühlen aus der absoluten Umklammerung des Schmerzes befreit, aus dem alles absorbierenden Warten auf den nächsten Schub. Weniger Schlaftabletten zum Einschlafen nötig, was umso schneller die Tablettensammlung vervollständigt. Ausnahmsweise das Gegenteil von einem Teufelskreis!

*

Aber wenn sich das Schmerzempfinden auf diese Weise ändern kann, spricht das nicht doch für eine starke psychosomatische Komponente? Kann man den progressiven Verlauf vielleicht doch durch eine andere Einstellung, durch therapeutische Maßnahmen, die nicht in erster Linie am Organismus ansetzen, in den Griff bekommen? Ist das nun eine realistische Möglichkeit oder wieder nur die Hoffnung, die sich wie Wasser ihren Weg sucht, durch die kleinste Ritze immer wieder eindringt, gegen die es kein Bollwerk gibt, zumindest kein dauerhaft beständiges?

3/2001

Ein Gutes hat das wenigstens teilweise wiedergewonnene Freiheitsgefühl auf jeden Fall: Ich kann die Arbeit für das Kuratorium und die Stiftung aufrecht erhalten. Telefonate mit der Geschäftsstelle, aber eben auch mit potenziellen Spendern und Förderern. Und sogar das Klassentreffen zum 50. Jahrestag des Abiturs habe ich mitorganisieren – und genießen – können. Die Disziplin fällt mir wieder ein wenig leichter, meine ich. Training auf dem Laufband, jeden Abend Schwimmen bzw. an die Luft gehen. Und nicht zu vergessen: die Post!

*

Doch die Hoffnung, das Fortschreiten der Krankheit zum Stehen zu bringen oder zumindest zu verlangsamen, hat sich, wieder einmal, brutal zerschlagen! Im Gegenteil: nun auch noch Überempfindlichkeit gegen Gewürze und Gerüche! Viele Blumen, auch als Schnittblumen, fallen damit ebenfalls aus! Die Krankheit ist absolut konsequent, in ihrer destruktiven Dynamik völlig zuverlässig – ich muss es nur in meinem Denken auch noch werden. Und im Gefühl!

4/2001

Draußen grünt jetzt die Vegetation. In den nächsten Wochen wird das Grün immer intensiver, bis es am 05.05., im Durchschnitt der Jahre, seine größte Strahlkraft erreicht. Danach wird es dunkler und verliert an Leuchtkraft. Alles unwiederbringlich nur noch Erinnerung. Der Ablauf der Natur, der Fortgang des Lebens bleibt völlig unbeeindruckt von dem Zusammenbruch der Welt für einen einzelnen Menschen. Das Schicksal mag grausam, unbarmherzig sein, aber ich lasse mir dadurch meinen Glauben nicht nehmen. Den Glauben an einen barmherzigen Gott! Das Schicksal ist grausam, weil es keinen Willen besitzt, sondern nur den Zufall. Doch Gott hat einen Willen, und also kann er nicht grausam sein!

*

Auf jeden Fall halte ich noch bis zu P.s Hochzeit durch! Das ist ein Versprechen!

5/2001

Die Wetterprognose für Istanbul war ‚sonnenklar': strahlender Sonnenschein. Jede Teilnahme von vornherein völlig indiskutabel. Also ‚Anwesenheit' bei der Hochzeit von P. und Elif nur über das Handy von W. möglich. Den ganzen Tag über Anfälle von Hass auf diesen Körper, auf die Krankheit, die mir das Leben raubt. Die mir die Lieben raubt, zumindest die Gemeinsamkeit mit ihnen. Aber jetzt in der Nacht, wo die Gemeinsamkeit der Dunkelheit für alle gilt, wo man angeblich für Depression anfälliger wird, jetzt, wo ich allein in diesem gänzlich abgedunkelten Haus sitze, jetzt ist er auf einmal da: der Frieden der endgültigen Entscheidung. Näher als heute werde ich dem Leben nicht mehr kommen. Es gibt keinen Sinn, der es lohnen würde, die Schmerzen, die Verzweiflung auszuhalten, den Kampf immer wieder neu aufzunehmen. Es gibt nur noch die eine Konsequenz, die Sinn macht.

*

Endlich, endlich habe ich die Hoffnung wirklich und endgültig hinter mir. Jahrelang habe ich nun um das Natürlichste von der Welt, um Licht und Sonne gekämpft, aber vergebens! Endlich hat auch meine Verzweiflung das Endgültige dieser Vergeblichkeit begriffen, sind Denken und Fühlen wieder eins. Die Kraft ist zu Ende, gerade auch die Kraft zu hoffen ist erschöpft. Gott sei Dank! Der Friede der Endgültigkeit hält, nun wird er mich nicht mehr verlassen! Tränen, ja, aber der Erleichterung, des Befreitseins, ich kann und werde das Joch der Krankheit, der unerträglichen Schmerzen, der sinnlosen Unfreiheit abwerfen! Ich werde!

6/2001

Ja, die Kraft ist erschöpft. Damit leider auch die Kraft, diese Entscheidung gegen die Liebe meiner Nächsten durchzusetzen. H., W. und P. würden mit aller Macht versuchen, mich davon abzuhalten. Das wären sie ihrer Liebe zu mir schuldig, so würden sie es fühlen … müssen … Und mir fehlt eben die Kraft, sie vom Gegenteil zu überzeugen. Nicht noch ein Kampf, jetzt, wo ich das Kämpfen hinter mir gelassen habe. Auch das eine Absurdität, eine Perversion durch die Krankheit: dass Liebe einsam macht. Einsamkeit: für mich auf diesem letzten Weg und für sie, indem sie davon überrascht sein werden. Indem sie sich fragen werden, ob sie nicht etwas hätten bemerken, etwas hätten unternehmen müssen. Aber gegen diese Gefahr der

Schuldgefühle kann ICH etwas unternehmen: Abschiedsbriefe, die Dankesbriefe sein werden. Und an die Freundinnen Dankesbriefe, die Abschiedsbriefe sein werden …

*

Jeder Schritt hin zum Abschluss ist ein Schritt der Befreiung. Die Dinge mit dem Kuratorium und der Stiftung ordnen, soweit das ohne Auffälligkeit möglich ist. Letzte Besuche der Freundinnen. Die Abschiedsbriefe. Noch einmal in den Deidesheimer Hof, wenn es geht am Hochzeitstag. Dann diese Lose-Blatt-Sammlung in den Aktenvernichter. Und schließlich der Schritt in die endgültige Freiheit. Freiheit von Schmerzen, Verzweiflung, Sinnlosigkeit. Endgültig.

Lebensdaten

07.03.1933	Geburt als Hannelore Renner in Berlin-Schöneberg; der Vater Wilhelm Renner Ingenieur und während des sog. 3. Reichs Wehrwirtschaftsführer
1945	Flucht mit der Mutter über Leipzig und Mutterstadt nach Ludwigshafen; dort Eintritt in die Städt. Mädchenoberrealschule
1951	Abitur; Beginn eines Fremdsprachenstudiums in Germersheim (Universität Mainz)
1952–59	Sept. 52 Tod des Vaters, Abbruch des Studiums; von 53–59 kaufmännische Angestellte in der BASF Ludwigshafen
1960	Heirat mit Helmut Kohl (27.06.)
1963/65	Geburt der Söhne Walter (16.07.63) und Peter (28.08.65)
1969	Wahl von H. Kohl zum Ministerpräsidenten in Rheinland-Pfalz
1973	Wahl von H. Kohl zum CDU-Bundesvorsitzenden
1982	Wahl von H. Kohl zum Bundeskanzler der BRD
1983	Gründung des Kuratoriums ZNS (für Unfallverletzte mit Schäden des Zentralen Nerven-Systems)
1989	Öffnung der Berliner Mauer (09.11.); Zehn-Punkte-Plan zu den deutsch-deutschen Beziehungen (28.11.)

1990	Tag der Deutschen Einheit (03.10.)
1991	Unfall von Sohn Peter auf der italienischen Autobahn
1993	Einnahme eines penicillinhaltigen Antibiotikums; aufgrund ihrer Penicillin-Allergie anaphylaktischer Schock; Lyell-Syndrom, Beginn einer Lichtallergie
1996	Gründung der Hannelore-Kohl-Stiftung
1998/99	Ende der Amtszeit von H. Kohl als Bundeskanzler, Beginn der CDU-Spendenaffäre
2000	Sammeln von 6,3 Millionen DM als Ausgleich für die Strafe wegen der nicht-deklarierten Spenden; Versuch einer Desensibilisierungs-Therapie (Frühjahr), ohne Erfolg; permanente Verschlimmerung der Krankheitsphänomene: Intoleranz auch gegenüber Kunstlicht und Wärmestrahlung
2001	Heirat von Sohn Peter mit Freundin Elif Sozen in Istanbul (26.05.), Teilnahme nur über das Telefon möglich; Intoleranz auch gegenüber Parfum, Gewürzen, Fernsehstrahlung; Konsultierung weiterer Ärzte, ohne Erfolg; immer stärkere Schmerzmittel (Morphine) nötig; Reduzierung des Aktionsradius auf das völlig verdunkelte und klimatisierte Wohnhaus in Oggersheim
05.07.2001	Suizid durch Einnahme von Schlaf- und Schmerztabletten

2. Bilanz-Suizid
George Eastman

(12.07.1854–14.03.1932)

12.07.1931

Zumindest ein Vergnügen hat ihm der 77. Geburtstag immerhin eingebracht: den Besuch der Johnsons, Osa mit Martin. Fast fühlt er sich ein halbes Jahrzehnt zurückversetzt, in die wunderbare Zeit der Afrika-Safaris, auf denen er die beiden als überaus kompetente Führer kennen lernen konnte. So dass schnell eine vertrauensvolle Freundschaft entstanden war, vor allem zu Osa. Ihr gestattet er heute sogar, ihn zu fotografieren, obwohl er eigentlich seit seiner Erkrankung im letzten Jahr einen erheblichen Widerwillen dagegen entwickelt hat. Aber er kennt auch ihre fotografischen Qualitäten, und in der Tat sieht er auf ihren Fotos in keiner Weise hinfällig aus, im Gegenteil. Da beide die Aufstockung des Kodak Towers um drei Stockwerke noch nicht gesehen haben, steht selbstverständlich eine Führung an. Der Panorama-Ausblick von der Plattform ist jetzt auch tatsächlich noch eindrucksvoller. Zur Sicherheit hat er aber Patterson, den Schwiegersohn seines Büroleiters Frank Crouch, gebeten, ihn bei der Führung zu unterstützen. Zum Stil des Gebäudes insgesamt braucht er nicht mehr viel zu erklären, das Prinzip ist nach wie vor die Maxime des großen Architekten L. Sullivan: *Form follows function!* Was nicht nur einen Verzicht auf jede unnötige Ornamentik der Außenfassade bedeutet, sondern vor allem auch eine helle, übersichtliche Gestaltung der Innenräume, entsprechend der grafischen Klarheit moderner Architekturphotographie eben. Aber was er vor allem vorführen will, sind selbstverständlich die neuen Stockwerke mit der umlaufenden Aussichtsplattform. Am Beginn der Wendeltreppe zur Plattform muss er die anderen bitten, schon einmal vorzugehen, die Beine versagen wieder einmal ihren Dienst. Es gibt Schwankungen, doch insgesamt hat es sich nach der ersten Diagnose vor einem Jahr eigentlich kontinuierlich verschlechtert. Verhärtung des Rückenmarks im Bereich der Lendenwirbel: so der Befund mehrerer einschlägiger Spezialisten. Mit der Erklärung, dass dadurch die Nervenstränge im Rückgrat gequetscht werden, was die Schmerzen und Missempfindungen in den Beinen verursacht. Das Gehen wird immer unsicherer, zittriger, seit einiger Zeit zieht er auch das rechte Bein nach. Er hat, selbstredend, darauf gedrungen, die ganze Wahrheit zu erfahren. Auch in Bezug auf die Prognose: Am Ende droht sogar die Gefahr, die Kontrolle über die Schließmuskel zu verlieren, inkontinent zu werden. Nur eine theoretische Möglichkeit, haben die Ärzte zu beruhigen versucht, zumal man über die Geschwindigkeit der potenziellen Verschlechterung nichts Sicheres sagen kann … Aber jetzt braucht er, verdammt noch mal, sogar Hilfe, um diese lächerliche Treppe hochzukommen. Patterson ist schnell zur Stelle, stellt sich dabei sogar sehr gut an, so dass die Johnsons tun können, als hätten sie, vertieft in den Rundumblick, nichts gemerkt.

Von hier oben hat man praktisch einen Überblick über alle Stationen seines Lebenslaufs, seines Lebenswerks. Angefangen bei der Jones Avenue, wo er von 1877–79 die Trockenplatte entwickelt hat, noch abends und nachts neben seinem Brotberuf als Bankangestellter, der notwendig war, um die Mutter nach dem frühen Tod des Vaters finanziell zu unterstützen. In der Rückschau ist es fast unglaublich, in welch kurzer Zeit sich die revolutionären Veränderungen des Photographierens vollzogen haben – zu denen er, das ist seine berufliche Lebensbilanz, durchaus beigetragen hat … Wie umständlich und aufwendig war seinerzeit jede einzelne Aufnahme: der ungeschlachte Fotoapparat mit den langen Belichtungszeiten für die Glasplatten, wodurch auf jeden Fall ein Stativ erforderlich war. Und das ‚nasse' Verfahren, bei dem die Glasplatten vor jedem Foto mit lichtempfindlicher Emulsion zu bestreichen waren. Das machte auch noch ein Dunkelzelt unverzichtbar, so dass man die Ausrüstung als sein eigener Packesel mitschleppen musste. All das hat er in den letzten Jahren von Grund auf geändert, vereinfacht, wodurch die Photographie auch für Amateure nicht nur erschwinglich, sondern sogar ausgesprochen attraktiv wurde. Der erste Schritt, der heute nur noch als ausgesprochen primitiv erscheint, war die Einführung der Trockenplatte, die damals aber eben eine so große Entlastung darstellte, dass nach der Patentierung 1880 in England die erfolgreiche Gründung der eigenen Firma *Eastman Dry Plate Company* in Rochester möglich wurde. Und von da aus ging es Schritt um Schritt in letztlich atemberaubender Geschwindigkeit vorwärts: zuerst die Entwicklung von lichtempfindlichem Papier statt der Glasplatte, dann – bis 1884 – zusammen mit William Walker das Patent für einen Rollfilm auf Papierbasis und die Umbenennung der Firma in *Eastman Dry Plate and Film Company* mit Umzug in die Ambrose Street. Den endgültigen Durchbruch zwischen 1888 und 1900 hat sicherlich, wie so oft bei entscheidenden Umwälzungen, eine Kombination von sich gegenseitig stützenden Faktoren bewirkt. Das eine war der Übergang vom Papier- auf den Zelluloidfilm, das andere die Vereinfachung der Kamera durch Brownie, wodurch zugleich der Preis durchschlagend gesenkt werden konnte. Aber ohne die optimale Verkaufsstrategie wäre die Etablierung des Photographierens als Amateurbewegung wohl kaum möglich gewesen. So hatte sich die Suche nach einem ausgefallenen, markanten Markennamen durchaus gelohnt. Es musste ein kurzes, zweisilbiges Wort sein, möglichst mit dem Buchstaben ‚K' am Anfang, leicht und vor allem international identisch auszusprechen, ohne irgendwelche Bedeutungsähnlichkeiten zu vorhandenen Begriffen, so dass der Name ausschließlich mit der Kamera und Firma identifiziert werden würde. Das Wort ‚Kodak' schien ihm all diese Bedingungen zu erfüllen – und er hatte recht behalten! KODAK war zum Synonym für Kamera geworden. Allerdings endgültig erst durch die Idee, dass man den normalen Kamerabenutzer von der Arbeit des Entwickelns und Vergrößerns der Photos, ja sogar vom Einlegen der Filmrolle entlasten musste. Genau das hatte sich als die entscheidende Absatzstrategie erwiesen: Der Kunde kaufte eine Kamera mit eingelegtem Film für 100 Aufnahmen. Nach den 100 Photos brachte er die Kamera zum Geschäft, der Film wurde entnommen und entwickelt, der Kunde erhielt mit den Abzügen die Kamera mit neu eingelegtem Film zurück. Nur durch diesen Service konnte der entsprechende Werbeslogan seinen Siegeszug entfalten: *Sie drücken den Auslöser, wir machen den Rest!* Es war nur konsequent, die Firma 1900 noch einmal – und zum letzten Mal – umzubenennen: in *Eastman Kodak Company*. Die überwältigenden Verkaufszahlen der Kodak-Kamera sprachen eine deutliche Sprache, und trotzdem hatte er nicht beim Anblick irgendwelcher Bilanzen zum ersten Mal das Gefühl, ein Lebenswerk geschaffen zu haben, sondern durch ein Schild, an dessen Schrift er sich noch wie gestern erinnert. An dieses humorvoll-eindeutige Verbotsschild:

Vernünftige nehmen
ihre KODAK nicht
mit an den Strand.
Den anderen ist es verboten!

Was die Entwicklung der Photographie anging, waren damit eigentlich fast alle seine Lebensziele erfüllt. Als einziges war noch das Problem des Farbfilms offen, bei dem die bisherigen Lösungen genauso wie zu Beginn der Schwarz-Weiß-Fotografie keineswegs alltagstauglich waren, weil sie eben nur von Profis, nicht von Amateuren problemlos eingesetzt werden konnten, also die notwendige große Verbreitung nie erreichen würden. Diese Schwierigkeiten zu überwinden, erforderte allerdings einen langen Atem, das war ihm von Anfang an bewusst gewesen. Es bedeutete einen großen und mit Geduld betriebenen Forschungsaufwand, weshalb er ab 1910 ein ausgedehntes Farb-Laboratorium mit einem umfangreichen Forschungsteam von Chemikern im Kodak-Park eingerichtet hatte, das letztlich auch erfolgreich war. Jedoch für seine Ungeduld weder schnell genug noch mit einer praktisch zufriedenstellenden Lösung. Denn der unter dem neuen Namen *Kodacolor* 1928 eingeführte Film war nur für die – aufwendige – Projektion bewegter Bilder geeignet, kaum für die Farbfotografie mit Vergrößerungen für die nicht-professionelle Allgemeinheit. Das musste er nun allerdings gerade den Johnsons am wenigsten erklären. Die Forschung würde also weitergehen müssen, aber auch dazu war der Kodak-Park durchaus optimal eingerichtet. In weiser Voraussicht hatte er schon 1890 ein so großes Areal erworben, dass er darauf in den späteren Erfolgsjahren den jetzt zu besichtigenden Industrie-Park schaffen konnte, mit dem Kodak-Haus, das auch architektonisch mit seinen großen Glasflächen als zukunftsweisend galt. Genauso wie der Tower, in dessen oberstes Stockwerk er selbstverständlich nach der Fertigstellung 1912 mit seinem Büro umgezogen war. Und von hier oben ist nicht zuletzt auch sehr klar zu erkennen, welchen Wert er von Anfang an auf die landschaftliche Einbettung der Industriebauten in Park- und Gartenflächen gelegt hat. Wie er selbst es braucht, sollen sich auch die Mitarbeiter jederzeit am Anblick von Natur erfreuen und dadurch erholen können.

Doch Arbeit ist höchstens das halbe Leben, so sein Motto seit früher Jugendzeit: weil davon nur abhängt, was man hat, nicht was man ist; dafür ist viel entscheidender, was man in der Freizeit macht. Glücklicherweise hat ihn sein geschäftlicher Erfolg in die Lage versetzt, diese zentrale Überzeugung nicht nur für sich selbst umzusetzen – und zwar in erster Linie in Bezug auf die Musik. Denn obwohl er überhaupt keine aktiven musikalischen Fähigkeiten hat, kommt seine Musikbegeisterung fast der Faszination für die Photographie gleich. Ohne Musik wäre das Leben stumpf und farblos, hätte er niemals solche Kreativität entwickelt – und wären viele Menschen auch auf gesellschaftlicher Ebene nicht so gut zu ertragen. Also hat er sein zwischen 1902 und 05 erbautes Privathaus ebenfalls so konzipiert und ausgeführt, dass er neben einer Mehrzahl von Gästezimmern über eine Wohnhalle verfügt, in der er mehr als einmal pro Woche mit bis zu 150 geladenen Freunden und Bekannten ein Konzert genießen kann. Doch darf Musik selbstredend nicht allein etwas für das Bildungsbürgertum sein. Sie ist ein Weg zur Herzensbildung genauso wie zu einem sinnvollen, genussreichen Leben, der allen offenstehen sollte. Deshalb war die Bitte der Universität um eine Spende für die Instrumenten-Ausstattung der Musikschule letztlich nur der Anstoß, sich intensiver mit den Möglichkeiten einer umfassenden Musikförderung zu befassen. Eine Förderung, die nach seinem Verständnis von dem Kennenlernen im Kindesalter über die begeisternde Darbietung für Erwachsene jeder Bildungsschicht bis zur Ausbildung von Orchestermusikern in einem Konservatorium reichen sollte. Aus diesen Ideen war dann nach und nach der Ausbau einer Musikabteilung an der Universität Rochester erwachsen, der ihn heute auch selbst noch immer wieder begeistert und mit Stolz erfüllt. Neben der Musikschule für die Kinder wollte er von Anfang an auch die gesamte erwachsene Bevölkerung Rochesters für musikalische Darbietungen gewinnen. Das war nach seiner Erfahrung am ehesten möglich, wenn als Musik-Begleitung für die beliebten Stummfilme nicht nur ein Piano, sondern ein ganzes Orchester spielte. Dazu war der Bau eines entsprechenden Theater-Saals nötig, den er am Schluss auf 3.500 Plätze ausgelegt hatte, in halbkreisförmiger Anordnung um die Bühne herum, so dass jeder Platz einen optimalen Kunstgenuss garantierte. Aber selbstverständlich sollte es auch reine Konzertveranstaltungen in einem intimeren Saal von 500 Plätzen geben, dem er im Gedenken an seine Mutter den Namen *Kilbourn Hall* gegeben hatte. Ein würdiges Andenken an die Frau, die ihm die wichtigste in seinem Leben war! Es hatte ab 1918 zig Millionen Dollar gebraucht, um all das mit Leben zu erfüllen: neben dem Theaterbau die beiden Orchester, ein großes und ein kleines, über die instrumentale Ausstattung, bei der vor allem die insgesamt 13 Orgeln ins Gewicht gefallen waren, bis zu der Musik-Bibliothek, die mittlerweile eine der größten in den Staaten war. Aber jeder einzelne Dollar war es wert gewesen, hatte ihm Zufriedenheit und Freude über diesen Teil seines Lebenswerks geschenkt!

Wenn es etwas gab, das ihm ein vergleichbares Gefühl des vollkommenen Einverständnisses mit dem eigenen Leben geben konnte, dann war es nur noch die medizinische Versorgung, die er in Zusammenarbeit mit der Universität Schritt für Schritt verbessert hatte. Ausgangspunkt war hier seine genetische Belastung durch besonders schlechte Zähne gewesen. Schon seiner Mutter waren 1888 auf einen Schlag 15 Zähne ohne jede Narkose gezogen worden. Dieses Schicksal hatte er für sich abwenden können, aber nur durch die Konsultierung angesehener Koryphäen, wie es für die normale, arbeitende Bevölkerung unerschwinglich war. Also hatte er zunächst ab 1909 begonnen, sich um die Zahnhygiene der Kinder zu kümmern: durch Unterstützung der kostenlosen Zahnapotheke und -sprechstunde an der medizinischen Fakultät der Universität. Aber auch das hatte unvermeidbar weitere Schritte nach sich gezogen. Der Zustand und die Entwicklung der Zähne waren nur im Zusammenhang mit Hals, Nase und Ohren zu sehen, was eine neue, übergreifende Klinik erforderte, deren Bau 1917 eröffnet werden konnte. Die dort durchgeführte große Anzahl von Mandeloperationen hatte sicher den

Grundstein gelegt für eine substanzielle Verbesserung der allgemeinen Gesundheit in Rochester, die aber durchaus noch weiter auszubauen war, wenn sich die Ausbildungsqualität der Mediziner anheben ließ. Also hatte er im letzten Schritt ab 1920 den Ausbau der Medizinischen Fakultät unterstützt, die schließlich eine höchstqualifizierte Ausbildung in neun Fachbereichen anbieten konnte: Anatomie; Physiologie; Pathologie; Bakteriologie; Innere Medizin (einschließlich Radiologie und Psychiatrie); Chirurgie (einschließlich Orthopädie und Urologie); Pädiatrie sowie Gynäkologie und Pharmakologie. Er weiß nicht mehr, was mehr Millionen gekostet hat, die Musik- oder die Medizin-Förderung, aber das ist letztlich völlig gleichgültig, entscheidend ist, dass er seinen gänzlich unsinnigen Satz von 1905 revidiert hat. Den Satz, dass er an Bildung und Erziehung überhaupt nicht interessiert sei. Das Panorama der Bauten aus den letzten drei Jahrzehnten macht offenbar, wie sehr er seine Einstellung geändert hat. Zum Glück – und zwar nicht zuletzt zu seinem eigenen!

09.03.1932

Als der Firmenanwalt Milton Robinson eintrifft, liegen alle Testamentsänderungen bereits säuberlich von der Sekretärin getippt vor. Aber Eastman ist es wichtig, alles noch einmal gemeinsam mit dem Anwalt durchzugehen, für den Fall, dass ihm etwas zustößt, wie er sagt. Die Bestimmungen sollen rechtlich wasserdicht sein, einerseits. Zum anderen geht es ihm jedoch auch um die Überprüfung, dass er mit der wichtigsten Änderung, der Elimination des Massachusetts Instituts für Technologie, keinem Unrecht tut. Also liest der Anwalt jeden Testamentsteil laut vor, beantwortet etwaige Fragen zu möglichen rechtlichen Problemen und erhält Schritt für Schritt das abschließende Plazet. Die sozialen Regelungen für die Arbeitnehmer in der Kodak Company sind im Unternehmensstatut festgeschrieben: neben der Lohndividende vor allem die Arbeitsunfähigkeits- und Altersrente sowie eine Lebensversicherung. Auch die laufenden Kosten für die Zahnkliniken, nicht nur in Rochester, sondern auch für die sechs Ableger in Europa, sind vertraglich gesichert. Position für Position arbeiten sie außerdem die abgeschlossenen Spendenprojekte durch. An zeitlich erster Stelle die Hampton-Tuskegee Schulen. Deren Gründer, Booker T. Washington, hat ihn mit seiner Autobiographie *Up from Slavery* schon um 1900 so überzeugt, dass ihm seither auch die Förderung der schwarzen Bevölkerung ein besonderes Anliegen war. Vor allem die Millionen-Spenden von 1924 haben aber die Fortführung dieser Bildungseinrichtungen so nachhaltig gesichert, dass er sich wegen deren Fortbestand keine Sorgen machen muss. Das gilt auch in Bezug auf das Engagement für das MIT, bei dem er seit 1912 insbesondere den baulichen Ausbau des Instituts gefördert hat. Lange Zeit anonym unter dem Namen eines Mr. Smith, bis dieses Pseudonym 1924 von findigen Reportern gelüftet worden ist. Aber die Spenden belaufen sich mittlerweile auf insgesamt 20 Millionen Dollar, was für ein erfolgreiches Wachstum des Instituts auch in der Zukunft ausreichen sollte. Insofern kann es keine Ungerechtigkeit sein, wenn er jetzt, abgesehen von den persönlichen Legaten für Angestellte und Freunde, sein gesamtes Vermögen der Rochester Universität vermacht, damit sie in der Lage ist, die im Laufe der Jahre gegründeten Institutionen – von dem Theater und der Musikschule über die Zahnkliniken bis zur Medizinischen Fakultät – fortzuführen und auszubauen. Also kann er auch in Bezug auf die über 100 Millionen Dollar, die er im Laufe seines Lebens gespendet hat, die Bilanz ziehen, dass er die Gelder vernünftig angelegt hat: für Gesundheit, Bildung und Kunst, die Pfeiler eines erfüllten Lebens …

14.03.1932

Wie jeden Morgen erscheint Elizabeth Vaughn, um sein Frühstück am Piano musikalisch zu begleiten. An diesem Tag bittet er sie, nicht zu spielen, sondern sich mit ihm zu unterhalten. Zum Abschied küsst er ihre Hände und Wangen und versichert ihr, wie sehr er ihr Spiel genossen hat.

Um 11 Uhr 15 treffen Albert Chapman und Frank Crouch als Zeugen zur Unterzeichnung des geänderten Testaments ein. Nach der entspannt abgelaufenen Prozedur weist er die Sekretärin Alice Whitney an, den Zeugen statt des üblichen 10 Dollar- dieses Mal ein 20 Dollar-Goldstück zu übergeben.

Als die Gäste verabschiedet sind, zieht er sich in sein Schlafzimmer zurück und raucht noch eine Zigarette. Die Luger Automatik liegt bereit, er muss nur noch einmal die schwächelnde Hand zu lesbaren Zeilen zwingen:

An meine Freunde
Meine Arbeit ist getan –
Warum warten?
GE

Lebensdaten

12.07.1854	Geburt als jüngstes von drei Kindern des Ehepaars George W. Eastman und Maria Kilbourn in Waterville, Bundesstaat New York
1862	Der Vater stirbt; die Mutter hält sich und die Kinder (George und zwei ältere Schwestern) durch Pensionsgäste über Wasser
1868	G.E. geht von der Schule ab, um der Mutter beim Lebensunterhalt zu helfen; zunächst Botenjunge, dann nach Abendkursen an einer Handelsschule Aufstieg bis zum Buchhalter einer Versicherungsfirma
1870–1880	Einziges Hobby: die Fotografie; Experimente in der mütterlichen Küche, um eine ‚Trockenplatte' für Fotoapparate zu entwickeln (statt des bis dahin nötigen ‚nassen' Verfahrens, das eine Bestreichung der Glasplatte mit lichtempfindlicher Emulsion kurz vor der Fotografie erforderte); 1880 Anmeldung des Patents der ‚Trockenplatte'
1881	Gründung (zusammen mit H. A. Strong) der eigenen Firma: *Eastman Dry Plate Company*
1884	Entwicklung von lichtempfindlichem Papier statt der Glasplatte; zusammen mit W. Walker Patent für einen Rollfilm auf Papierbasis; Umbenennung der Firma in: *Eastman Dry Plate and Film Company*
1888/89	Patent für eine Rollfilmkamera; Registrierung der Handelsmarke *Kodak* (von Eastman gewähltes Kunstwort); Produktion der ersten Kamera (Name: *Kodak Nr. 1*); Umbenennung der Firma in: *The Eastman Kodak Company*
1900	Vereinfachung und Verbilligung der Kamera als *Brownie-Kamera*; vor allem aber Service der Filmentwicklung und Vergrößerung der Bilder (Werbeslogan: „*You press the button, we do the rest!*")

1902–05	Bau des Eastman (Privat-)Hauses (37 Zimmer, 16 Bäder; großer Park mit Palmen- und Gewächshäusern) im Holländischen Kolonialstil; im dritten Stock ein Laboratorium, Trophäenraum und Raum für Filmvorführungen; aufwendiges gesellschaftliches Leben mit (Übernachtungs-)Gästen, 2mal wöchentlich einem Konzert etc.
1907ff.	Tod der Mutter (Maria Kilbourn Eastman); danach intensive, aber platonische Beziehung zu Josephine Dickman (Witwe seit 1898) bis zu deren Tod 1916; gemeinsame Interessen (neben Fotographie vor allem Musik, auch philanthropisches Engagement); dennoch bleibt G.E. zeitlebens Junggeselle
1911ff.	Gründung der *Eastman Trust and Savings Bank*; Beteiligung der Firmenarbeiter und -angestellten am Unternehmen(sgewinn): Altersrente, Lebensversicherung, Arbeitsunfähigkeitsrente und Lohndividende für die Mitarbeiter/innen
1912ff.	Oak Lodge, das schon 1902 erworbene Refugium in Halifax, North Carolina, erreicht seine endgültige Ausdehnung von ca. 2.900 Morgen; genutzt zu Kurzurlauben an Thanksgiving, Weihnachten und Ostern sowie zur Beherbergung von Gästen
1912–14	Bau des *Kodak Towers* als Firmensitz in Rochester; 16-stöckiger (ab 1930 19-stöckiger) Wolkenkratzer nach dem Architekturprinzip von L. Sullivan: *Form follows function.*
1915ff.	Umfangreiche philanthropische Tätigkeit durch Spenden im Gesamtumfang von über 100 Millionen Dollar (das meiste anonym unter dem Namen Mr. Smith); unter anderem an das Massachusetts Institut of Technology (MIT), die Universität von Rochester und das Tuskegee College (zur Ausbildung afroamerikanischer Bürger); außerdem Aufbau einer (kostenlosen) Zahnklinik für bedürftige Kinder, eines Theaters und einer Musikschule etc.
1925	Rückzug aus dem aktiven Geschäft; Konzentration auf längere Safaris in Afrika und die philanthropischen Engagements

1926ff.	Spenden auch für Europäische Projekte, so eine Zahnklinik in London etc.
1928	Kodak entwickelt und etabliert den Farbfilm am Markt
1930ff.	Erkrankung an einer Verhärtung des Rückenmarks im Bereich der Lendenwirbel (heute lumbale Spinalstenose genannt)
14.03.1932	Suizid durch Erschießen in seiner Villa *Eastman House* in Rochester; Abschiedsbrief: „*To my friends, my work is done – Why wait? GE*“

3. Präventiv-Suizid
Gunter Sachs

(14.11.1932–07.05.2011)

Der eine Satz, gestern, bedeutet die Entscheidung. Nun braucht er auch keine professionelle medizinische Untersuchung mehr, sie würde doch nichts ändern können. Mit Sicherheit würde lediglich eine beginnende Alzheimer-Erkrankung diagnostiziert werden, wobei schon dieser Beginn die Grenze darstellt, die zu überschreiten er nicht gewillt sein kann … Die Grenze, die er in den letzten Monaten mit zunehmender Unerbittlichkeit auf sich zukommen gesehen hat … so wie er es schon vor Jahren befürchtet hat …

Angefangen bei der ersten Irritation, dass er nicht mehr wusste, für wen Rudyard Kipling das Gedicht ‚*If*‘ geschrieben hat, das für ihn selbst seit frühester Jugend die zentrale Leitschnur gewesen ist. Und das er daher auch vor über 30 Jahren seinen Söhnen auf einer Fotografie geschenkt hat. Ganz in Parallelität zu Kipling, wie er es in seiner eigenen Autobiografie jetzt wieder hat nachlesen können. Da steht es: Kipling hat es für seinen Sohn verfasst, als dieser Marinekadett war – und es wurde ihm von einem Postschiff vor dem Kap der Guten Hoffnung übergeben. Entsprechend zeigt das Foto seine drei Söhne mit dem Vater vor dem Panorama des Kaps, mitsamt dem in Goldbuchstaben aufgedruckten Gedicht. Er meint, es hat etwas bewirkt. Genauso wie bei ihm selbst. Wenn er auch selbstverständlich nicht alle darin aufgeführten Ziele im Laufe des Lebens hat verwirklichen können, vielleicht nicht einmal z. T., aber es war ihm eine stabilere und differenziertere Richtschnur als z. B.

die Zehn Gebote. Es hat ihn immer daran erinnert, niemals Gleiches mit Gleichem zu vergelten und sich soweit wie möglich von Eitelkeit und Überheblichkeit fernzuhalten! Ja, diese Zeilen üben immer noch eine große Faszination auf ihn aus, nicht zuletzt in seiner eigenen Übersetzung aus der Autobiografie:

> Wenn du zum Volke sprechen kannst: und bleibst doch nobel,
> Und wenn du mit Königen gehst: doch einfach bleibst;
> Wenn weder Feind noch Freund dich kann verletzen
> Und jeder zählt für dich: doch keiner allzu sehr.

Ein merkwürdiges Gefühl, bestimmte Punkte der eigenen Lebensgeschichte, und seien sie auch noch so klein, nicht mehr im Kopf, sondern stattdessen in der gedruckten Biografie als ‚externem Speicher' aufzufinden. Auch wenn dieser Speicher ein selbst produzierter ist. Aber das ist nur eine spezielle Variante des Alterns, so würde jeder beschwichtigend kommentieren – und so hat er sich auch selbst beruhigt.

Bis zu der Erfahrung, dass er sogar den Namen des Professors nachschlagen musste, der Brigitte Laaff das Leben gerettet hat. Die Verlobung mit ihr war eigentlich gerade aufgelöst, als 1963 bei ihr diese mysteriösen Rückenschmerzen auftraten. Wechselnd, ohne erkennbares System. Die erste Diagnose lautete auf Bandscheibenvorfall, aber die darauf bezogene Operation im Pariser Hospital Foch wurde abgebrochen, weil es sich in Wirklichkeit um einen Tumor handelte. Es schloss sich eine verzweifelte Odyssee bei internationalen Koryphäen an, die in verschiedenen Varianten doch letztlich alle zur Diagnose eines wegen seiner Lage am Rückgrat inoperablen Tumors führten. Selbst ein New Yorker Krankenhaus konnte nur zu einer Bestrahlung raten, die zunächst auch erfolgreich schien. Nach sieben Tagen aber traten die Schmerzen wieder auf, mit zunehmender Heftigkeit, die nur noch mit sich steigernden Dosen von Morphium-Präparaten zu beherrschen waren. Brigitte wurde zum Pflegefall, Tag und Nacht von zwei Krankenschwestern umsorgt. Der Einsatz von Cortison brachte auch keine substanzielle Verbesserung, sondern nur die Entstellung durch das typische ‚moon face', unter dem sie fast noch mehr als unter den Schmerzen litt. Als letzten Versuch hatte der Schweizer Hausarzt doch noch einen Chirurgen in Heidelberg empfohlen. Dieser Professor in, nicht aus Heidelberg, schaffte dann wirklich das nicht mehr für möglich Gehaltene: Er entfernte in einer stundenlangen Operation den Tumor, und Brigitte konnte das Krankenhaus geheilt entlassen. Geheilt, weil sie nach der notwendigen Kur und Rehabilitation nie mehr einen Rückfall hatte. Geheilt auch von ihm, denn zehn Jahre später hatte sie einen Mediziner in Los Angeles geheiratet, ist heute bisweilen auch in Paris oder am Genfer See, wo sie beide sich, wann immer möglich, in alter Freundschaft treffen. Der Name des Professors war Linder, genau, als er ihn in seiner Autobiografie nachgeschlagen hat, ist er ihm auch sofort wieder eingefallen. Ein normales, altersbedingtes, kurzzeitiges Vergessen von Namen würde man wohl, auch auf medizinischer Seite, sagen. Aber für ihn war es trotzdem beunruhigend, denn damals, in dieser existenziell unglaublich entlastenden, befreienden Situation der geglückten OP war er sich sicher gewesen: Diesen Namen würde er niemals mehr in seinem Leben vergessen. Dass es nun doch passiert war, stellte eindeutig einen Akt von Ungerechtigkeit dar. Obwohl er sich doch eigentlich sein Leben lang um Gerechtigkeit bemüht hatte, er fand sich in diesem Vergessen nicht wieder, es war, als entglitte ihm ein Teil seines Ichs, das er erst in der gedruckten Biografie wiederfinden konnte. So wie andere Menschen mit Gedächtnisverlust die Erzählungen der Umgebung brauchten, um im Ich vollständig zu sein. Bei ihm würde es unter Umständen nicht so schnell offenbar werden, aber das war kein Trost, konnte ihn selbst nicht über den beginnenden Ich-Verlust hinwegtäuschen!

Von außen gesehen mochten es Kleinigkeiten sein, aber von seinem Selbstverständnis her waren sehr wohl zentrale Aspekte seines Ichs betroffen. Schließlich hatte er schon zu Studienzeiten begonnen, das eine oder andere moderne Kunstwerk zu erstehen. Immer nur seinem persönlichen Gefühl für Stil verpflichtet, dem Blick für das Ungewohnte und Ungewöhnliche. So war er bei den Neuen Realisten gelandet, beim Informel und den Surrealisten, später dann auch bei der Pop-Art. Solche Konzentration trennte in der Kunst eine Sammlung von einem Sammelsurium. Irgendwann, als er mehr Bilder besaß, als er in der jeweiligen Wohnung aufhängen konnte, hatte er festgestellt, dass er jetzt wohl Kunstsammler war. Aber er hatte als Grundstock für seine Sammlung im Prinzip lediglich 800 000 Dollar investiert, später war die Sammlung allein durch Verkäufe von Bildern gewachsen, die im Wert gestiegen waren, und aus deren Erlös er wieder neue – aktuelle/re – Arbeiten erstehen konnte. Jahrelang hatte er die Historie dieser Ver- und Zukäufe problemlos im Gedächtnis behalten, weil jedes Bild in seiner individuellen Komposition von Struktur wie Farbe in seinem Gedächtnis eingebrannt war. Und jetzt auf einmal hatte ihn die Erinnerung, zumindest teilweise, verlassen, hatte ihn bisweilen sogar genarrt. Sei es, dass er schon veräußerte Bilder noch in der Sammlung vermutete – oder umgekehrt. Alles keine weltbewegenden Probleme, dazu gab es schließlich Katalogisierungssysteme. Aber für ihn trotzdem ein weiterer beunruhigender Schritt des Ich-Verlusts. Denn offensichtlich war auch sein fotografischer Blick ebenfalls in Mitleidenschaft gezogen. Nur diesem Blick hatte er es zu verdanken, dass er als absoluter Autodidakt, ohne jedes Studium oder irgendeine Meisterlehre, Fotografien produziert hatte, die nicht nur Experten überzeugen, sondern vor allem auch Laien berühren konnten, wie die Besuchszahlen seiner Ausstellungen immer wieder demonstriert hatten. Durch die Kombination von zwei einfachen, aber grundlegenden Prinzipien: Die Bewegung musste, anders als beim Film, der Bewegung abbilden kann, aus dem – stehenden – Bild hervorgehen; und das Sujet musste an der richtigen Stelle in dem fotografischen Rechteck platziert sein. Beides letztlich allerdings ein Beispiel für die grundsätzliche Wahrheit, dass die einfachsten Prinzipien am schwierigsten zu verwirklichen sind. Ein Leben lang hat ihn diese Suche nach der Bewegung und dem richtigen Ausschnitt in der Wahrnehmung von Welt nun begleitet, und nie hätte er gedacht, dass ihn diese Fähigkeit verlassen könnte. Der fotografische Blick hat seiner Welt- und Lebenserfahrung erst die Tiefe gegeben, die dem bloßen Existieren Sinn und Glück hinzufügt. Ohne ihn erscheint alles flach und trübe, nicht nur draußen, sondern auch innen …

Und nicht einmal vor seinem wissenschaftlichen Ich hat dieser Abbau Halt gemacht, obwohl die Mathematik nun wirklich seine älteste, dauerhafteste Liebe ist. Und eine vernünftige dazu, verdankt er ihr doch, dass er nie der Spiel-Leidenschaft verfallen ist. Die Versuchung, ein eigenes mathematisches System für das Roulette zu entwickeln, währte nur kurz, denn, wie sein Mathematik-Lehrer es so pointiert zusammengefasst hatte: Die Kugel besitzt kein Gedächtnis. Der Zufall lässt sich nicht berechnen, nur die Abweichung vom Zufall. Das ist denn auch der Weg, den er seit 1995 bei der empirischen Überprüfung der Astrologie-These beschritten hat. Der bis dahin nicht systematisch geprüften These, dass das Sternzeichen, besser die Konstellation der Gestirne bei der Geburt des Menschen, dessen Verhalten im weiteren Leben beeinflusst. Die Hauptschwierigkeit war, die offiziellen Institutionen davon zu überzeugen, dass mit der Herausgabe von Geburtsdaten keine Verletzung des Datenschutzes verbunden war. Aber als der Bann gebrochen war, hatte er über 20 Millionen Daten aus aller Herren Länder sammeln und zur Prüfung der Astrologie-These in 11 Lebensbereichen statistisch analysieren können. Die Ergebnisse, zusammengefasst in seiner *Akte Astrologie*, wiesen durchwegs hoch- oder höchstsignifikante Einflüsse in den durchgeführten inferenzstatistischen Tests nach. Solch ernsthafte wissenschaftliche Arbeit passte natürlich nicht zum Stereotyp des Playboys, weswegen sich manche Kommentare in unqualifizierten Verrissen ohne jede Sachkunde ergingen. Während ihm von berufener Seite, dem Statistischen Bundesamt in Wiesbaden, gerade diese fachliche Kompetenz seiner Analysen bestätigt worden war. So hatte er dieses sein mathematisch-statistisches Lebenswerk in den Folgejahren auch immer mit Zähnen und Klauen verteidigt. Doch jetzt lassen ihn die unqualifizierten, z. T. sogar gehässigen Kommentare auf eine merkwürdige Weise zunehmend kalt. Das ist, wie er mittlerweile aus der zu Rate gezogenen Fachliteratur weiß, keine Altersweisheit, sondern eines der Frühsymptome von Alzheimer-Erkrankungen. Es entspricht auch nicht dem, was er eigentlich will. An und für sich möchte er weiterhin jedem Uneinsichtigen mit überzeugender Argumentation entgegentreten, aber es fehlt ihm der Antrieb dazu. Ihm, der zeitlebens nun wahrhaftig nicht über mangelnden Antrieb zu klagen hatte. Er erkennt sich selbst nicht wieder …

Vor allem, weil in der Fachliteratur auch die Spracheinbußen beschrieben werden, die er in letzter Zeit immer wieder bei sich feststellen muss. Wenn er in Ruhe überlegt, weiß er noch, dass er z. B. immer zwischen Arroganz und Überheblichkeit unterschieden hat. Überheblichkeit als ein Selbstbewusstsein, das nicht durch Leistung abgedeckt ist; im Gegensatz zur Arroganz, die nur die von der Leistung her nicht notwendige Bescheidenheit vermissen lässt. Eine Unterscheidung, die er vielleicht auch für seine – positive – Selbstbewertung gebraucht hat. Aber im Gespräch ist auf einmal die Sicherheit in der Begriffswahl weg, er hat das Gefühl, dass er – gemessen an seinen sprachlichen Standards – unsinniges oder zumindest undifferenziertes Zeugs redet. Genauso wie im Französischen der Unterschied zwischen ‚on va voir' und ‚on verra'. Er weiß noch, er hat dabei situational differenziert, so wie bei den deutschen Sprachebenen von ‚Wir werden sehen' und ‚Schaun mer mal'. Aber welchen Unterschied er gemacht hat, weiß er in diesem Fall nicht einmal mehr außerhalb der Gesprächssituation. Die anderen haben es wohl noch nicht bemerkt, aber für ihn laufen manche Gespräche quälend verzögert ab, nicht wie früher perlend flüssig, er muss nach bestimmten Worten suchen, Gemeintes umschreiben, für das er früher sofort ein passendes, zündendes Bonmot parat hatte …

Diesen Verlust seiner selbst wird er nicht hinnehmen, auch um der anderen willen nicht. Aber Mirja würde ihn jetzt sicher an Kiplings ‚*If*' erinnern, an die anderen Zeilen:

> Wenn deine Kraft, dein Herz und deine Sinne
> dir dienlich sind: noch lang, nachdem sie fort;
> Und du hältst durch – wenn alle Kraft gewichen
> Nur weil dein Wille zu dir sagt: „Halt' durch".

Ja, das Problem ist der Zeitpunkt, zu dem er geht. Denn es gibt eine fatale Asymmetrie. Ein ‚zu früh' verschenkt Lebenszeit, ein ‚zu spät' aber verschenkt das selbstbestimmte Gehen! Doch die Krankheit hat, da muss er ihr schlussendlich sogar dankbar sein, die Entscheidung für ihn getroffen. Dieser eine Satz gestern, am Telefon, zu Mirja. Ein Satz aus der Beziehung zu Soraya, oder war es Anne-Marie? Nicht einmal dessen ist er sich noch sicher. So oder so, das ist die Grenze, deren Überschreiten den Kern seines Lebens, seiner Identität zerstören würde. Menschen kann man nicht besitzen, nur Bedeutungen. Das ist die zentrale Überzeugung, die er spätestens seit dem Tod von Anne-Marie 1958 konsequent gelebt hat. Die erste große Liebe, keine wilde, sondern eine tiefe, mit dem Versprechen beieinander zu bleiben. Das Schicksal hat ihn gelehrt, dass die Ewigkeit, auch die kurze eines menschlichen Lebens, nur in der Bedeutung liegt, die man der gemeinsamen Nähe zu geben in der Lage ist. Das ist der Grund, weswegen es für jede seiner großen Lieben eine ganz private Sprache gibt, Worte, Bilder der Zärtlichkeit, die ausschließlich dieser einen – geliebten – Person gehören. So wie viele ein Lied, eine Melodie als Symbol ihrer Gemeinsamkeit, ihrer gemeinsamen Geschichte, besitzen: Bei ihm sind es Bilder, Symbole, Sätze. Er ist eben hoffnungslos unmusikalisch. Aber auch die Sprache der Bilder und Worte hat eine Melodie, und er hat diese Melodie für jede seiner zentralen Beziehungen erhalten können, auch wenn sie sich irgendwann von romantischer Liebe in Freundschaft gewandelt haben. Freundschaften, die es nicht wie Sand am Meer gegeben hat, sondern eher wie Blüten an einem Mandelzweig. Von Soraya über BB bis zum Ende des Weges bei Mirja. Die erotische Privatsprache konnte zu einer toten Sprache werden, aber auch dann noch gehörte sie nur dem einen Menschen, mit dem und für den er sie entwickelt hatte. Für jede neue Liebe hat es eine neue Sprache gegeben, und die Einzigartigkeit jeder Privatsprache, das je individuelle Bedeutungsuniversum, das niemand mit einem anderen teilen musste: Das war seine Form der Treue! Eine relative Treue, sicher, weil sie nicht körperlich war. Aber das hatte Mirja von Anfang an verstanden, hatte sie doch seinem Ja bei der Hochzeit schon vorher die Sicherheit gegeben: „Du brauchst keine Angst zu haben, ich werde nie einen Mönch aus dir machen." Zugleich aber war es in der Einzigartigkeit, Ausschließlichkeit der privatsprachlichen Bedeutungen eine absolute Treue! Eine Treue, die die Krankheit zerstören würde, wenn er nicht mehr wusste, welche Sätze zu welcher Beziehung gehörten. Bei diesem Satz aus einer anderen Beziehung gestern hatte es Mirja noch nicht gemerkt, nicht merken können. Aber was wäre, wenn er aus ihrer beider Privatsprache einen Satz öffentlich sagen würde, weil er das private Universum nicht mehr im Kopf hat? Sie müsste es als Verrat empfinden – und auch wenn sie ihn mit der Krankheit entschuldigen würde, es bliebe die Entblößung, die seelische! Nie hat er Frauen psychisch entblößt, im Gegenteil, gerade auch wenn er es physisch getan hat. Es jetzt, nach mehr als drei Jahrzehnten der Gemeinsamkeit, vielleicht bei Mirja zu tun, ist undenkbar! Er muss sich und ihr treu bleiben. Er wird es, indem er der Krankheit keine Chance gibt, so weit vorzuschreiten, dass sie seine Treue, seine Lebensgeschichte zerstört!

Eine Tragik dieser Krankheit, dass er bei diesem letzten Schritt allein bleiben muss. Denn Mirja würde versuchen, ihn davon abzuhalten. Sie würde ihm versichern, dass sie alles zu ertragen in der Lage wäre, solange er bei ihr bleibt. Und er hält das sogar für möglich. Aber er selbst könnte es nicht ertragen, dass sie unter ihm leiden müsste. Die einzige Fürsorge für sie, die ihm bleibt, wird sie unter Umständen als Selbstsucht von ihm empfinden. Noch gesteigert durch das Problem, dass er in dem unbedingt nötigen Abschiedsbrief den zentralen Grund für den frühen Zeitpunkt nicht konkret benennen kann – denn dann würde er ja schon gegen die Privatheit verstoßen. Aber sie wird ihn auch so verstehen, vielleicht nicht sofort, aber im Laufe der Zeit. Zumindest aber kann er bei diesem Zeitpunkt mit großer Stringenz darlegen, dass er die Entscheidung zum Suizid mit klarem Bewusstsein, ohne irgendwelche depressiven Beeinträchtigungen des Denkens, getroffen hat:

> *In den letzten Monaten habe ich durch die Lektüre einschlägiger Publikationen erkannt, an der ausweglosen Krankheit A. zu erkranken.*
> *Ich stelle dies heute noch in keiner Weise durch ein Fehlen oder einen Rückgang meines logischen Denkens fest – jedoch an einer wachsenden Vergesslichkeit wie auch an der rapiden Verschlechterung meines Gedächtnisses und dem meiner Bildung entsprechenden Sprachschatzes. Dies führt schon jetzt zu gelegentlichen Verzögerungen in der Konversation.*
> *Jene Bedrohung galt mir schon immer als einziges Kriterium meinem Leben ein Ende zu setzen.*
> *Ich habe mich großen Herausforderungen stets gestellt.*
> *Der Verlust der geistigen Kontrolle über mein Leben, wäre ein würdeloser Zustand, dem ich mich entschlossen habe, entschieden entgegenzutreten.*
> *Ich danke meiner lieben Ehefrau und meiner engsten Familie sowie meinen in tiefer Freundschaft verbundenen Weggefährten, mein Leben wundervoll bereichert zu haben.*
>
> *(Gunter Sachs)*

Lebensdaten

14.11.1932	Geburt als zweiter Sohn des deutschen Industriellen Willy Sachs und seiner Ehefrau Elinor von Opel auf Schloss Mainberg am Main
16.07.1935	Scheidung der Eltern; Streit um das Sorgerecht für die beiden Söhne Ernst Wilhelm und Gunter, weswegen die Mutter über einige Zwischenstationen in die Schweiz übersiedelt (Valbella-Lenzerheide)
1946–1950	Gymnasiale Ausbildung an den Schweizer Internaten Rosenberg (St. Gallen) und Lyceum Alpinum (Zuoz)
1951–1954	Einführungskurs Mathematik an der Universität Lausanne, Berechtigung zum Mathematikstudium (ohne Abschluss); Praktika als Feinmechaniker und Bankkaufmann; Diplom als Dolmetscher für Französisch (Universität Nantes)
1955	Heirat mit der Studienkollegin Anne-Marie Faure; Geburt des Sohnes Rolf (10.08.55)
1958	Tod des Vaters (durch Suizid); Tod der Ehefrau durch einen Narkosefehler bei einer einfachen Operation; Sohn Rolf kommt zur Großmutter Elinor von Opel, bei der er aufwächst; zunächst Rückzug von G. S. in die Berge, danach Beginn des Jetset-Lebens; Unterhalt durch das (Mit-)Erbe an der Sachs-Holding gesichert, deren Leitung vom älteren Bruder Ernst Wilhelm übernommen wird
1959–1965	Internationale Lebensmittelpunkte (von St. Moritz über Paris, New York, St. Tropez bis Acapulco); sportliche Aktivitäten (Cresta/Skeleton und Bob, 1959 Junioren-Europameister im Zweierbob; Gründungsmitglied und später Präsident des St. Moritz Bobsleigh Club); wechselnde erotische Beziehungen, unter anderem mit der persischen Ex-Kaiserin Soraya; unternehmerische Tätigkeit als Gründer von Modegeschäften (Modelabel *MicMac*)
1966–1968	Publicitiy-wirksam inszenierte und gelebte Ehe mit der französischen Schauspielerin Brigitte Bardot

1969	Nach der Scheidung von B.B. Heirat mit dem schwedischen Fotomodell Mirja Larsson (Ehe bis zum Tod von G. S. 2011; zwei Söhne: Christian Gunnar – 1971 – und Claus Alexander – 1982)
1969–72	Faszination für das Filmen mit dem Höhepunkt des Ski-Dokumentarfilms *Happening in White* (Einführung der Super-Zeitlupe; 1972 Preis des IOC in Cortina d'Ampezzo)
1972	Ein Bau für das Ende der 1960er gegründete *Modern Art Museums* in München scheitert an bürokratischen Widerständen; stattdessen Eröffnung der *Galerie an der Milchstraße* in Hamburg (mit erster Warhol-Ausstellung in Europa); erfolgreicher Kunstsammler (vor allem Nouveau Réalisme, Informel, Surrealismus, Op- und Pop-Art)
1973ff.	Künstlerisch-produktiver Schwerpunkt in der Fotografie; 1974 Ehrenpreis der Photokina; 1982 Leica-Preis; in den Folgejahren Publikation von sieben Bildbänden; zahlreiche internationale Ausstellungen
1977	Tod des älteren Bruders (bei einem Lawinen-Unglück); endgültiger Rückzug von G. S. aus dem Unternehmen durch Verkauf seiner Anteile an der Sachs-Holding
1981ff.	Finanzielle Förderung des Salk-Institut San Diego (biologische Grundlagenforschung), aus der 1986 das *Gunter Sachs Computer Center* erwächst
1987	Zusammen mit seiner Frau Gründung der *Mirja Sachs-Stiftung* für Kinder in Not; Startkapital durch die Erlöse seiner Fotobücher
1995ff	Gründung eines Instituts zur Überprüfung des Wahrheitsgehalts der Astrologie; Einsatz statistischer Beschreibungs- und Prüfverfahren; Buchpublikationen zu dem Thema (vor allem *Die Akte Astrologie* 1997)
07.05.2011	Suizid durch Erschießen in seiner Villa in Gstaad; der Abschiedsbrief gibt als Grund eine (beginnende) Alzheimer-Erkrankung an.

4. Symbiose-Suizid
Dora Carrington

(29.03.1893–11.03.1932)

Tom Francis, der Gärtner, hatte angerufen, unter Schock, aber doch so gefasst, dass er alle wichtigen Informationen mitteilen konnte. Als er, wie jeden Morgen, in Ham Spray House zur Arbeit erschienen war, hatte er Carrington schwer verletzt vorgefunden. Sie hatte das geliehene Gewehr gegen sich selbst gerichtet, war aber noch am Leben. Als erstes hatten sie daraufhin telefonisch den Doktor in Hungerford benachrichtigt, um sich dann selbst in halsbrecherischer Geschwindigkeit auf den Weg zu machen. Jetzt, vor Ort, fanden sie Carrington auf dem Boden ihres Schlafzimmers, aus einer Wunde im Bereich von Hüfte und Oberschenkel blutend. Ersichtlich hatte sie das Gewehr mit dem Schaft auf dem Boden aufgesetzt, sich darüber gebeugt, um das Herz zu treffen, war beim Betätigen des Abzugs aber wohl abgerutscht und hatte sich weit unterhalb der Brust getroffen. Der Arzt hatte nicht gewagt, sie zu bewegen, empfahl aber den möglichst schnellen Transport in das nächst liegende Krankenhaus. Offenbar war er erleichtert und froh, nun die Verantwortung an den rechtmäßigen Ehemann abgeben zu können, auch wenn dieser in Begleitung einer anderen Frau erschienen und erst aus London angereist war.

Carrington war bei Bewusstsein und bekräftigte zunächst, dass sie nichts anderes als sterben wollte, aber als sie sein verzweifeltes Erschrecken sah, versicherte sie schnell, dass sie wieder gesund werden wolle und sicher auch werde. Doch er wusste es besser, unausweichlich. Dass sie Lyttons purpurroten Morgenmantel angezogen hatte, war die sichtbarste Bestätigung all seiner Befürchtungen, die er in den Wochen vorher unablässig gehegt hatte. Warum nur hatte er sich beruhigen lassen, hatte ihr geglaubt, dass sie das Gewehr nur gegen die wie jedes Jahr überhand nehmende Kaninchenplage einsetzen wollte? Seit dem Vorfall an Lyttons Todestag wusste er doch, dass sie in einer Existenz ohne Lytton keinen Sinn sah. Er hatte gehofft, dass es ihm und ihren Freunden gelingen könnte, sie wieder in dieses Leben zurückzuholen. Schließlich gab es doch immer noch Ham Spray House mit allen Erinnerungen, mit Lyttons Bibliothek, mit seinen Schriften, deren weiterer Verbreitung sie sich widmen konnte. Und selbstverständlich hatte er ihr nicht nur einmal nachdrücklich versichert, dass das Haus zwar auf ihn und Lytton eingetragen war, dass er aber sie und niemand sonst als lebenslange Hausherrin ansah. Doch damit hatte er sich wohl vor allem selbst überzeugen wollen, während sie nur aus Rücksicht auf die anderen ihren Plan aufgeschoben hatte, um ihnen nicht zwei Todesfälle so kurz hintereinander zuzumuten. Obwohl ihr erster Versuch mit den Autoabgasen in der Garage genau das bedeutet hätte. Denn, wie aus dem Bericht der Krankenschwester ersichtlich geworden war, schien deren Auskunft, dass Lytton nicht mehr zu retten war, der entscheidende Auslöser gewesen zu sein. Auslöser für diesen Suizidversuch, noch bevor Lytton wirklich gestorben war. Hatte sie es nicht mehr ausgehalten, seinem Sterben zusehen zu müssen? Oder hatte sie in einem Anfall von magischem Glauben versucht, dem Schicksal Lyttons Leben sozusagen abzukaufen, indem sie sich selbst opferte? Absurderweise hatte in dieser Situation jedoch eher Lytton sie gerettet, indirekt. Denn sie hatte gerade begonnen, in der geschlossenen Garage bei laufendem Motor die Abgase einzuatmen, als Lytton einen schmerzhaften Anfall erlitten hatte, der alle im Haus an sein Krankenbett trieb. Außer Carrington. Also war es an ihm als dem juristischen Ehemann gewesen, sie in panischer Hast im gesamten Haus zu suchen und noch rechtzeitig aus dem Auto in der abgasgeschwängerten Garage zu befreien. Doch ihr Erwachen war entsetzlich, grauenvoll, erbarmungswürdig. Diese Verzweiflung, dass er sie nicht hatte sterben lassen, eine einzige Anklage. Wenn er sie jetzt ins Krankenhaus brächte, zum zweiten Mal zu retten versuchte, ihre Verzweiflung, ihre Anklage wäre keineswegs geringer, im Gegenteil. Aber kann er sie hier einfach liegen und verbluten lassen? Darf er das? Vor seinem Gewissen und angesichts des gemeinsamen Lebenswegs, in dem sich die Liebe als Fürsorge erhalten hat, ungebrochen, ungeschmälert. Fürsorge, die sie beide nie als Pflicht von Ehepartnern empfunden haben, sondern als Sorge für das eigenständige Glück des jeweils anderen. Und Eigenständigkeit war seit jeher für sie unverzichtbar, schließlich hatte sie auch als Ehefrau nicht den Namen Partridge angenommen, sondern war Carrington geblieben. Aber kann Sterben Glück bedeuten? Was ist die richtige Fürsorge?

Fürsorge für jemanden, der so gar nicht mit den üblichen Vorstellungen, gerade was die Beziehung zwischen den Geschlechtern angeht, zu begreifen ist. Erst seit er mit Frances zusammenlebt, kann er die vielfältigen Beziehungen, die Carrington im Laufe ihres Lebens eingegangen ist, ohne Eifersucht betrachten und dadurch wenigstens halbwegs verstehen – so ist doch zu hoffen. Denn bis zu Frances war es einfach zu frustrierend, zu enttäuschend, dass es nicht ihm selbst gelungen war, seine ihm angetraute Frau sexuell zu erwecken. Sondern, wie er mittlerweile sicher weiß, stattdessen ganz eindeutig seinem Freund Gerald Brenan, den sie erst durch ihn kennengelernt hatte. Und der empörenderweise nicht einmal davor zurückgeschreckt war, bereits 1921 die sexuelle Affäre mit ihr zu beginnen, kurz nachdem Carrington ihn, Partridge, geheiratet hatte. Alles unter dem Deckmantel der Freundschaft, die noch aus den gemeinsamen Kriegstagen herrührte. Dabei hatte es so friedlich begonnen, nicht zuletzt als sie drei, Carrington, Lytton Strachey und er selbst, im Jahr zuvor, 1920, bei Gerald in Grenada zu Besuch waren. Danach gab es angeblich nur die freundschaftlichen Besuche Geralds in England, irgendwann war er selbst aber doch misstrauisch geworden, allerdings hatten Gerald wie Carrington zunächst alles abgestritten, Gerald sicher aus schlechtem Gewissen ihm gegenüber, Carrington jedoch, wie sich durch die weitere Entwicklung eindeutig gezeigt hatte, einzig und allein um ihre Ménage à trois mit ihm und vor allem Lytton nicht zu gefährden. Zwischendurch war er so eifersüchtig gewesen, dass er Gerald am liebsten zusammengeschlagen hätte, wie es Mark Gertler bei Lytton versucht hatte, 1918, als er Carringtons beharrliches Sträuben gegen jede sexuelle Intimität nicht mehr aushalten konnte, für das er, fälschlicher Weise selbstverständlich, Lytton verantwortlich machte. Aber wenn auch Lytton und Carrington 1917 zusammen in Tidmarsh Mill eingezogen waren, war es doch offensichtlich, dass Gertlers Eifersucht aufgrund von Lyttons entschiedener Homosexualität völlig unbegründet war. So unbegreiflich es auf den ersten Blick erschien, aber es hatte wohl nie in all den gemeinsamen Jahren von Carrington und Lytton eine sexuelle Verbindung zwischen ihnen beiden gegeben. Aus der Rückschau lag darin paradoxer Weise gerade das Geheimnis ihrer unverbrüchlichen, unzerstörbaren Gemeinsamkeit: Weil es keine sexuelle Anziehung zwischen ihnen gab, hatte sich nichts erschöpfen, sondern nur vertiefen können. Und beide hatten es wohl genauso gefühlt und gelebt. Lytton hatte Carrington auf diese Weise niemals Angst gemacht, wie es bei Mark Gertler sicher der Fall gewesen war. Dessen dauerndes, stürmisches Drängen auf sexuelle Vereinigung hatte Carrington zunehmend abgestoßen, hatte sie ihm entfremdet, erst recht, als sie sich dann doch hatte überreden lassen – mit dem Erfolg einer verstärkten Ablehnung alles Sexuellen. Mit dieser ihrer prägenden Negativerfahrung hatte er selbst sich auch auf dem Weg zur Ehe zu beruhigen versucht, als es sogar in Phasen der frühen Verliebtheit zwischen ihnen nie zu wirklich befriedigender, ekstatischer Lust gekommen war. Nur dass diese Illusion zusammengebrochen war, als er begriff, welch gerade auch körperliche Intensität die Beziehung zwischen Gerald und Carrington erreicht hatte. Aber das Schicksal war ihm gnädig gewesen, indem es ihm Frances geschickt hatte, mit der er dann auch seinerseits diese Intensität erleben konnte. So dass er als Lohn all dieser Komplikationen und Aufregungen schlussendlich doch verstanden hatte, wie marginal die Sexualität für Carrington letztlich war. Nicht unwichtig, nein, aber nicht entscheidend. Deshalb hatte ihn Carringtons Beziehung zu Beakus Penrose, diesem eher unintellektuellen Seemann, auch nicht mehr irritieren können. Denn er selbst hatte zu dieser Zeit, 1928, längst seinen Frieden damit gemacht, dass sich Carrington anfangs in ihrem weibliche Körper gar nicht wohl gefühlt hatte. Noch verstärkt durch die negativen Erfahrungen mit Mark Gertler – und eigentlich auch nach außen sichtbar durch ihre abgeschnittenen Haare, die sie allerdings auch in späteren Jahren beibehalten hatte. Obwohl sie dann durch die Beziehung zu Gerald sozusagen auf den Geschmack gekommen war und ihre diesbezüglichen Freuden ‚außerhalb' gesucht und gefunden hatte. Nicht nur bei Beakus Penrose, sondern auch bei Henrietta Bingham, mit der sie schon vor Beakus primär sexuelle Hochgefühle erfahren hatte. Aber diese Gefühle waren immer ein ‚Außerhalb' geblieben: außerhalb der zentralen existenziellen Beziehung ihrer Dreier-Gemeinschaft, die das stabile Zentrum für Carrington wie auch für Lytton dargestellt hatte, obwohl oder gerade, weil diese Dimensionen eines unglücklichen, unerfüllten Verliebtseins damit verbunden waren. Carrington hatte von vornherein bei Lytton keine körperliche Erfüllung finden können, genauso wie auch Lytton nicht bei ihm selbst, weil er nun einmal nicht nur als Carringtons Ehemann hoffnungslos heterosexuell war. Hoffnungslos für Lytton. Er selbst hatte sich zwar in Bezug auf Carrington und die körperliche Liebe Hoffnungen, und mehr, machen dürfen, die aber eben nicht erfüllt worden waren – beziehungsweise an seiner Statt von Gerald! Irgendwie war es für sie alle drei, Carrington, Lytton und ihn selbst, zumindest teilweise eine unglückliche Liebe. Paradoxerweise hatte aber gerade diese Kombination von individuellem Unglücklichsein zu einem beständigen höchsten Lebensglück geführt!

Wenn also Carringtons Leben von diesem Paradoxon eines aus Unglück geborenen Glücks bestimmt war, konnte dann auch dieses andere Paradoxon gelten: dass Sterben Glück bedeutet? Weil mit Lytton Zweck, Sinn und Ziel ihres Lebens gestorben war? Kann ein Mensch so zentral, so beherrschend für andere werden? Bei Lytton lautet die Antwort wohl, das muss er sich eingestehen, ohne Vorbehalt: Ja! Hatte er sich nicht auch selbst von Lytton beherrschen, bestimmen lassen? Weil diesem der Vorname Reginald nicht gefiel, hatte er ihn umgetauft: in Ralph – und er selbst hatte nicht nur damals in dieser Situation der ersten Gemeinsamkeit in Tidmarsh Mill zugestimmt, sondern diesen Namen seither für sein ganzes Leben übernommen. Und das, obwohl er Lytton nur in Freundschaft, nicht in Liebe zugetan war. Wieviel mehr musste Lytton also für Carrington bedeuten, deren Liebe zu ihm unermesslich schien, nein, wirklich und wahrhaftig grenzenlos war, auf allen Ebenen. Sie war es, die das erste gemeinsame Domizil, Tidmarsh Mill bei Pangbourne, gesucht und gefunden hatte; die es eingerichtet und dann sieben Jahre aufopfernd unterhalten hatte. Genauso, wie es 1924 dann bei Ham Spray in Wiltshire der Fall war, nachdem die Tidmarsh Mill zu kalt, feucht und unkomfortabel für einen Alterssitz geworden war. Und selbst die Londoner Wohnung, die Lytton nicht zuletzt für seine Beziehung zum jungen Roger Senhouse brauchte, hatte sie 1927 liebevoll und fürsorglich gestaltet, damit er sich auch dort wohlfühlen sollte. Lyttons Glück ging ihr über alles, schenkte ihr aber auch selbst die höchsten Glücksgefühle. Letztlich hatte sie auch der lange abgelehnten Heirat mit ihm selbst 1921 nur zugestimmt, um ihn dadurch in dieser Dreierverflechtung dauerhaft an Lytton zu binden. Das einzusehen, war für ihn schmerzhaft gewesen, hatte aber als ausgleichende Gerechtigkeit auch ermöglicht, dass sie ab 1927 Frances und sein Zusammenleben mit ihr akzeptiert hatte, unter der Voraussetzung selbstverständlich, dass er die Wochenenden in Ham Spray zubrachte, so dass ihr Dreierbund fortbestehen konnte. Sofern denn Lytton nicht zu einer seiner beruflichen oder privaten Verpflichtungen unterwegs war. Dass sie auf diese Weise nicht selten allein blieb in Wiltshire, hatte sie klaglos ertragen, damit nur, wenn immer möglich, ihrer beider Gemeinsamkeit auf Lytton wartete. Selbst die für sie eben einmal sehr glückliche Beziehung zu Gerald hatte sie schließlich 1922 um Lyttons willen aufgegeben, nicht in erster Linie, um bei ihm, ihrem Ehemann zu bleiben, sondern weil Gerald den Dreierbund gesprengt hätte. Und das war auch der Grund, weswegen sie 1929, als sie von Penrose schwanger geworden war, mit Lytton zusammen entschieden hatte, dass eine Abtreibung unumgänglich war. Nur mit Lytton zusammen, Penrose als der Vater des werdenden Kindes hatte kein einziges Wort mitreden dürfen. Für Romantik auf seinem Segelschiff *Sans Pareil* war er gut genug gewesen, für Lebensentscheidungen nicht. Nein, einzig und allein Lytton war seit 1916 ganz zweifellos das Zentralgestirn ihres Lebens gewesen.

Auch wenn diese Liebe zu dem dreizehn Jahre älteren bebrillten Homosexuellen mit dem langen, dünnen, roten Vollbart und der hageren, dürren Gestalt für viele nie ganz zu verstehen war. Doch wer, wenn nicht er als Dritter im Bunde, hatte die moralische Pflicht, dieser beispiellosen Verbindung gerecht zu werden. Zu begreifen, zumindest zu akzeptieren, dass jeder Ort auf dieser Welt zu jeder

Zeit für Carrington ohne ihren ‚Fakir' glanz- und leblos bleiben musste. Dass ihre gemeinsamen Stunden neben der Ilex-Palme im Garten von Ham Spray unerschöpfliche, nie versiegende Höhepunkte von Lebensintensität bedeuteten, ohne jede Gefahr der Abnutzung, weil es die Intensität geistiger Gemeinsamkeit und Seelenverwandtschaft war. Selbst im Bloomsbury-Kreis war es vorgekommen, dass sie sich plötzlich zurückzogen, und alle vermuteten, dass sie sich jetzt ungestört der Liebe hingeben wollten. Eine durchaus richtige Vermutung, wie sich zeigte, nur dass aus dem dazu gewählten Zimmer ein gegenseitiges lautes Vorlesen zu hören war. Das war Carringtons Lebenselexier: die Gespräche mit Lytton nicht nur über Literatur und Kunst, sondern über Bewusstseinszustände, Haltungen und das Ziel des Lebens. Diese schwerelose Ebene des Geistigen bildete das unauflösbare Band zwischen ihnen, das Carrington mit rastloser Fürsorge Jahr für Jahr noch verstärkt hatte, bis es nun vom Tod abrupt, unabwendbar und für immer zerrissen worden war. All die Wochen seit Lyttons Tod hatte er sehr wohl geahnt, dass sie es wieder versuchen würde. Dass alles Bemühen, sie von der Möglichkeit eines Lebens ohne Lytton zu überzeugen, vergeblich bleiben würden. Aber warum hatte sie dann so lange, für sie sicher schmerzhaft lange, gewartet? Die Antwort konnte nur sein. aus Rücksicht auf ihn und die anderen Freunde, um ihnen nicht so schnell nach Lyttons Tod den nächsten Schock, den nächsten Verlust zuzumuten. Sollte, durfte er jetzt diese Rücksicht mit Unbarmherzigkeit beantworten? Der Unbarmherzigkeit, sich noch einmal gegen ihren Willen zu stellen? Nein, dieses Mal würde er ihr in ihrer Entscheidung beistehen, konsequent, solidarisch, verlässlich!

Drei Stunden hat ihr Abschied von dieser Welt dann doch noch gedauert. Eigentlich genug Zeit, dass er schwankend geworden wäre. Aber solange er sie im Arm gehalten hat, gab es nichts neben der absoluten Konzentration auf den Beistand, zu dem er sich entschlossen hatte. Selbst als die Bewusstlosigkeit ihn der dankbaren Übereinstimmung in ihrem Blick beraubt hatte, hatte er keinen Moment daran gezweifelt, diesmal das Richtige zu tun. Doch jetzt, da ihr lebloser Körper nicht nur diese erschreckende körperliche Kälte ausstrahlt, überfallen ihn die Zweifel auf einmal wieder mit ungeahnter Wucht. Wäre sie im Krankenhaus nicht doch zu retten gewesen? Hätte die Zeit nicht auch bei ihr alle Wunden geheilt? Hätte sie ihre Fürsorge nicht auf Lyttons Werk übertragen und dadurch wieder einen Sinn des Lebens finden können? Sie hat ihm noch bedeutet, dass in ihrem Tagebuch eine Nachricht für ihn liegt. Leicht zu finden, zwischen den letzten beschriebenen Seiten. Eine testamentarische Verfügung: dass die 10.000 Pfund, die sie von Lytton geerbt hat, auf ihn übergehen sollen … Jetzt auch noch Fürsorge für ihn! Wie hat er diesen guten Menschen trotzdem sterben lassen können? Die Seite unter dem Blatt scheint ihm zu antworten, als hätte sie seine Fragen vorhergesehen. In ihrer nachdrücklichen Schrift ein Zitat von Hume:

> „Ein Mensch, welcher sich aus dem Leben zurückzieht, fügt der Gesellschaft kein Leid zu; er hört bloß auf, ihr Gutes zu tun … Ich bin nicht verpflichtet, der Gesellschaft ein geringfügiges Gutes zu tun auf Kosten eines großen Schmerzes meinerseits. Weshalb sollte ich also wegen eines nichtigen Nutzens, den die Gesellschaft vielleicht von mir erlangen möchte, ein elendes Dasein verlängern?“

Und darum herum hat sie ersichtlich auch nach Lyttons Tod noch weiter an ihn geschrieben:

> *„Geliebter Lytton, du bist tot! Das Allerschrecklichste ist geschehen & alles auf dieser Erde ist nun restlos kalt & grau. Sie sagen, ich könnte doch deine Haltungen & Werte lebendig halten. Aber wie kann ich das, wenn ich sie selbst nur für dich gelebt habe. Alles war für dich. Ich habe das Leben geliebt, nur weil du es so vollkommen gemacht hast & jetzt gibt es niemanden mehr, zu dem ich sprechen, mit dem ich scherzen könnte …“*

Sie war sich also sicher, gerade auch durch ihre Gespräche mit Lytton über den Suizid, er hätte ihren Entschluss verstanden, wie immer, hätte er ihr, weise und beherrscht, zugestimmt … Also war seine Entscheidung, ihr beizustehen, doch richtig! Farewell!!

Lebensdaten

29.03.1893	Geburt als Dora de Houghton Carrington in Hereford; viertes der fünf Kinder von Samuel und Charlotte (geb. Houghton) Carrington
1910	Beginn des Kunststudiums an der Slade School of Fine Arts

1912/13	Stipendium an der Slade; Preise für Figurenmalerei und -komposition
1914	Abschied von der Slade; Ausbruch des ersten Weltkriegs
1915	In Asheham (Haus von Virginia & Leonhard Woolf) erstes Zusammentreffen mit Lytton Strachey
1916	Gemeinsame Ferien mit Lytton Str. in Wales; Übereinkunft zusammenzuziehen, Suche nach einem geeigneten Haus
1917	Die Wahl fällt auf Tidmarsh Mill bei Pangbourne; vier Holzschnitte in der ersten Veröffentlichung der Hogarth Press (von den Woolfs)
1918	Stracheys Buch *Eminent Victorians* erscheint; großer Erfolg mit entsprechender finanzieller Absicherung; Mark Gertler schlägt aus Eifersucht auf L. Str. diesen nieder; erstes Zusammentreffen mit Reginald Partridge
1919	Partridge öfter zu Besuch in Tidmarsh Mill; Carrington verliebt sich in Partridge, ebenso Lytton, der Reginald den Namen Ralph gibt; Partridge erwidert Carringtons Gefühle, Lyttons nur in freundschaftlicher Weise; außerdem Zusammentreffen von Carrington mit Gerald Brenan, dem besten Freund von R. Partridge
1920	Besuch von Carrington, Strachey und Partridge bei G. Brenan in Grenada (Spanien)
1921	L. Stracheys *Queen Victoria* erscheint; Carrington und Partridge heiraten auf Bestreben von L. Str., der so weder Carrington noch Partridge verliert; Flitterwochen zu dritt in Venedig mit anschließender Italienreise; Gerald Brenan besucht Tidmarsh Mill, Beginn einer Beziehung mit Carrington
1922	R. Partridge lernt Frances Marshall kennen; Carrington beendet die Beziehung zu Gerald Brenan, um die Ménage à trois aufrecht zu erhalten
1923/24	Ham Spray in Wiltshire wird als Wohnhaus entdeckt und von Strachey & Partridge gemeinsam gekauft; Carrington renoviert und gestaltet das Haus, in das alle drei einziehen

1926/27	Frances Marshall hat eine Wohnung in London, in der sie unter der Woche mit R. Partridge zusammenlebt; L. Strachey mietet dort eine Wohnung, in der er sich mit dem jungen Roger Senhouse trifft
1928	Carrington lernt den Seemann ‚Beakus' Penrose kennen
1929	Carrington wird von Beakus Penrose schwanger; die Abtreibung ist für sie wie L. Str. eine selbstverständliche Notwendigkeit, Penrose wird nicht mit einbezogen
1931	L. Strachey erkrankt an einem nicht diagnostizierten Magenkrebs (Diagnose erst durch Autopsie)
1932	Carrington versucht, sich vor L. Stracheys Tod mit Autoabgasen umzubringen, wird von R. Partridge gerettet; L. Str. stirbt einige Stunden danach (21.01.); knapp zwei Monate später Carringtons Suizid durch Erschießen in Ham Spray (11.03.)

Einblick: Biographische Real-Fiktionen als narrative Erklärung

Aus der Rechtfertigung des rationalen Suizids folgen zumindest zwei Konsequenzen: Zum einen, dass sich Menschen in einer der beschriebene Suizid-Situationen (Leiden, Bilanz, Präventiv, Symbiose) nicht unnötig mit der Fortsetzung eines für sie sinnlosen Lebens quälen, sondern sich berechtigt fühlen, in einem freien Willensentschluss selbstbestimmt ihrem Leben ein Ende zu setzen. Zum anderen aber auch (und vor allem), dass solche Sterbewillige bei diesem letzten Schritt nicht irrational gehindert werden, sondern substanzielle, und d. h. ärztliche, Unterstützung erfahren (sollten). Das bedeutet für den Einzelnen eine individuelle Handlungsfreiheit, die jedoch nur über den gesellschaftlichen Konsens zur Akzeptanz und Etablierung eines ärztlich-assistierten Suizids zu sichern ist. Die Verteidigung des rationalen Suizids und Sterbebeistands hat also letztlich individuelle wie überindividuelle Handlungskonsequenzen zum Ziel. Die Motivation zum Handeln entspringt allerdings nicht allein aus dem zielführenden Denken, es bedarf immer auch eines emotionalen Antriebs, durch den Gedanken erst in Handlungen umgesetzt werden. Erst die Verbindung von Denken und Fühlen verschafft Argumenten lebenspraktische

Wirksamkeit. Daher ist die argumentative Verteidigung des rationalen Suizids hier durch die biographische Darstellung von historisch-prominenten Beispielen eines vollzogenen Suizidwillens ergänzt. Die biographisch-literarische Gestaltung richtet sich durch die Möglichkeit der Identifizierung mit den beschriebenen Lebensläufen an das Gefühl der Leser/innen, indem die Entstehung des Suizidwillens aus der Innensicht der jeweiligen Person beschrieben wird. Dieser Einblick in die psychische Entwicklung des Sterbewillens ist nur möglich, indem die vorhandenen Fakten des vollzogenen Suizids und der darauf bezogenen Selbstzeugnisse in literarischer Verdichtung durch fiktive Elemente ergänzt werden, die zu einer in sich kohärenten Darstellung von Lebensgeschichte führen.

Damit stellt sich aber die Frage, wie bei einem solchen Einfügen von Fiktivem, von Erfundenem, die Glaubwürdigkeit der dargestellten biographischen Entwicklung gesichert werden kann. Die Antwort ist: indem das Fiktive immer ‚im Dienste des Faktischen' steht. Eine solche (biographische) Erzählung mit dem Fiktivem im Dienste des Faktischen lässt sich als ‚Real-Fiktion' bezeichnen und näher bestimmen (vgl. Groeben 2020). Es geht dabei um die (biographische) Erklärung von historischen Fakten, in unserem Zusammenhang um das lebenshistorische Faktum eines Suizidwillens und -entschlusses. In Bezug auf die Genese dieses Willens sind, wo immer möglich, Selbstzeugnisse heranzuziehen; aber sie sind in aller Regel wie bei den meisten historischen Ereignissen und ihrer Entwicklung nicht vollständig. Man muss also vorhandene Lücken mit dazu passenden fiktiven Teilen ausfüllen. Das ist die grundsätzliche Struktur jeder historischen Erklärung: Es handelt sich wissenschaftstheoretisch um eine ‚Wie es möglich war, dass'-Erklärung. Diese Erklärung entspricht formal durchaus der (szientifischen) Grundstruktur von Erklärungen in den empirischen (Natur- und Sozial-)Wissenschaften. Es ist die Grundstruktur des sog. Subsumtions- bzw. covering law-Modells, das zwischen einem zu erklärenden Ereignis (Explanandum) und dem erklärenden Gesetz unterscheidet, in dem die entscheidende Ursachenbedingung für das Eintreten des historischen Faktums angegeben ist. Die Kombination von Gesetz und ursächlicher Bedingung ist das Explanans, d. h. die erklärende Instanz für das Explanandum, das damit erklärte Ereignis. Das zu erklärende Ereignis wird unter das erklärende Gesetz (mit der darin enthaltenen ursächlichen Bedingung) subsumiert bzw. andersherum: Das Gesetz (mit seiner Bedingung) deckt das zu erklärende Ereignis ab. Diese (subsumierende bzw. abdeckende) Relation zwischen Explanans und Explanandum wird in den drei Schritten eines Syllogismus (logisch zwingendes Schluss-Schema) ausformuliert. Am Beispiel der sog. Frustrations-Aggressions-Hypothese, die für die meisten Menschen gilt: *Wenn eine Person frustriert wird (z. B. durch Verhinderung einer von ihr angestrebten Handlung), dann wird sie aggressiv* (Gesetz). *Nun wird eine Person frustriert* (ursächliche Bedingung). *Also wird sie aggressiv* (erklärtes Ereignis: Explanandum). Bei der historischen ‚Wie es möglich war, dass'-Erklärung besteht das spezifische Problem darin, dass zwar das historische, zu erklärende Ereignis bekannt und als Faktum gesichert ist. Aber meistens sind die ursächlichen Bedingungen, die in relevanten erklärenden Gesetzen enthalten sind, zumindest z. T. nicht (mehr) mit Sicherheit nachzuweisen. Man kann nur sagen: Wenn diese oder jene Bedingung vorgelegen hat, dann kann man mit dem Gesetz, das diese Bedingung als Ursache enthält, das historisch gesicherte Ereignis erklären. Man kann also angeben, wie es möglich war, dass es zu dem historischen Faktum kam; ob es sich wirklich so verhalten hat, kann man nicht sicher sagen, aber unter Rückgriff auf den Kontext des Geschehens, auf die Rahmenbedingungen der Entwicklung, wahrscheinlich machen. Insofern enthält jede historische Erklärung letztlich sowieso fiktive Elemente, die es durch Einbeziehung von Kontextdaten wahrscheinlich zu machen gilt

Das ist dementsprechend auch die Grundstruktur jeder biographischen Erklärung: eben als ‚Wie es möglich war, dass'-Erklärung. Biographische Real-Fiktion entspricht damit der narrativen Erklärung, wie sie Danto (1984) als Verbindung von empirischer und hermeneutischer Struktur für die Geschichtswissenschaft expliziert hat, nur dass es bei Biographien eben um individuelle Lebensgeschichten geht. Wie bei geschichtlichen Erklärungen generell wird aber auch die individuelle Lebenshistorie in Form einer Erzählung vorgestellt, denn eine Erzählung hat wie jede geschichtliche Erklärung einen Anfang (von Problemsituationen), eine Mitte (von Geschehnissen/Handlungen) und ein Ende (historisches, zu erklärendes Faktum). Es kommt nur darauf an, diese Abfolge von Anfang, Mitte und Schluss auf einem Abstraktionsniveau zu erzählen, das für die Formulierung einer Gesetzmäßigkeit brauchbar ist. Und diese Gesetzmäßigkeit besteht dann wie bei empirischen Gesetzen aus einem allgemeinen Satz und der möglichen Ausgangsbedingung mit Erklärungswert für die Folgebedingung des historischen Faktums. In der Biographie von Dora Carrington z. B. ist das Zitieren von Hume eine Fiktion („Ein Mensch, welcher sich aus dem Leben zurückzieht, fügt der Gesellschaft kein Leid zu; er hört bloß auf, ihr Gutes zu tun …" – der Satz selbst ist durchaus von Hume). Aber diese Fiktion stellt eine ausgesprochen plausible Bedingung für ihren Sterbewillen dar, weil sie mit Lytton Strachey das Zentrum ihres Lebens verloren hatte und auch keinen Sinn darin sehen konnte, eventuell sein Werk in der Nachwelt zu verteidigen, weiter zu verbreiten. Das war bei diesem Werk ihrer Überzeugung nach nicht nötig. Also kann man als mögliche Gesetzmäßigkeit ansetzen: *Wenn eine Person ihren personbezogenen Sinn des Lebens verloren hat und auch keine Verpflichtung der Gesellschaft gegenüber fühlt, wird sie einen Suizid-Entschluss fassen. Nun hat Dora Carrington mit dem Tod von Lytton Strachey ihren Sinn des Lebens verloren und auch keine Verpflichtung der Gesellschaft gegenüber gefühlt. Also hat sie den Entschluss zum (Symbiose-)Suizid gefasst.* Die Rekonstruktion von fiktiven Lebensereignissen in Form einer Erzählung realisiert also durchaus eine Kausalerklärung, und zwar unter Bezug auf mögliche und zugleich psychologisch plausible, wahrscheinliche Beweggründe. Die Erklärung ist psychologisch wahrscheinlich, insofern sie eine relevante Antwort auf die thematische Warum-Frage gibt, hier die Frage nach der Entstehung des Sterbewillens. Und die Relevanz leitet sich aus den bekannten historischen Rahmenbedingungen ab, hier der Beziehungsgeschichte der sterbewilligen Person und ihrem Selbstverständnis. Das ist die Fiktivität im Dienste des Faktischen, die über die pragmatisch-relevante Erklärungsstruktur die Glaubwürdigkeit der Biographe als narrative Erklärung begründet.

Dabei ist die stringente Erklärungsstruktur mit durchaus unterschiedlichen Erzählstrategien kombinierbar. Es kann sich um fiktive Tagebücher, Briefe, Berichte, Reportagen oder alles mögliche andere handeln, was in der belletristischen Literatur als Erzählstrategie entwickelt worden ist. Auf diese Weise wird auch die angestrebte Verbindung von Kognition und Emotion in der Textverarbeitung der Rezipienten/innen erreicht. Das Narrative ist für die emotionale Anteilnahme verantwortlich, die Erklärungsstruktur für die kognitive Überzeugungskraft. Wenn man die Verbindung von Fiktivität und Narration als literarische Dimension der Real-Fiktion versteht und ihre Erklärungsstruktur als wissenschaftliche Dimension, dann liegt damit letztlich auch eine Synthese von (literarischer) Kunst und Wissenschaft vor. Real-Fiktionen sind als ‚wissenschaftliche Kunstwerke' (im Sinne Diltheys) Literatur mit wissenschaftlichem Anspruch sowie Wissenschaft in literarischer Gestaltung!

Literatur

Danto, A. C. (1974). Analytische Philosophie der Geschichte. Frankfurt/M.: Suhrkamp.

Groeben, N. (2020). Biographische Real-Fiktion als Paradigma narrativer Erklärung, Journal of Literary Theory 14 (2), 287–310.

5. Symbiose-Suizid Charles Boyer

(28.08.1899–26.08.1978)

6806 North Desert Fairways Drive,
Scottsdale, Arizona

Dear Marjorie,

es bereitet mir einen zusätzlichen, schrecklichen Kummer, Dir deine Gastfreundschaft mit solch leidvoller Bürde zu vergelten. Aber meine Kraft reicht nicht mehr weiter als bis hierhin, und vielleicht kann Dich die Tatsache versöhnen, dass ich die letzte wahrlich große Anstrengung auf mich nehme, um mich vor Dir zu rechtfertigen. Wer allen Mut und Sinn des Lebens verloren hat, sieht auch keine moralische Verpflichtung mehr, sich zu erklären. Grundsätzlich. Mit einer Ausnahme: denjenigen gegenüber, denen er mit seinem Tod Leid und Ungemach zufügt. Bei mir bist nun allein noch Du dieser Mensch. Also schreibe ich Dir meine Rechtfertigung auf, aber nicht nur aus Pflichtgefühl, sondern auch in der Hoffnung, dass Du mich auf diese Weise verstehst und, selbst wenn es durch unglückliche Umstände möglich wäre, nichts gegen meinen Entschluss unternehmen wirst.

Die Rechtfertigung beginnt selbstverständlich mit meinem Wandel vom Saulus zum Paulus der Liebe. Der Liebe auf den ersten Blick. Die Geschichte, die Du längst kennst, ich habe sie oft genug erzählt. Aber ich schreibe sie trotzdem noch einmal auf, aus dem gleichen Grund, warum ich nie müde geworden bin, sie zu erzählen. Denn ich habe dabei immer wieder dieses intensive Gefühl der Genugtuung verspürt, dass ich in dem wichtigsten Augenblick meines Lebens nicht versagt habe, dass ich das Glück erkannt und alles getan habe, um es zu ergreifen, festzuhalten. Obwohl ich ja nun keineswegs gute Voraussetzungen dafür hatte. Schließlich habe ich all die Zeit vorher nichts als Hohn und Spott für die armen Irren aufgebracht, die an eine Liebe auf den ersten Blick glauben. Selbst der zweite und dritte Blick schien mir höchst verdächtig, als irrationale Schwärmerei, wie bei den Zuschauerinnen, die sich in meine Stimme und mein Aussehen zu verlieben meinten, obwohl sie mich ja nur von der Leinwand in den verschiedenen und doch immer gleichen Rollen als Liebhaber schöner Frauen kannten. Alles unreife Romantik oder romantische Unreife, so meine eherne Überzeugung. Die jedoch beim Anblick von Pat zerstob wie trockenes Herbstlaub beim ersten stärkeren Windstoß. Die Rache des Schicksals für jahrelange Dummheit und Überheblichkeit. Aber die schönste Form von Rache, die man sich vorstellen kann. Im Bruchteil einer Sekunde wurde ich eines Besseren belehrt. Ich sah Pat und wusste, dass ich verliebt war. Ohne den Schatten eines Zweifels war ich meiner Liebe sicher. Der Liebe zu ihr und nur zu ihr und immer zu ihr. Es war eine Einladung von Robert Kain, zwanglos zu einem Abendessen bei ihm zuhause. Ich hatte informell zugesagt, war mir nicht sicher, ob ich hingehen sollte, da ich auch nicht wusste, wen ich dort antreffen würde. Als ich dann doch eintraf, waren die Gäste schon bei ihren Cocktails. Ich stand auf der Schwelle meines Schicksals und wusste es nicht. Pat und ich hatten sich niemals vorher gesehen, nicht einmal auf der Leinwand. Als ich den Raum betrat, waren wir völlige Fremde – doch im nächsten Augenblick waren wir das genaue Gegenteil, Vertraute, Liebende. Nach zwei Wochen waren wir verlobt, nach drei Monaten verheiratet!

In diesem einen Moment damals waren all meine Sinne aufs höchste angespannt, empfindsam, sonst hätte ich Pat nicht auf der Stelle so vollständig verstanden, in allen Facetten ihrer Person erahnt, ohne mich zu irren. Nicht nur über sie, sondern vor allem auch über mich: sich nicht zu irren! Das ist es wohl, was uns die Liebe zusätzlich und nicht zuletzt schenkt: Selbsterkenntnis. Verbunden mit jener überbordenden Lebensfreude, die mich bedachtsamen, reflektierenden Menschen zu einer bis dahin nie für möglich gehaltenen Spontaneität verführte. Wie bei dem selbst für uns genauso überraschenden, unvorhersehbaren Ereignis der Heirat. An einem Abend, an dem wir eigentlich in *Queen Christina*, Greta Garbos neuem Film, gehen wollten, aber als wir ankamen, war er ausverkauft. Wir standen in der Lobby und fragten uns, was wir nun stattdessen unternehmen könnten. Ich schaute sie an und sagte: ‚Lass uns heiraten! Jetzt sofort!‘ Und wir flogen umgehend nach Yuma, innerhalb einer Stunde waren wir verheiratet, ohne umständliche Formalitäten. Selbstverständlich war das eine Form von Lebensübermut, aber ein Mut, der mich seither an der Seite von Pat nie verlassen hat. Da erscheint es mir nur gerecht, dass mir als Preis für diese Lebensintensität jetzt ohne sie jeder Lebensmut verloren geht. Jeder!

Alle, die mich vorher gekannt – und geliebt – hatten, konnten diesen Lebensübermut nicht verstehen, nicht mit mir und meinem Naturell in Verbindung bringen. Aber sie kannten ja auch – damals – Pat noch nicht. Mein alter Freund Maurice Chevalier wollte anfangs gar nicht glauben, dass die Hochzeit wirklich stattgefunden hatte. Sein Argument war, dass mich in Frankreich alle Frauen bewunderten und ich davon nie berührt gewesen sei. Wieso jetzt und stattdessen diese Faszination für eine Engländerin? Doch die Frage beantwortete sich von selbst, als er Pat kennenlernte und vor allem: unser Glück sah und verstand. Genauso wie es meiner Mutter erging. Zunächst war sie überzeugt, dass ich einen Fehler begangen hatte. Sie fürchtete für uns beide. Doch dann haben wir sie im folgenden Sommer in Paris besucht, und sie hat sofort erkannt, dass diese Ehe wunderbarerweise das absolut Richtige für mich war. Und für Pat ebenso. Die beiden Frauen fanden heraus, dass sie sehr viel Gemeinsames hatten, sie waren kongenial und ebenfalls glücklich miteinander. Meine Mutter liebte Pat, und Pat lernte sehr schnell und gut Französisch zu sprechen. Alles stand seither zum Besten – und wurde nur noch besser. Da sie ebenfalls aus der Filmbranche kam, hatte sie von Anfang an und immer weiter Verständnis für meine Schauspielerei, vor allem auch für die Liebe zum Theater. Genauso wie für die Liebe zu Frankreich. Wir haben all die Jahre abwechselnd in Amerika und in Frankreich gelebt, ich habe Theater- genauso wie Film-Engagements annehmen können, alles ohne dass es unsere Ehe im Geringsten beeinträchtigt hätte. Eine Ehe also, die mir nichts genommen, sondern meinem Leben unendlich Vieles hinzugefügt hat – so wie es das Ideal einer Ehe eigentlich verspricht …

Denn Ehe ist mehr als nur erotische Verzückung, als Rausch und Ekstase, die uns mit 20 in die Arme des geliebten Menschen treibt. Die Liebe entwickelt sich – oder sie stirbt. Sie entwickelt sich zu einem stabileren, ernsteren Gefühl, das entscheidend ist für jede Liebe, wenn sie überdauern soll. Mit 30 gibt es immer noch die erotische Erregung, aber sie muss sich verbinden mit dem Sinn, den man in der Arbeit an einer wertvollen Sache und der Fürsorge für den geliebten Menschen findet. Denn das Wesen der Liebe umfasst immer auch das Opfer, eine Weisheit, die man nicht zuletzt bei den klassischen Romanautoren findet. Reife Menschen haben das Bedürfnis, diejenigen, die sie lieben, zu beschützen, für sie zu sorgen. Das ist die Form der Liebe, die man mit 40 zu erreichen in der Lage ist. Sie verbindet Faszination und Begeisterung für den anderen mit Schutz und Fürsorge für ihn. Wenn die Liebe mit 30 mehr als nur eine flüchtige Leidenschaft war, dann wird sie auch mit 40 noch bestehen, aber indem sie gewachsen ist, vertieft durch ein gegenseitiges Verstehen, das beiden eine große Gelassenheit und Ruhe schenkt. Selbstverständlich ändern, entwickeln sich die Menschen auch nach dem 30sten Lebensjahr noch, aber wenn sie die Jahre gemeinsam – und glücklich – miteinander verbracht haben, dann können sie ein gegenseitiges Verständnis und Vertrauen zueinander aufbauen, das ohne diese gemeinsame Zeit nicht möglich wäre. Und genau das habe ich mit Pat erleben dürfen. Ich hoffe, dass ich meinen Teil dazu beigetragen habe. Vor allem indem ich nicht wie die meisten amerikanischen Ehemänner die Aufmerksamkeit und Zärtlichkeit der ersten romantischen Wochen oder Monate verloren habe. Vielleicht habe ich es da als Franzose leichter gehabt: Franzosen umwerben ihre Frau auch noch, wenn der Honeymoon vorüber ist! Aber natürlich ist genauso wichtig, dass man gemeinsame Interessen hat. Bei uns waren das neben dem Genuss eines guten Weines, für den ich als Franzose selbstverständlich in erster Linie zuständig war, vor allem die Bücher der Weltliteratur. Sich bei einem Glas Rotwein in ein interessantes Buch zu vertiefen, war für uns beide sehr viel faszinierender als der Besuch irgendwelcher Partys, von denen es im Film-Business sowieso zu viele gibt. Dass wir auf diese Weise nichts zu den üblichen Skandal-Geschichten beigetragen haben, hat nicht einmal meiner Karriere geschadet, und unserer Ehe, unserer Liebe schon gar nicht!

So hat sich das Band zwischen uns weitestgehend ungestört vertiefen und verfestigen können. Anfangs waren selbstverständlich auch und gerade die Klatschreporter der festen Überzeugung, dass diese Ehe niemals länger als ein Jahr halten könnte. Und suchten dementsprechend nach Skandalen, die als Anfang vom Ende der Beziehung zu verkaufen waren. Doch als sie nichts fanden, haben sie schnell aufgegeben. Geduld gehört eben nicht zu den Stärken der Klatschpresse. Glücklicherweise. Dadurch konnten wir die Publicity immer den anderen in Hollywood überlassen und uns praktisch unbemerkt auf uns zurückziehen. Nachdem ich nun einmal in Pat die eine große Liebe gefunden hatte, wuchs in mir zunehmend der Wunsch nach einem Zuhause, in das ich nach den nahen und fernen Drehverpflichtungen zurückkehren konnte, ohne auf sie warten zu müssen. Zufällig kam die damalige Entwicklung des Filmgeschäfts meinen Wünschen sehr entgegen. Pat war zu allererst Musical-Darstellerin, aber Musicals waren damals, zumindest bei den Hollywood-Produzenten, nicht übermäßig gefragt, so dass auch die interessanten Filmangebote für sie spärlicher wurden. Vielleicht hat sie bisweilen mit etwas Wehmut darauf reagiert, aber nie mit einer Enttäuschung, durch die unsere Gemeinsamkeit hätte belastet oder sogar eingeschränkt werden können. So war sie in der Lage, mich auch auf meinen Reisen zu begleiten, selbst zu den Drehs in Europa, und auf den privaten Reisen sowieso, die wir zusammen geplant und sogar nach Michaels Geburt unvermindert fortgesetzt haben. Für uns war es das Natürlichste auf der Welt, dass wir alles gemeinsam unternahmen: Ich unsportlicher Mensch habe sogar Tennis und Skifahren gelernt – und es hat mir Spaß gemacht, mit Pat zusammen! Wie du weißt, hieß das nicht, dass wir keine Freunde gehabt hätten. Aber es waren wenige, mit denen uns immer eine sehr persönliche, dauerhafte Beziehung verband, nicht die vielen oberflächlichen Bekanntschaften, für die Hollywood seit jeher bekannt ist. Unter diesen Freunden selbstverständlich vor allem auch Engländer und Franzosen in der Allianz unserer Heimatländer, längst bevor diese Allianz auch politisch durch die Geschehnisse im Zusammenhang mit dem zweiten Weltkrieg unausweichlich wurde.

Erst an unserer unmittelbaren, sofortigen Übereinstimmung in der Einschätzung und Haltung gegenüber Nazi-Deutschland habe ich gemerkt, dass es mir unmöglich gewesen wäre, mit jemandem zusammenzuleben, der eine andere politische Grundhaltung einnähme. Wir waren beide von Beginn an gegenüber der Appeasement-Politik des Münchener Abkommens absolut kritisch und skeptisch eingestellt. Ganz im Gegensatz nicht nur zu dem allgemeinen Klima in Hollywood, sondern auch in der amerikanische Politik generell, die sich in unrealistischer Weise davon eine Besänftigung des Hitler'schen Expansionsstrebens versprach. Unseres Erachtens war es absehbar, dass man damit das Gegenteil erreichen würde: dass er zu weiteren völkerrechtswidrigen Annexionen geradezu ermutigt wurde. Als es dann genauso kam und wir bei Kriegsausbruch 1939 zufällig gerade in Europa waren, hatte Pat vollstes Verständnis dafür, dass ich mich trotz meines Alters verpflichtet fühlte, mich zum Kriegsdienst in der Französischen Armee zu melden. Allerdings war der Beitrag als Verbindungsoffizier im 37. Artillerieregiment doch so marginal, dass ich mich nach drei Monaten gern vom französischen Premier in die USA zurücksenden ließ, um für eine Allianz der USA mit Frankreich und England zu werben, gerade weil dort – für uns unverständlich – der Krieg gegen Hitler praktisch nicht wahrgenommen wurde, sondern stattdessen die euphorische Diskussion um *Vom Winde ver-*

weht das beherrschende Thema war. Immerhin konnten wir auf diese Weise nach unserer Rückkehr mehreren französischen wie englischen Emigranten die Einreise in die USA ermöglichen. Um aber auch das politische Bewusstsein über die gemeinsamen Belange von Amerika und Europa, speziell Frankreich, in den Mittelpunkt zu rücken, war eine umfassendere Dokumentation zu den Kriegswirkungen und gegenseitigen Beziehungen der Länder nötig. Für deren Aufarbeitung habe ich folgerichtig die *French Research Foundation* gegründet und finanziell auf stabile Beine gestellt. In diesem Zusammenhang bedeutete es für uns eine Art von besonderem Erfolg, als wir im Februar 1942 die amerikanische Staatsbürgerschaft erhielten – denn wir hatten vereinbart, sie erst nach dem Kriegseintritt der USA zu beantragen. Noch befriedigender war aber selbstverständlich die Verleihung des Ehren-Oscars 1943 an mich gerade wegen dieses völkerverbindenden Engagements, den ich immer als eine gemeinsame Ehrung für unser beider Aktivitäten, Pats und meinen, empfunden habe.

Doch ein Ereignis hat naturgemäß alles andere, selbst das Kriegsende, überstrahlt: die Geburt von Michael! Nach fast einem Jahrzehnt vergeblichen Hoffens hatten wir überhaupt nicht mehr damit gerechnet, dass Pat noch schwanger werden könnte. Umso größer natürlich die Freude, als es dann doch eintrat – und umso größer auch meine Sorge um ihr und des Babys Wohlergehen, vor wie nach der Geburt. Wenn es noch irgendeiner Erfahrung bedurft hätte, um uns endgültig unzertrennlich zu machen, dann war es diese Elternschaft. Wir haben beide versucht, Michael liebevolle und unterstützende Eltern zu sein, jeder auf seine Weise. Pat fühlte sich ihrem Temperament entsprechend mehr für Lebensfreude zuständig, ich eher für die Bildung. Aber ich war mir des Problems sehr wohl bewusst, dass ich mit 44 bei seiner Geburt ein relativ alter Vater war, zumal bei der elf Jahre jüngeren Mutter. Deshalb, und nur deshalb habe ich zwei Jahre nach Michaels Geburt die Kopfhaarverpflanzung machen lassen. Ich denke, dass ich immer relativ uneitel war. Mein schütter werdendes Haupthaar hatte mich im Privaten bis dahin überhaupt nicht gestört, für die Leinwand waren sowieso immer umfangreiche Visagisten-Arbeiten nötig, das betraf eben auch die Haarpracht. Aber Michael sollte nicht mit dem Gefühl aufwachsen, im Unterschied zu anderen Kindern einen Großvater als Vater zu haben. Eigentlich meine ich, dass uns seine Erziehung ganz gut gelungen ist, zumal wir ihn ab dem dritten Lebensjahr auf alle Reisen mitgenommen haben, nicht nur nach Europa, sondern bis Australien und zu anderen exotischen Reisezielen. Mit ihm gemeinsam haben wir in seinen Jugendjahren, also den späten 1950ern, auch Ischia als faszinierenden Rückzugsort entdeckt. Ich erinnere mich wie heute an gemeinsame Nachmittage, an denen wir das betörende Licht der Insel in eigene zeichnerische Werke einzufangen versucht haben: Pat mit Aquarell-, Michael mit Acryl- und ich mit Ölfarben. Er war eindeutig sportlicher als ich und entwickelte sich nach der Pubertät zu jenem Verführer des weiblichen Geschlechts, der ich nie gewesen bin, im Privaten sowieso nicht, aber nicht einmal trotz des notorisch falschen Images, das die Werbung aufgebaut hatte, auf der Leinwand. Zwar tendierte er beruflich nicht, wie von uns angenommen, zum Film, sondern zum Fernsehen als dem moderneren Medium, aber letztlich war es uns auch recht, und er sollte dafür ebenfalls alle denkbare Unterstützung erhalten. Es war die Tragödie unseres Lebens, dass es dazu nicht mehr kam, weil er sich mit 21 das Leben nahm. Aus verschmähter Liebe. Nach all den eher flüchtigen Beziehungen der Jugendjahre hatte er endlich eine junge Frau fürs Leben gefunden – ich denke, so wie es für mich bei Pat war. Aber sie hat ihn letztlich abgewiesen – und ohne sie wollte er nicht weiterleben. Noch heute bin ich innerlich zerrissen: Ich konnte und kann ihn, wenn ich an Pat denke, so gut verstehen. Und trotzdem bleibt da immer die Frage, ob wir ihm mehr Halt hätten geben können, geben müssen.

Wir haben diese Katastrophe überlebt, aber nur gemeinsam. Die amerikanischen Domizile haben wir aufgegeben, neue in Europa erworben, ohne dass sich das Leben jemals wieder so anfühlte wie vorher. Aber wir haben uns aneinander festgehalten, gegenseitig umsorgt, in der reifsten Form von Glück. Dazu gehörte auch, seit jeher, Pats Sorge um meine Gesundheit, weswegen ich mich 1977 zu diesem Gesundheits-Check in New York überreden ließ, aber nur mit einem parallelen Check auch bei ihr. Du weißt, als mir der Arzt – vertraulich – die Diagnose ihres weit fortgeschrittenen, nicht mehr operablen Gehirntumors mitteilte, habe ich keine Sekunde gezögert: Sie sollte es nie erfahren, sondern die letzten Monate in möglichst unbeschwerter Gemeinsamkeit mit mir erleben. Leben! Und es ist gelungen, nicht zuletzt dank deiner Hilfe, für die mir die angemessenen Dankes-Worte fehlen. Das trockene Arizona-Klima hat ihr gutgetan, zugleich habe ich sie dank deiner Unterstützung und der von anderen Eingeweihten immer wieder überzeugen können, dass ihre körperlichen Beschwerden und Schwächezustände auf eine behandelbare Hepatitis zurückzuführen seien. So dass sie nie die Hoffnung verloren hat, sich nie vom Leben verabschiedet hat, bevor es ihr – und mir – genommen worden ist! Kannst Du verstehen, wie sich der Sinn des Lebens für mich im Laufe der Jahre immer mehr und ausschließlich in der Gemeinsamkeit mit Pat bewahrt hat? Der Sinn, der mit ihrem Tod verloren ist, unwiederbringlich. Ich habe Dir diese Entwicklung so ausführlich aufgeschrieben, weil Du es sein wirst, die mich nach der Trauerfeier für Pat finden wird. Verzeih mir, aber ich musste diese Stunden nutzen, da alle verbliebenen Freunde gehindert waren, mich von meinem Vorhaben abzuhalten … Doch meine Erinnerung an Michaels Tod sagt mir deutlich genug, wie Du Dich bei deiner Rückkehr angesichts meiner Tat fühlen wirst. Aber sei versichert, niemand und nichts hätte mich in diesem Leben halten können. Weil es ohne Pat kein Leben mehr wäre, kein Leben mehr ist! Sie würde es verstehen, das ist das Wichtigste, das Entscheidende. Sag Dir das bitte immer wieder und glaube mir! Lebe Du wohl, bitte! Ich danke Dir! Adieu!

Chr. B.

P.S.: Dieser Brief ist wirklich nur für Dich bestimmt. Wenn Du an dieser Stelle angelangt bist, bitte ich Dich, ihn umgehend zu vernichten. Ich danke Dir!

Lebensdaten

28.08.1899	Geburt als einziges Kind des Kaufmanns Maurice Boyer und seiner Frau Augustine L. Durand in Figeac, Frankreich
1909	Der Vater stirbt an einem Herzinfarkt; die Mutter übernimmt das Geschäft des Ehemanns.
1910	C. B. ist von Film und Theater so begeistert, dass er der Mutter als sicheren Berufswunsch ‚Schauspieler' mitteilt.
1914–1918	Während des ersten Weltkrieges arbeitet er im lokalen Krankenhaus und unterhält die Patienten mit Komik-Sketchen.
1919/20	offiziell Studium der Philosophie an der Sorbonne, de facto Rollenstudium als Vorbereitung auf eine Theaterkarriere; wegen seines guten Gedächtnisses Entdeckung als Ersatz für einen erkrankten Schauspieler
1920–1929	Theaterengagements und gleichzeitig Rollen in mehreren Stummfilmen

1929–1933	erster Vertrag mit MGM für Synchronisation von Filmen für Europa (weil fließend in Französisch, Deutsch, Italienisch, Spanisch); gleichzeitig Erlernen des Englischen mit ersten Nebenrollen in amerikanischen Filmen
14.02.1934	Heirat mit der schottischen Filmschauspielerin Pat (Patricia) Paterson (1910–1978); Kennenlernen vier Wochen vorher durch Vermittlung von Boyers Freund Maurice Chevalier; von C. B. zeitlebens als Paradigma einer ‚Liebe auf den ersten Blick' berichtet; Gegensatz von Glamour-Filmrollen und zurückgezogenem Familienleben; immer abwechselnd ein halbes Jahr in den USA und in Frankreich
1934–42	wegen der tiefen Stimme und den dunklen Augen Etablierung als romantischer Liebhaber; Filme mit allen weiblichen Stars der Zeit: Loretta Young (1934 im Film *Caravan*), Claudette Colbert (1935 *Private Worlds*), Katherine Hepburn (1935 *Break of Hearts*), Marlene Dietrich (1936 *The Garden of Allah*), Greta Garbo (1937 *Conquest*), Hedy Lamarr (1938 *Algiers*), Irene Dunne (1938 *Love Affair*), Bette Davis (1940 *All This, and Heaven Too*), Olivia de Havilland (1941 *Hold Back the Dawn*); 1942 amerikanische Staatsbürgerschaft
1943	im 2. Weltkrieg Verbindungen zur französischen Resistance; Gründung einer *French Research Foundation* zur Förderung des interkulturellen Austauschs zwischen Frankreich und den USA; dafür ein Ehren-Oskar; 09.12.1943 Geburt des Sohnes Michael Charles
1944ff.	Anfänge des Wechsels ins Charakterfach, beginnend mit *Gaslight* (1944 zusammen mit Ingrid Bergmann); Fortführung der Filmtätigkeit bis 1976, unter anderem *Fanny* (1961 mit Leslie Caron), *Barefoot in the Park* (1967 mit Robert Redford u. Jane Fonda) und *A Matter of Time* (1976 mit Ingrid Bergmann u. Liza Minelli); daneben kontinuierliche Theater-Engagements in den USA und Frankreich

1952ff.	zusammen mit David Niven und anderen Gründung der TV-Produktionsgesellschaft *Four Stars Television*; bis 1969 Produktion von Fernsehserien, in denen Niven und Boyer auch selbst mitspielen; großer finanzieller Erfolg
1965	21.09. Suizid des Sohnes Michael Charles durch Erschießen, nachdem ihn seine Freundin verlassen hatte
1977/78	Diagnose eines inoperablen Tumors bei Pat Paterson; C. B. pflegt seine Frau, bis sie am 23.08.1978 stirbt
26.08.1978	Suizid durch Einnahme von Schlaftabletten im Haus von Marjorie Everett, einer gemeinsamen Freundin von Pat und Charles Boyer; Scottsdale, Arizona, USA

6. Präventiv-Suizid
Iris von Roten

(02.04.1917–11.09.1990)

Ganz hat sie die sieben oder sogar neun Leben, die der Volksmund den Katzen zuschreibt, dann doch nicht erreicht. Aber fast. Mit dem auch für sie überraschenden Ergebnis, dass das Malen die Klammer bildet, die alles zusammenhält. Denn wenn sie es recht überlegt, hat sich schon im Malen der Kindheit und Jugend zum ersten Mal dieses Ästhetikbedürfnis gezeigt, das sie zum Überleben braucht wie die Luft zum Atmen. Das Schöne war und ist für sie das Elexier des Lebens, in jedem Moment ihres Daseins, auch wenn es manchmal vielleicht nicht unmittelbar sichtbar war, ja nicht einmal ihr selbst völlig bewusst. Von manchem hat sie sich im Laufe der Zeit verabschieden können, von der Ästhetik als Lebensnotwendigkeit jedoch nicht. Gerade auch im Gegensatz zur Sache der Frau. Über Jahrzehnte hinweg hat auch sie selbst im Streit für diese Sache das Zentrum, wenn nicht den Sinn ihrer Existenz gesehen; und trotzdem hat sie irgendwann feststellen müssen, dass sie alles gesagt und getan hatte, was ihr möglich und unverzichtbar erschienen war. Dass sie ihre Berufung erfüllt und damit abgeschlossen hatte.

Eine Berufung, die sie spätestens während des Jura-Studiums als die ihre erkannt hatte. Und nicht nur weil die Mehrheit der Professoren – selbstredend ausschließlich männlichen Geschlechts – immer noch demonstrativ der Meinung war, dass Frauen eigentlich an der Universität nichts zu suchen hatten. Auf jeden Fall nicht im Jus, dieser Krone des logischen Denkens! Nein, letztlich hatte sie die pure Lebenslust zur Feministin werden lassen. Denn alles, was Lebendigkeit bedeutete, von wilden Abenteuern über lockende Fernen bis zur Freiheit und Unabhängigkeit im Alltag, schien in Wort und Tat den Männern vorbehalten. Erst recht im erotischen Bereich mit dem Privileg des ersten Schritts! Welch eine Ungerechtigkeit – zugleich aber eben auch ästhetisch abstoßend im Ungleichgewicht der Lebensmöglichkeiten. Also hat sie sich daran gewöhnen müssen, mit ihren Bedürfnissen nach Unabhängigkeit und Gleichberechtigung anzuecken, die Männerwelt zu verstören und aufzubringen. Deren überhebliche Reaktion, mitleidiges Lächeln genauso wie konventionelles Übergehen, hat sie allerdings nicht nur irritiert, sondern empört, erbost, erzürnt. Ersichtlich musste man, um wenigstens als Stachel im Fleisch der Selbstherrlichkeit wahrgenommen zu werden, die Verdrehungen und Fehlschlüsse des Denkens mit klaren, besser drastischen Worten benennen, ohne jede konziliante Anpassung, die sowieso nur als Unterwerfung verstanden wurde. Auf diese Weise hatte sie im Studium zumindest die klare, unmissverständliche, polemische Sprache gelernt, die ihr dann in ihrem journalistischen Leben gut zupass gekommen war.

In der Rückschau empfindet sie die Jahre beim ‚Schweizer Frauenblatt' vor allem als Möglichkeit für Schreibübungen zu den zentralen Frauenfragen, die sie später in ‚Frauen im Laufgitter' umfassend entfaltet hat: vom Recht auf eine – gleichwertige – Berufstätigkeit über die erotische Selbstbestimmung bis zur Überwindung der Haushaltsfron und Ausbeutung als Mutter. Da hat es sie umso mehr geschmerzt, dass sich auch der Bund der Schweizerischen Frauenvereine als Herausgeber des ‚Frauenblatts' später von ihrem Haupt- und Lebenswerk distanziert hat, anstatt sie gegen die unseriösen, ja gehässigen Anfeindungen von Seiten des konservativen Maskulinismus in Schutz zu nehmen. Ihr einjähriges Wirken 44/45 als Redakteurin des ‚Frauenblatts' hatte ersichtlich keine langfristige Prägung entfaltet, vor allem hatte sie keine vergleichbar konsequente und streitbare Nachfolgerin gefunden. Glücklicherweise hatte sie das mehr als verschmerzen können, war ihr doch zur gleichen Zeit als ausgleichende Gerechtigkeit Peter begegnet, der sich im Austausch mit ihr zum engagierten Feministen entwickelt hatte – und das, obwohl sie ihm trotz ehrlichen Bemühens bei der komplementären Frage ihrer Konversion zum katholischen Glauben letztlich doch nicht hatte zu Willen sein können. Umso höher musste sie ihm anrechnen, wie er sich damals und seither immer wieder unbeirrt für die Belange der Frauen eingesetzt hat, auch wenn ihnen das vermaledeite Katholizismus-Problem als lebenslanger Zankapfel selbst nach der quasi-ökumenischen Heirat 46 erhalten geblieben ist.

Schließlich hat ihn sein feministisches Engagement sogar den Sitz im Nationalrat gekostet, den er – horribile dictu – für den Kampf um die Einführung des Frauenstimmrechts genutzt hatte. Vor allem mit dem Antrag, das Wahlgesetz ohne Verfassungsänderung zu adaptieren, indem man einfach die Formulierung ‚Mann und Frau' für die Betroffenen und Berechtigten einsetzt. Doch diese Lösung hätte gerade vermieden, dass die eine (männliche) Hälfte des Volkes über die Rechte der anderen (weiblichen) Hälfte abstimmt. Und diese ‚natürliche' Dominanz wollte sich die überwältigende Mehrheit des Nationalrats nicht nehmen lassen, so dass 1951 sowohl die entsprechende Volksabstimmung beschlossen worden war als auch Peter bei den Wahlen zum Nationalrat sein Mandat verloren hatte. Über die – negative – Haltung der Schweizer Männerwelt zum Frauenstimmrecht konnte in den 1950er Jahren nun einmal nicht der geringste Zweifel bestehen – wie im Prinzip zu allen anderen Frauenfragen auch. Es gab also genügend Anlässe und Gründe für den heiligen Zorn, der sich mehr und mehr in ihr aufgestaut hatte, bis hin zu der Energie, die für die Abfassung eines solch umfassenden Werkes wie ‚Frauen im Laufgitter' nötig war. Vielleicht hätte sie für den Entschluss dazu ein paar Jahre länger gebraucht, wenn ihr auf dem Gebiet des Jus irgendein Erfolg vergönnt gewesen wäre. Aber weder das Anwaltsexamen 1946 noch die Promotion fünf Jahre zuvor hatten die Vorurteile der potenziellen Mandanten gegen eine Frau als Juristin auch nur im Geringsten erschüttern können. Auch an ihr selbst hatte die patriarchale Gesellschaft also das Prinzip ‚offene Hochschulen – verschlossene akademische Berufe' ohne Ansehen der Person prozediert. Das hatte sicher nicht zur Besänftigung ihrer Sprache beigetragen – und ihres Denkens schon gar nicht, das sowieso nicht zu beruhigen war. Also statt anwaltlichem Broterwerb jahrelange Recherchen für die ‚offenen Worte zur Stellung der Frau' einschließlich der notwendigen Reisen, etwa in die USA und nach England, für Erfahrungsberichte aus Ländern, die zumindest erste Emanzipationsschritte aufzuweisen hatten. Denn eines sollte dabei von Anfang an nicht herauskommen: eine philosophisch-abstrakte Reflexion wie Beauvoirs ‚Das andere Geschlecht'; nein, es sollte und musste eine dezidiert politisch-ökonomische Analyse mitsamt der soziologisch-psychologischen Fakten werden – und dadurch nicht weniger, sondern noch viel mehr programmatisch, weil umfassender, grundsätzlicher und konstruktiver!

Ein Programm zum Umbau der Gesellschaft, das zumindest haben die aufgebrachten Kritiker richtig erkannt – in deren Augen selbstredend ein umstürzlerischer Niedergang aller Werte. Deshalb hätte es auch nichts genutzt, wenn sie mit dem Werk nicht 1958, sondern erst in den 1960er Jahren herausgekommen wäre. Der Ton wie die Stringenz der Argumentation waren für die reaktionären Verzerrungen des patriarchalischen Denkens einfach zu anspruchsvoll, schlicht überfordernd. Die salbadernden Weiblichkeitsapostel waren und sind mit noch so vielen Fakten zur ungleichen Behandlung von Frauen und Männern z. B. in Bezug auf die Berufstätigkeit nicht zu überzeugen, weil sie diese Ungleichheit gerade wollen, bis in alle Ewigkeit. Dann die Forderung nach ‚freier Liebe', dass die Frau nicht immer abwarten soll, weder auf das erste Wort zu warten verpflichtet sein sollte noch auf den Heiratsantrag, das hat die männlichen Rezensenten förmlich in Panik gestürzt, weil sie ohne dieses ‚Privileg des ersten Schritts' quasi nackt daständen, einem Wettbewerb ausgesetzt, der bisher nur die Frauen trifft. Noch unbegreiflicher war ihnen aber die Kritik an der Ablehnung von Abtreibungen, an dieser ‚Entrechtung der Frau bis in die Eingeweide', die im Namen eines vorgeblich göttlichen Willens betrieben wird und daher scheinbar zu den übelsten Ausfällen berechtigt. Vielleicht gerade, weil sie hier wie an anderen Punkten die mangelnde argumentative Stringenz der reaktionären Position herausgearbeitet hat: dass nämlich bei der Verdammung der Abtreibung dem ‚nasciturus' einerseits der Status als Person zugeschrieben wird. Was aber andererseits beim Erbrecht, wenn es unglücklicherweise zu einer Totgeburt kommt, überhaupt keine Rolle mehr spielt. Denn dass die Mutter gegebenenfalls von ihrem ‚ungeborenen Leben' geerbt haben könnte, wird nicht einmal als Möglichkeit in Betracht gezogen. Doch außer dem Wetterleuchten der hämisch-anmaßenden Verrisse hat das Werk, daran gibt es nichts zu rütteln, nicht die erhoffte Wirkung entwickelt, nicht einmal bei der weiblichen Jugend die eigentlich erwartbare Rezeption erreicht. So hat sie sich, als das Referendum vom Februar 1959 zum Frauenstimmrecht mit der absehbaren Ablehnung durch die allein stimmberechtigten Männer geendet hat, verpflichtet gefühlt, noch einmal ihre Stimme zu erheben. Doch ihr Frauenstimmrechts-Brevier mit dem geschichtlichen Überblick wie dem Zukunftsprogramm zur politischen Gleichberechtigung der Frau war dann zugleich ihr – publizistischer – Abschied von der Frauenfrage. Sie hatte alles mit den aus ihrer Sicht besten Argumenten gesagt, nun musste die

Geschichte erweisen, ob es irgendwann doch noch zum Umbau der Gesellschaft kommen würde – in ferner Zukunft vielleicht. Zweifellos noch ein weiter Weg, daran konnten selbst kleinere Etappenerfolge wie die schließliche Einführung des Frauenstimmrechts zwölf Jahre später nichts ändern: überfällig eben und kein Grund zur Euphorie, auf jeden Fall auch keineswegs zur Wiederaufnahme des schriftstellerischen Kampfes. Der lag hinter ihr.

Schließlich gab es durchaus auch andere lohnende Sujets für ihre Schreibenergie, vor allem in Verbindung mit ihrer Reiselust. Jener Lust, die sie besonders in der zweiten Lebenshälfte nicht hat ruhen lassen, mit dem Höhepunkt der Türkei-Reise und dem Bericht darüber. Abenteuerlich, nicht nur, aber mehrfach verstärkt, weil sie allein unterwegs war, und das in dieser immer noch orientalisch-patriarchalischen Welt. Also haben gerade die Frauen, wenn sie irgendwo ein Haus betrat, schrill nach ihrem ‚Husband, Husband' gefragt. Und jede Erklärung steigerte nur das Geschrei, weil sie für türkische Ohren genauso unverständlich war, als hätte man ‚Apakadraba' oder irgendein anderes sinnloses Wort geäußert. Selbstverständlich hat sie auch auf dieser Reise die Frauenfrage verfolgt, hat sie die übliche Vermummung der Frauen als ambulanten Harem kritisiert, als Ausdruck des sexuellen Besitzanspruchs der Männer. Aber es war nicht das zentrale Thema ihres Reiseberichts. Nein, sie hat fair und höchlichst beeindruckt die unglaubliche Gastfreundschaft mit beredten Beispielen beschrieben: weil man Unfreundlichkeit gegenüber Fremden dort für unter seiner Würde hält. Zugleich hat sie allerdings auch die Negativa wie die Bakschisch-Mentalität und den ‚Yok'-Geist geschildert, die Zuflucht zum unaufhebbaren ‚Nein', wenn man zu irgendetwas keine Lust hat. Und trotzdem dann auch wieder die eindrucksvollen Tugenden der Höflichkeit, Freigiebigkeit und Großmut, die sofort nach Verlassen des Landes eine Art Heimweh haben entstehen lassen. Bei all den intensiven Erlebnissen war die Abfassung des Manuskripts wahrlich keine Fron gewesen, ganz im Gegensatz zur Verlagssuche. Bereits ein Jahr nach der Reise, 1961, hatte sie, noch mit naiver Zuversicht, das Werk dem ersten Verlag angeboten, dessen Absage sich dann in den nächsten vier Jahren permanent wiederholte. Dass das Buch schließlich 1965 doch noch erschienen war, konnte sie auch nicht mehr versöhnen, ihre Reiselust war weiterhin ungebrochen, aber nur noch ohne die Belastung irgendwelcher Publikationspläne.

Doch eine Existenz ganz ohne Produktivität war ihr genauso wenig möglich. So hatte sich die Ästhetik, dieser immer schon vorhandene Lebensgrund, wieder in den Vordergrund geschoben und war zunehmend zum zentralen Zuhause geworden. Sie hätte auch gerne wieder beruflich darauf zurückgegriffen wie Anfang der 1950er, als sie in der Werbung für Damenkonfektion tätig war. Damals von manchen mit Unverständnis quittiert, aber sie hatte sowieso nie begriffen, warum man in Sack und Asche gehen sollte, wenn man für die Emanzipation der Frau stritt. Was gewinnt die Moral, wenn man sie mit mangelnder Ästhetik kombiniert? Doch der Wiedereinstieg in diese Berufssparte hatte sich als nicht realisierbar erwiesen. Oder sie hatte das Projekt nicht mit der nötigen Energie betrieben, weil ihr zwischenzeitlich die Malerei viel wichtiger geworden war. Die Schönheit der Natur in eigenen Bildern festzuhalten, vor allem die der Blumen als Inkarnation des Formvollendeten, bedeutete ihr Lebensintensität und existenzielle Ruhe zugleich, ein Widerschein des Göttlichen. Wenn schon Pantheismus, dann war ihr der Pantheismus des alten Goethe am liebsten. Doch selbst dieses – sechste – Leben wird ihr nun zunehmend durch die Gebrechen des Alters verwehrt. Ihr Plan, mit einer Ausstellung von 100 Ölgemälden an die Öffentlichkeit zu treten, wird sich wohl nicht mehr realisieren lassen. Mit den arthritischen Schmerzen, die sie an den früheren genussvollen Spaziergängen hindern, hätte sie sich vielleicht noch abfinden können – eine Einschränkung, aber kein unausweichlicher Zerfall von Lebensqualität. Doch die Probleme mit den Augen, das dauernde Brennen, der Schwund der Sehstärke, auch durch die Star-Operation nicht aufgehalten, das alles wird auf die Dauer nicht nur das geliebte Lesen, sondern auch jegliches sinnvolle Malen unmöglich machen. Krankheiten, Schmerzen, Beeinträchtigungen, an denen man nicht stirbt, aber nach und nach zugrunde geht. Die zu einem bloßen Existieren führen, das die Bezeichnung ‚Leben' nicht verdient. Zu einer Auflösung der Persönlichkeit, die schleichend, aber unaufhaltsam das Zentrum ihrer Existenz, den Sinn ihres Lebens zerstört. Davor wird sie sich – und Peter – unbedingt bewahren. Sie hat immer die Position vertreten, dass man sich auch rechtzeitig vom Tisch des Lebens erheben muss, so wie ein Gast wissen muss, wann es Zeit ist zu gehen. Warum sollte sie jetzt länger ausharren, als es für sie und ihre sieben Leben Sinn macht?

Denn unversehens ist ihr nun doch noch in paradoxer Weise ein weiteres Leben zugewachsen: der Kampf um den freiwilligen Tod nämlich, der wie so vieles in dieser rückständigen Gesellschaft mit dem Makel der moralischen Unzulässigkeit behaftet (worden!) ist. Zu Unrecht! Ein Unrecht, das den an sich schweren und vor allem schwer durchführbaren Entschluss noch schwerer macht. Selbst eine noch so systematische Lektüre einschlägiger Werke hat keine sichere Methode der Selbsttötung erkennbar werden lassen, es sei denn eine medizinische, zu der es aber die Unterstützung von ärztlicher Seite bedarf. Doch das Bemühen um eine solche Unterstützung hat nur Moralpredigten über den vorgeblichen Gewinn eines Ausharrens im Leiden ergeben – unerwünschte Belehrungen, die sie auch noch vergüten sollte. Zwar lehnen die Sterbehilfe-Organisationen in der Schweiz wie in Deutschland diesen Unsinn ab, aber sie haben gleichwohl doch nicht den Mut, für eine aktive Sterbehilfe einzutreten; außerdem setzen sie eine unausweichlich zum Tod führende Erkrankung für ihre Beihilfe voraus. Wieder einmal steht sie allein und muss das Problem, mit Würde und Stil selbstbestimmt zu sterben, aus eigener Kraft lösen. Auch Peter ist wegen seines katholischen Glaubens keine Hilfe, im Gegenteil, sie wird für seine juristische Sicherheit sorgen müssen: dass ihm keine unberechtigte Verantwortung zugeschoben wird. Doch warum sollte sie anders sterben als sie gelebt hat: als Einzelkämpferin mit Fürsorge für die Anderen?

Er hat damit rechnen müssen, schließlich hat sie ihr Vorhaben vor ihm nicht verheimlicht. Obwohl er diesen Entschluss nicht gutheißen, ja nicht einmal wirklich verstehen konnte. Vielleicht hat er deshalb nicht bemerkt, dass ihr gemeinsames Frühstück heute Morgen ein Abschied war. Von ihr aus. Wie immer hat sie auch in dieser letzten Frage ihren Kopf durchgesetzt. Ihren Stil beibehalten. Nicht zuletzt, indem sie vorher sogar offen über die für sie einzig sichere Methode, das Erhängen und seine Anforderungen, diskutiert hat. Es war unausweichlich: Irgendwann würde er sie so vorfinden, die Füße nur ein kleines Stück über dem Kelim-bedeckten Boden schwebend. Das perfekt geordnete Haar, ihr schönes, grünes Seidenkleid – sie ist auch im Tod noch ganz sie selbst. Mit Würde. Und mit einem Abschiedsbrief, wie könnte es anders sein:

> *Erklärung für den Fall der Selbsttötung:*
> *Wenn jemand sich umbringt, wird immer gefragt: Warum?*
> *Darum: Vor allem die vage mit Sjögrensyndrom erfasste Erkrankung der Augen bzw. der Tränenkomposition, welche ein pausenloses Brennen, Stechen und Kitzeln in den Augen mit sich bringt, ist fast unerträglich. Dies umso mehr, als das Sehen durch die Staroperation weiter verunsichert ist.*
> *Auch die gleichzeitig wachsende Schwerhörigkeit, das Austrocknen der Lippen, der Speichelmangel gehen wahrscheinlich auf dieselbe Störung zurück. Ihre Ursache sehe ich in der während eines halben Jahrhunderts täglichen Einnahme*

von Anti-Histaminika, um die Symptome einer quälenden Allergie gegenüber Haushaltsstaub zu beheben.
Hinzu kommen die Integritätsstörungen des durch einen Autounfall gebrochenen rechten Beines, die erwähnte Schwerhörigkeit und die Arthrose der kleinen Gelenke. Außerdem besteht eine Cox-Arthrose und seit drei Jahren ein ständig vorhandener und zunehmender Schmerz – er wurde erfolglos behandelt – im Unterbauch-Kreuz auf der linken Seite.

Jetzt wird er doch noch von seinen Gefühlen übermannt. Es ist so gar nicht typisch für sie, diese Aufzählung ihrer Leidenslitanei. Einzig und allein zu seinem Schutz, damit er das Schreiben bei der unvermeidlichen kriminalpolizeilichen Untersuchung vorlegen kann …

Alles wird von der seit dreißig Jahren verschärften Schlaflosigkeit begleitet. Es reicht. Ich bringe mich um.
Ich möchte noch dem Wunsch Ausdruck geben, daß keine Obduktion bzw. Autopsie und dergleichen stattfindet, wozu meines Erachtens dank dem vorliegenden Schreiben kein rechtlicher Grund besteht. Wie dem auch sei, jedenfalls dürfen keine Teile von der Leiche weggenommen werden. Die Kremation soll vollumfänglich stattfinden.

Von sich selbst im Vorhinein als Leiche zu sprechen! Kann es mehr Realitätssinn geben, mehr Ernsthaftigkeit des Todeswunsches? Ist es da nicht geradezu seine Pflicht, nur Bewunderung und Dankbarkeit zu fühlen, dass ihr die Selbsttötung, die sie gewollt und geplant hat, so gut gelungen ist? Dass sie sich ihre Würde, die Konsequenz ihres Denkens, Fühlens und Handelns, bewahrt hat, gerade auch in diesem letzten Schritt? Sie hat ihn mit allem ausgestattet, auf dass er auch den letzten Willen der nun Toten würde erfüllen können. Also wird es so geschehen!

Lebensdaten

02.04.1917	Geburt als Iris Meyer in Basel; Mutter Berta Meyer-Huber, Vater Johann Walter Meyer

1918/1921	Geburt von Bruder Manfred/Schwester Sylvia
1936	Matura an der Höheren Töchterschule in Zürich; Beginn des Jura-Studiums
1941	Promotion zum Dr. jur.
1943/44	Alleinverantwortliche Redakteurin des ‚Schweizer Frauenblatt'
1945	Verlobung mit Peter von Roten; Vorbereitung auf die Anwaltsprüfung
1946	Anwaltsexamen; Heirat mit Peter von Roten
1947/48	Studienaufenthalte in England/USA
1950	Leiterin der Reklameabteilung von Hanro (Damenwäsche)
1951	Arbeit am Hauptwerk ‚Frauen im Laufgitter'; Peter von Roten wird nicht als Nationalrat wiedergewählt
1952	Geburt von Tochter Hortensia
1958	Publikation von ‚Frauen im Laufgitter'; lautstarke konservative Verrisse
1959	Publikation des ‚Frauenstimmrechts-Brevier'
1960	Türkeireise (halbes Jahr) mit Publikationsplan eines Reiseberichts
1962–65	Einreichung des Manuskripts ‚Vom Bosporus zum Euphrat'; mehrfache Verlagsablehnungen; schließlich Erscheinen (mit Kürzungen) im Goverts-Verlag
1969	Neben privater Reisetätigkeit Zuwendung zur Malerei
1971	Streitgespräch mit Esther Vilar
1972ff.	Malerei; noch einige Reisen
1988	Verletzung durch einen Geisterfahrer auf der Autobahn
1989	Entschluss zum Suizid; systematische Suche nach der sichersten Methode
11.09.1990	Suizid durch Erhängen in der Wohnung in Basel

7. Bilanz-Suizid
Mellie Beese

(13.09.1886–21.12.1925)

Ihre persönliche Seefahrt ist nun einmal das Fliegen und bezeichnenderweise hat sie das gerade in Schweden begriffen durch die Faszination des Segelns nicht einmal in erster Linie beim Hochseesegeln das die Freiheit des Blicks bis zum Horizont schenkt und die atemberaubende Kraft des Windes ja aber den Rausch der Geschwindigkeit hat sie erst beim Eissegeln erfahren mit Thomas dem grandiosen Ingenieur der die Kufen ihrer Eisyacht mit mehr als 50 Stundenkilometern über die zugefrorenen Seen gleiten nein schweben ließ ein unwiderstehlicher Sog in die Schwerelosigkeit hinein als Vorahnung der grenzenlosen Weite und Ungebundenheit des Fliegens das sich neben dem Studium der Bildhauerei immer mehr als Lebensziel in den Vordergrund geschoben hatte obwohl sie den künstlerischen Ausdruck sehr wohl auch als Lebensintensität erlebt hatte als Erfolgsgeschichte bis hin zur Ausstellungsbeteiligung 1909 in Stockholm aber danach war ihr Ehrgeiz als Künstlerin befriedigt und erloschen oder nein besser er hatte sich ein neues Betätigungsfeld gesucht von dem sie anfangs gedacht hatte sie könne es mit der bildnerischen Kunst verbinden so wie es doch auch Leonardo vorgelebt hatte diese Verbindung von Kunst und Technik aber ihre Kunst bestand mehr und mehr in der Faszination auch für die Konstruktion von Booten und Fluggeräten um die Technik nicht nur zu durchschauen sondern zu beherrschen so dass die Rückkehr nach Dresden im folgenden Jahr geradezu unvermeidlich war weil sie dort am Technikum Vorlesungen besuchen konnte gegen alle Widerstände die gerade auf technischen Gebieten den Frauen entgegenstanden und das obwohl sie als Gasthörerin nach kurzer Zeit schon mehr von Schiffsbau und Flugmechanik verstand als mancher der sogenannten ordentlichen männlichen Studenten dieses Selbstbewusstsein hatte sie sich von Anfang an durch die negativen Vorurteile der Männerwelt nicht abkaufen lassen weder durch die Kommilitonen noch durch die Professoren was sie letztlich gut als Vorübung für alle folgenden Kämpfe hatte gebrauchen können für das Kämpfen das sie doch immer wieder mit aller menschenmöglichen Energie aufgenommen und auch bestanden hatte – das kann sie doch auf jeden Fall für sich in Anspruch nehmen obwohl sie jetzt am Ende ihres Weges steht ohne jede weitere Möglichkeit zum Fliegen dem all ihre Kraft und Energie gegolten hat von der ersten

Minute in Johannisthal an unbeirrt und unerschütterlich auch wenn es zuerst ein fast unerträgliches Geduldsspiel war zunächst dass sie überhaupt jemanden fand der sie zu unterrichten bereit war und dann dass sie auch ins Fluggerät hineinkam denn das Prinzip mit den Nummern für die Reihenfolge der Flugschüler sollte eigentlich Gerechtigkeit für die wenigen windstillen Stunden als Bedingung für den Unterricht garantieren aber die männliche Übermacht gefiel sich wieder und wieder darin die Nummer der weiblichen Konkurrentin zu überspringen so dass sie den größten Teil des Jahres 1910 in den Werkstattschuppen mit der Arbeit an den Maschinen zubringen musste was ihr allerdings neben dem guten Verhältnis zu den Monteuren auch sichere Kenntnisse in der Technik und Reparatur der Äroplane eingebracht hatte und nicht zuletzt die lebenslange Freundschaft zu Ludwig diesem begnadeten Techniker der ihr auch noch in den letzten Phasen ihrer Flugbootkonstruktion zur Seite gestanden hatte ein Garant für den handwerklichen Erfolg der auch sicher eingetreten wäre wenn die Zeitläufte nicht alles zerschlagen hätten einschließlich ihres schließlich doch siegreichen Kampfes gegen den männlichen Neid und die Konkurrenzängste die nicht einmal versiegt waren als sie sich bei einer Bruchlandung ihres ersten Lehrers Thelen neben Rippenbrüchen auch einen fünffachen Beinbruch zugezogen hatte und Thelen obwohl es eindeutig an einer Materialermüdung des Motors lag in einer merkwürdigen Form von Aberglauben die Schuld bei ihr suchte und sie an die Rumpler-Werke zur weiteren Schulung abschob wo das alte Spiel der Benachteiligung von vorne und mit noch härteren Bandagen begann wurden doch ihre Versuche die Pilotenprüfung zu absolvieren systematisch sabotiert vom Einbau verrußter Zündkerzen bis zum weitgehenden Entleeren des Benzintanks eine Niedertracht die sie zwischen Flugkameraden nie für möglich gehalten hätte so dass sie einige Zeit gebraucht hatte um die Strategie zu erkennen aber als sie es durchschaut hatte war die Konsequenz klar nämlich die Prüfung zu einer so frühen Tageszeit abzulegen dass das Flugfeld noch so gut wie verwaist war was ihr mit einem gewissen Spott auch demonstrativ genau an ihrem 25. Geburtstag dem 13.09.1911 gelungen war dem Datum das neben der Nummer 115 auf ihrem Pilotenschein stand wobei jedoch die unsichtbare nur den Eingeweihten bewusste Zahl noch viel wichtiger war: die erste Frau in Deutschland mit einer Fluglizenz …

Vielleicht hat sie im Überschwang der Gefühle damals gedacht dass damit der Kampf gegen die männliche Ignoranz hinter ihr lag aber nur für einen kurzen Moment weil ihr eigentlich immer bewusst gewesen war dass jeder ihrer Erfolge eine Gefahr für den Nimbus der Männer als todesmutige Helden der Lüfte darstellen musste Held*innen* waren einfach nicht vorgesehen nicht gewünscht von manchen sogar gehasst denn wie anders war es zu erklären auf welch infame Art ihre Teilnahme an der Herbstflugwoche in Johannisthal hintertrieben worden war zunächst mit dem Versuch eines Boykotts anderer Teilnehmer wenn eine Frau zugelassen würde und dann nachdem von Tschudi als Flughafendirektor ihren Einsatz erzwungen hatte mit der üblen Intrige dass ihr die Rumpler-Werke am fünften Tag einfach das Flugzeug mit der vorgeschobenen Begründung entzogen hatten das Wetter sei zu stürmisch für eine Frau natürlich nur für eine Frau nicht für die Männer so dass sie auf den fünften Platz zurückfiel und damit den zweiten Platz verlor den sie nach dem vierten Tag des Wettbewerbs erobert hatte wohl zu ehrenrührig für die geballte Männermacht zumal sie dabei auch noch den Dauerweltrekord für Pilotinnen gebrochen hatte genauso wie den Höhenweltrekord mit Passagier da half nur noch sie am Fliegen zu hindern was dann in der Presse auch prompt mit dem hämischen Kommentar aufgenommen wurde dass Frauen eben nur als Schönwetter-Pilotinnen brauchbar seien doch all diese Ungerechtigkeiten hatten sie nur in dem Vorhaben bestärkt sich unabhängig zu machen und zwar mit einer eigenen Flugschule denn Flugschüler gab es immer noch übergenug und mit jedem Erfolg der Aviatik wuchs ihre Zahl die aber bei den einschlägigen Flugzeugbauern wie etwa den Rumpler-Werken mit deren Weiterentwicklung der Etrich-Taube als Schulflugzeug nur ein geduldetes Dasein fristeten ohne jede systematische Konzeption die allein aus einer sinnvollen Verbindung von praktischem und theoretischen Unterricht bestehen konnte wobei sie erst mit ihrer Schule 1912 die theoretischen Stunden systematisch integriert hatte indem sie einerseits nur eine beschränkte Anzahl von Schülern aufnahm und andererseits drei Piloten und drei Flugzeuge zur Verfügung stellte so dass der ansonsten überall eingerissene Übelstand entfiel dass Schüler Wochen und Monate auf dem Flugplatz zubrachten ohne überhaupt zum Fliegen zu kommen wie sie es hatte erdulden müssen das hatte sie keinem ihrer Schüler zugemutet und nachdem sich diese Information schnell herumgesprochen hatte war der Ansturm der potenziellen Schüler noch angewachsen so dass sie die Aufnahme hatte begrenzen müssen damit auch wirklich alle in den unvermeidlichen witterungsbedingten Ruhepausen des Flugbetriebs nicht nur die theoretischen Unterweisungen besuchen sondern auch die praktischen Erfahrungen im technisch-handwerklichen Arbeiten an den Flugzeugen erwerben konnten bei denen sie anfangs noch selbst Unterrichtsstunden übernommen hatte die sie dann aber immer mehr den beiden Kollegen Reichelt und Charles Boutard überlassen musste weil sie für allen Schreibkram zuständig war vom Einkauf der Ersatzteile über die Rechnungen für die Schüler bis zu notwendigen Genehmigungen Steuererklärungen Werbemaßnahmen und überhaupt die ganze Buchhaltung das fraß nicht nur Energie sondern auch Zeit wo sie doch nebenbei noch an der Hauptsache saß an ihrem Traum seit der Studienzeit in Dresden: der Konstruktion eines Flugboots das nicht mehr auf die viel zu wenigen Flugplätze angewiesen wäre und sich auch für den Postdienst viel besser eignen würde für diese gerade beginnende und in Zukunft sicher immer wichtiger werdende zivile Nutzung an der allerdings das Kriegsministerium naturgemäß keinerlei Interesse zeigte so dass sie auch damit keine Aufträge zur Serienproduktion erhalten würde was sie nicht einmal mit den Konstruktionsverbesserungen der Rumpler-Taube erreicht hatte obwohl ihre Version der MB-Taube nach allgemeiner Einschätzung sehr viel leichter zu fliegen war wie sie es eben für ihre Schüler brauchte und wie es eigentlich auch bei einem militärischen Einsatz höchst nützlich gewesen wäre aber das Ministerium hatte nun einmal die Entwicklung der Aviatik viel zu lange verschlafen und setzte nun auf die Massenproduktion der Rumpler-Werke und ihrer Konkurrenten was zumindest die positive Konsequenz hatte dass sie auf diese Weise immer noch nebenbei Zeit für die Konstruktionsarbeit an ihrem Flugboot finden konnte eine Zeit die sie nicht zuletzt auch dem rastlosen Charles verdankte der Tag für Tag mehr in der Luft als auf dem Boden war so dass er auch von den Schülern den respektvollen Beinamen ‚der unermüdliche Boutard' erhielt und obwohl sie sich kaum sahen war ihre Verbundenheit von Tag zu Tag gewachsen weit hinaus über die erste Nähe als sie ihn am Krankenlager besucht hatte um ihn in der Zuversicht zu bestärken dass sein völlig zerschmettertes Bein wieder zusammenwachsen würde dass er diese Ungerechtigkeit des Schicksals überwinden konnte die Ungerechtigkeit dass gerade ihm der in der Luft kein unnötiges Risiko einging auf dem Boden durch eine gerissene Motorkette der Unterschenkel zerfetzt worden war aber zum Glück im Unglück oder war es schon der Anfang einer ausgleichenden Gerechtigkeit hatte er einen Chirurgen gefunden der anders als alle anderen Kollegen von der Operierbarkeit der vielfältigen Brüche überzeugt war und letztlich auch Erfolg gehabt hatte sicher nicht zuletzt durch die unglaubliche Unverzagtheit des Patienten die sie nicht nur beeindruckt sondern geradezu gerührt hatte wie sein beharrliches Werben in der Zeit danach als aus Charles ihr geliebter Charlot wurde dem sie von sich aus versichern musste dass sie trotz aller Zeitnot einer Heirat nicht abgeneigt wäre …

Als nach monatelangem Hin und Her Ende 1912 endlich die notwendigen Papiere aus Frankreich besorgt waren schien der Weg frei für die Erfüllung ihres Lebenstraums mit der Heirat am 25.01.1913 als Startschuss zum Bau des in der Konstruktion bereits fertigen Flugboots das trotz aller Belastung durch die Flugschule tatsächlich Stück für Stück heranwuchs wie ein Kind das zu den schönsten Hoffnungen Anlass gab schließlich hatte sie nach dem Patent für die Taube-Verbesserungen auch für die Flugboot-Konstruktion ein umfassendes Patent erhalten für den Bootsrumpf als reinem Schwimmer in dem alle Teile vom Motor über den Passagier- und Führersitz bis zum Getriebe untergebracht waren aber auch für die mit einer Mittelreihe von starken Streben versteiften Doppeldeckerflächen die allerdings in der Ausführung so aufwendig waren dass sie den Termin für den ‚Stapellauf' immer wieder hatten verschieben müssen doch den Wettbewerb im August 1914 hätten sie mit Sicherheit erreicht und damit den größten Erfolg ihrer fliegerischen Laufbahn – wenn nicht auf einmal durch diesen verfluchten irrsinnigen Krieg alles zerstört worden wäre alles aber wirklich auch alles er hatte sie ins absolute Nichts gestürzt die Flugschule von den Behörden geschlossen alle Maschinen konfisziert das Flugboot zerschlagen einzig und allein wegen dieser sinnlosen sogenannten Erzfeindschaft zu Frankreich wo doch die Gemeinschaft der Aviatiker bei allem sportlichen Wettstreit von der ersten Minute an eine verschworene Kameradschaft gewesen war weswegen sie in der mit der Heirat verbundenen französischen Staatsbürgerschaft kein Problem gesehen hatte aber selbst wenn sie die daraus erwachsenden Schwierigkeiten vorhergesehen hätte sie hätte sich doch niemals zu einer Lebensentscheidung zwingen lassen die nicht ihrem Herzen entsprach für das es nun einmal überhaupt keine Rolle spielte ob Charlot Franzose war oder nicht das konnte sie nicht im geringsten beirren so wie sie das Fliegen als einzige ihr gemäße Lebensform gegen alle Widerstände durchgesetzt hatte man musste sich treu bleiben auch wenn das vielleicht den Untergang bedeutete bei ihnen den Untergang der mit der Verhaftung Charlots begonnen hatte obwohl sie sich auch dagegen mit aller Kraft gewehrt hatte wenn auch letztlich vergebens wie sie jetzt weiß doch was hatte sie nicht alles für Eingaben gegen Charlots Internierung in Holzminden eingereicht sogar durchaus mit dem Erfolg seiner Freilassung was sich aber als typischer Pyrrhus-Sieg erwies weil der gemeinsame Arrest in Wittstock nicht nur dazu geführt hatte dass sie sich bei ihm mit der in der Haft entwickelten Tuberkulose angesteckt hatte sondern das gemeinsame Leiden war auch der Beginn der gegenseitigen Erschöpfung obwohl sie auch hier alles unternommen hatten um ihre Verbundenheit ihren Lebensplan zu erhalten indem sie nach Kriegsende gleich wieder nach Johannisthal zurückgekehrt waren aber ohne jede Möglichkeit ihre Schule unmittelbar wieder aufzubauen dazu brauchte es finanzielle Mittel die ihnen durchaus als Entschädigung für die Enteignung zustanden so versicherten die Anwälte die sie konsultierten aber dazu waren Anträge Begründungen Schriftsätze nötig immer wieder neu immer wieder von den Anwälten vertröstet die sich als Ausdruck ihrer Zuversicht schon einmal beachtliche Teile des zu erwartenden Geldes als Honorar überschreiben ließen so dass schlussendlich von der doch noch erhaltenen Entschädigung überhaupt nicht genug übriggeblieben war um die Schule wieder aufzubauen oder auch nur ein einziges Flugzeug zu bauen vielleicht für einen Postbetrieb oder irgendeine andere Möglichkeit die es erlaubt hätte wieder in einen Flugbetrieb einzusteigen sie hätten jede sich bietende Gelegenheit genutzt die aber allesamt irgendwelche Finanzierungen voraussetzten ein Teufelskreis den sie mit ihrer Beteiligung an einer Autofirma zu durchbrechen versucht hatte nur um auch den spärlichen Rest ihrer Mittel zu verlieren denn die Inflation der 1920er Jahre ließ eine Firma nach der anderen eingehen zumindest soweit es sich um zivile Unternehmungen handelte doch die Alternative wäre nur gewesen sich mit irgendwelchen Kriegsgewinnlern zusammen zu tun und hätte sie diesen Preis zahlen sollen um das Fliegen als Lebenstraum behalten zu können?

Nein und tausendmal nein auch hier hatte sie sich treu bleiben müssen sonst wäre alles ein Albtraum geworden obwohl sie jetzt feststellen muss dass sie dem Albtraum trotzdem nicht entronnen ist nicht einmal mit dem letzten verzweifelten und deshalb umso wagemutigeren Plan einer Weltumrundung mit zwei Flugzeugen den sie mit Charlot bis in alle Einzelheiten vorbereitet hatte einschließlich der Schiffspassagen über die Ozeane aber über Land hätten sie alle Rekorde gebrochen es war auch an diesem Punkt wieder nur eine Frage des Geldes um das sie noch einmal mit allem Einsatz von Ideen und Energie gekämpft hatte schließlich hatte sie von den Fokker-Werken sogar eine ausgediente Kriegsmaschine zur Verfügung gestellt bekommen und eine Filmgesellschaft zu einer Dokumentation über das Unternehmen bewegen können was ihr die Anzahlung einer zweiten Maschine ermöglichte doch am Ende brauchte es eine Restfinanzierung von der Bank den diese verweigert hatte der Name Beese war im Hurrapatriotismus der Kriegsflieger Udet und wie sie alle heißen untergegangen in Vergessenheit geraten so dass wem genommen worden war dem wurde weiter genommen Unrecht pflanzte sich immer weiter fort unaufhaltsam da hatte sie keine Chance gehabt so sehr sie sich auch dagegen stemmte das

Unheil hatte seinen Lauf genommen bis hin zu der Bruchlandung beim Übungsflug für die Erneuerung des Pilotenscheins die das letzte Flugzeug zerstörte das ihr jemand anzuvertrauen gewillt gewesen war und in Zukunft sein würde so dass damit auch die Hoffnung verloren war sich noch einmal fliegend von der Erdenschwere zu lösen in diese Freiheit und Leichtigkeit die einzig und allein Lebendigkeit bedeutete für sie zumindest einzig und allein …

Charlot wusste dass sie ihm keine Schuld gab wie hätte sie es auch rechtfertigen sollen vor sich und ihm gegenüber der doppelt bezahlt gelitten hatte sowohl durch die Internierung und den Arrest während des Krieges in Deutschland und dann auch noch nach dem Krieg durch den Prozess vor dem Kriegsgericht in Frankreich das ihn zwar freigesprochen hatte denn natürlich war er kein Verräter am französischen Volk gewesen sondern nur ein Mitglied der allumspannenden internationalen Fliegergemeinschaft die aber wie alles durch diesen Krieg auseinandergerissen worden war was letztlich auch für ihre Ehe galt nur die Kameradschaft hatte sich nicht aufgelöst deshalb hätten sie die Weltumrundung auch in alter Eintracht bis zum Ende durchgestanden erfolgreich bewältigt und genossen dazu brauchte es an Liebe nur die zum Fliegen und das war die einzige Liebe die ihr geblieben war die von Anfang an vielleicht sogar immer ihre einzige war dieser zentrale Sinn des Lebens der jetzt erschöpft war ohne dass sie etwas daran ändern konnte sie hatte keine Kraft mehr aber nicht weil all die Enttäuschungen und Misserfolge sie völlig ausgelaugt hätten nein sie ist sich sicher wenn es noch die geringste Möglichkeit gäbe würde ihr aus der Sehnsucht nach den Flügeln über dem Horizont neue Kraft erwachsen so wie immer in ihrem Leben bisher wenn sie sie brauchte doch jetzt steht sie stattdessen vor der absurd zynischen Situation dass die Behörden von ihr Gewerbesteuer für die nicht existierende Flugschule eintreiben wollen die eben diese Behörden zerschlagen haben was sie nicht hindert sie mit Pfändungsversuchen zu verfolgen wo es wirklich nichts aber auch gar nichts mehr zu pfänden gibt außer dem was sie am Leibe trägt und dem Hunger den sie leiden muss nein man hat sie buchstäblich zu Tode gehetzt deshalb endet die Bilanz ihres Lebens zwar mit einem absolut negativen Saldo aber nicht durch ihre Schuld es waren der Krieg und seine Folgen die ihr jede Lebensmöglichkeit geraubt haben so dass sie jetzt diese Existenz abschütteln wird als letzten Schritt in dem verbliebenen Rest von Freiheit denn für sie gilt nun einmal:

Fliegen ist notwendig, Leben nicht!

Lebensdaten

13.09.1886	Geburt als Amélie Hedwig Beese in Dresden; wohlhabendes Elternhaus, der Vater Friedrich Carl Beese Architekt und Steinmetz
1906–09	Studium der Bildhauerei an der Königl. Akademie der Künste in Stockholm; Erfahrungen im Segelsport (Hochsee und Eisyacht); beginnende Faszination für die ‚Aviatik'
1910	Rückkehr nach Deutschland; Gasthörerin am Technikum Dresden (Schiffsbau und Flugmechanik); Entschluss zum Erlernen des Fliegens
1910/11	Gegen viele Widerstände Flugschülerin bei Thelen in Johannisthal/Berlin; Absturz Dezember 1910; Knöchelbruch; Fortsetzung der Schulung bei den Rumpler-Werken; erste Pilotenprüfung ein Fehlschlag aufgrund männlicher Sabotageakte; zweite Prüfung am 25. Geburtstag erfolgreich; Pilotenschein Nr. 115 in Deutschland
1912	Gründung der Melli-Beese-Flugschule (zusammen mit Charles Boutard und Hermann Reichelt); Höhenweltrekord für Frauen
25.01.1913	Heirat mit Charles Boutard; Mellie Beese dadurch französische Staatsbürgerin
1913/14	Neben der Flugschule Konstruktionsarbeit: die Schulflugzeuge (MB-Taube), ein Flugboot (M. Beese) und ein Eindecker (Ch. Boutard)
1914–18	Nach Ausbruch des ersten Weltkriegs wird das französische (!) Ehepaar enteignet; Ch. Boutard zunächst in Holzminden interniert; ab 1917 beide in Wittstock/Dosse im Arrest; beide erkranken an Tuberkulose
1919–1923	Rückkehr nach Berlin; Antrag auf Entschädigung für die enteignete Flugschule; jahrelange Verfahrensverschleppung; am Ende bleibt nur wenig nach Begleichung der Anwaltskosten übrig; M. Beese investiert das Geld in eine Autofirma, um die Mittel für den Plan zu einer Weltumrundung mit zwei Maschinen zu gewinnen

1923/24	Ch. Boutard wird in Frankreich wegen seines Lebens in Deutschland vor ein Kriegsgericht gestellt, aber schließlich freigesprochen; die Autofirma, bei der sich M. Beese als Teilhaberin engagiert hat, geht in Konkurs.
1925	Der Versuch, die Finanzierung der Weltumrundung mithilfe einer Filmgesellschaft zu sichern, scheitert; M. Beese verunglückt bei einem Flug im Oktober zur Erneuerung ihres Pilotenscheins; sie bleibt unverletzt, weiß aber, sie wird niemals mehr fliegen können …
21.12.1925	Suizid durch Erschießen in Berlin

8. Leidens-Suizid Herbert Fux

(25.03.1927–13.03.2007)

Als sie die Betreuung übernommen hatten, war ihnen Herbert Fux selbstverständlich als Schauspieler bekannt, vor allem als Filmbösewicht vom Dienst. Obwohl sie sich nicht an einen bestimmten Film erinnern konnten, aber vielleicht hatten sie irgendwann entsprechende Szenen mit ihm im Netz gesehen. Wichtiger war sowieso, dass er zwar schon seit Jahren Mitglied bei ‚Dignitas' war, aber trotzdem war im letzten Jahr, 2006, sein Antrag auf Sterbebegleitung abgelehnt worden. Das Kriterium einer schweren, unaufhaltsam zum Tod führenden Krankheit war nach der Diagnose des Vertrauensarztes von ‚Dignitas' nicht erfüllt. Und da die Organisation immer wieder mit Anfeindungen konfrontiert wurde, gerade auch in Bezug auf die Hilfe für Nicht-Schweizer, selbst wenn sie Mitglieder waren, hatte der Arzt in diesem Fall wohl besonders restriktiv gegutachtet. Er wollte offenbar sich und die Organisation auf jeden Fall vor dem Vorwurf bewahren, bei einem Österreicher, der dazu noch Prominenten-Status besaß, ausnehmend willfährig gewesen zu sein. Allerdings enthielt das Gutachten neben den medizinischen Diagnosen im engeren Sinn noch indirekte Hinweise auf eine spezielle psychische Situation, denen sie in der Vorbereitung auf das erste Treffen mit besonderer Sorgfalt nachgegangen waren. Glücklicherweise, weil sich dadurch der Kontakt ungemein erleichtert hatte und unerwartet schnell ein umfassendes gegenseitiges Vertrauen entstanden war.

Die spezifische Situation bestand eindeutig darin, dass Fux jahrzehntelang auch in der Politik tätig gewesen war, und zwar vor allem mit ‚grünen' Anliegen, die ihn immer wieder in erbitterte Gegnerschaft zum gängigen Politikbetrieb gebracht hatten. Das betraf – zeitlich – zunächst einmal sein Engagement für die Bürgerinitiative ‚Rettet Salzburg', mit der er für den Erhalt der historischen Altstadt von Salzburg auf die Barrikaden gegangen war. Dabei kämpfte er vor allem gegen Bauspekulanten, die bei historischen Bauten nur die Fassaden stehen ließen und dahinter profitträchtige Beton-Neubauten errichteten, seien es Luxus-Wohnimmobilien oder -Geschäfte, so dass den bewundernden Touristen letztlich in weiten Teilen nur noch eine bauhistorische Kulissenstadt präsentiert wurde. Denkmalschutz bestand in Salzburg lange Zeit nur aus einer Fassadenschutzverordnung! Eine Bürgerinitiative hatte zumindest so viele Salzburger aufrütteln können, dass die Grünen 1977 und 1992 mit Fux als Spitzenkandidaten – wiewohl ohne Parteibuch – in den Gemeinderat einziehen konnten. Dort empfand er den permanenten Kampf gegen die Verflechtung von Bauwirtschaft, Bankenmacht und Parteipolitik der in großen Koalitionen verfestigten ‚Volksparteien' ÖVP und SPÖ jedoch zunehmend als aussichtslos, so dass er Salzburg 1999 ‚mit Bitterkeit' verließ. Allerdings war ihm aus seiner Sicht auch auf der höheren Ebene des Nationalrats kein deutlich größerer Erfolg beschieden. Hier hatte bereits die erste Kandidatur 1983 zu einer für ihn empörenden, bis dahin für unmöglich gehaltenen Erfahrung geführt. Um ihn zu diskreditieren, wurde ein – später als fiktive Satire deklariertes – Interview mit ihm veröffentlicht, das ihn als frauenverachtenden Casanova outete. Die juristische Verfolgung dieser Verleumdung wurde behindert, so dass der am Ende doch erreichte juristische Erfolg die negativen Wirkungen des Rufmords nicht mehr verhindern konnte. Die Wahl endete mit einem desaströsen Misserfolg für Fux und die Grünen. Entgegen der ersten Enttäuschungsreaktion ließ er sich aber überzeugen, nicht aufzugeben, und war bei der Wahl im Jahr 1986 erfolgreich, so dass er von 1987 an als Mitglied im Österreichischen Nationalrat aktiv sein konnte. Wenn er auch in einzelnen Problembereichen durchaus Erfolge zu verbuchen in der Lage war, so bei der Aufdeckung von Waffengeschäften mit dem Iran und Irak, dem sog. Noricum-Skandal, kam er doch bei einem seiner zentralen Anliegen, der Offenlegung von Parteispenden, keinen Schritt voran. Dass die Parteienfinanzierung seit Jahrzehnten völlig intransparent ablaufen konnte, war für ihn der entscheidende Nährboden für die nicht auszurottende Korruption, insbesondere beim Bau- und Waffengeschäft. Jede Veränderung der diesbezüglichen gesetzlichen Lage wurde aber von den großkoalitionären Parteien abgeblockt, weswegen er 1990 auch mit Zorn aus dem Nationalrat ausschied. Und schließlich musste er parallele Erfahrungen auch auf seinem ureigensten Gebiet, der Filmwirtschaft, machen. Dabei ging es nicht zuletzt ganz grundsätzlich um die Filmfinanzierung, die in Österreich voll und ganz durch Steuermittel aufgebracht wurde, was die Produzenten von den Parteien abhängig machte und politisch eigenständige Projekte von vornherein ausschloss. Diese Abhängigkeit hatte er dann aber auch am eigenen Leib erfahren. Aus der Zusammenarbeit mit dem deutschen Drehbuchschreiber Geiger, der dort mit der Serie ‚Monaco Franze' schon außerordentlich erfolgreich gewesen war, entstand die sechsteilige Politsatire ‚Der ideale Kandidat' mit ihm als Hauptfigur, die von 1994 bis 97 mit unerwartet hohen Zuschaueranteilen im Österreichischen Fernsehen lief. Die darin enthaltene Kritik am üblichen Politikbetrieb führte allerdings zu einer nachhaltigen Verstimmung auf Seiten der Politik und in der Folge davon dazu, dass der von der Politik abhängige ORF ihn auf eine schwarze Liste der nicht mehr zu Beschäftigenden setzte. Wer konnte es ihm verdenken, dass all diese Ereignisse ein Gefühl von tiefer Verbitterung bei ihm auslösten?! Zugleich lag darin jedoch offensichtlich der Grund, weshalb sein erster Antrag auf Sterbebegleitung trotz der mehrfachen Darm-Operationen und der Deformation der Wirbelsäule mit Gehbehinderung negativ beschieden worden war. Die medizinische Patientengeschichte allein rechtfertigte nicht die Aufgabe des Lebenswillens, weil keine progrediente, unausweichliche Entwicklung zum Tod hin erkennbar war – und Verbitterung galt nun einmal in der ‚Dignitas' nicht als zureichender Grund für eine Suizid-Unterstützung.

Aus seiner Sicht erfüllte sich mit den zunehmenden Schmerzen und Lähmungserscheinungen im Laufe des Jahres 2006 deshalb sogar eine Hoffnung, rechtfertigten sie doch einen erneuten Antrag, dem in der Tat Anfang 2007 auch stattgegeben wurde, weil als Ursache eine inoperable Quetschung der Nerven im Rückgrat mit negativer Prognose diagnostiziert wurde. Das war der Zeitpunkt, an dem sie die Betreuung übernommen und sich intensiv mit seinem Lebenslauf beschäftigt hatten. Ihre erkennbare Bewunderung für seinen lebenslangen Kampf gegen Ungerechtigkeit und Korruption sowie für die Umwelt und die Kulturdenkmäler in Salzburg und Wien hatte schnell die Vertrauensbasis geschaffen, auf deren Grundlage er ihnen sogar den Vorschlag unterbreitete, seine letzten Schritte von der Freitodentscheidung bis zu dessen Realisierung zu dokumentieren, auf dass diese Dokumentation den Abschluss seiner Memoiren bilden konnte und sollte. Denn er hatte in den vorhergehenden Monaten Tonband- um Tonbandkassette mit seinen Erinnerungen besprochen, um nicht zuletzt ein politisch-kritisches Erbe zu hinterlassen, das unter dem Titel ‚*Wiederkehr und Abschied. Mein Leben als Schauspieler, Bürgerrechtler und Grünrebell*' posthum erscheinen sollte. Und den Kampf um ein selbstbestimmtes Sterben sah er als letzten Baustein seiner politischen Rebellion an, der in diesem Vermächtnis nicht fehlen durfte, auch wenn er die Formulierung selbst nicht mehr zu leisten imstande war. Also würden sie, dankbar für die Ehre, diese Aufgabe übernehmen, allerdings dabei dem Standard der Vertraulichkeit gerade auch für die Arbeit in der ‚Dignitas' entsprechend nur mit ihren Vornamen zeichnen.

Als er am 26. Februar 2007 nach der ärztlichen Untersuchung die Freitodbescheinigung erhält, ist sein Wunsch, möglichst unmittelbar danach, am nächsten oder übernächsten Tag, den Suizid-Entschluss auch umzusetzen. Das Maß des Leidens ist für ihn voll, in einem weiteren Aufschieben, einem Verlängern der Qual sieht er keinen Sinn. So sehr sie ihn verstehen, ist ihnen dabei dennoch nicht ganz wohl. Bei ‚Dignitas' sind sie es gewohnt, dass normalerweise, wenn es noch nähere Angehörige gibt, diese den Sterbewilligen auf seinem letzten Weg begleiten. Und seine Ehefrau Edith ist 31 Jahre jünger und erfreut sich bester Gesundheit. Seine ausführlichen Erklärungen lassen erkennen, dass er die Frage nicht abwehren will, sondern nicht nur das Problem als solches akzeptiert, sondern auch selbst darunter leidet. Edith ist innerlich zerrissen. Einerseits hat sie gerade das zwei Jahre währende Siechtum ihrer Mutter nach einem Schlaganfall miterlebt, miterlitten, so dass sie seinen unbedingten Wunsch versteht, nicht ebenso zu enden. Andererseits kann ihre Liebe nicht begreifen, dass er sie verlassen wird, zudem aus eigenem Entschluss. Für ihn aber ist neben der Beendigung des eigenen Leidens genauso wichtig, dass er ihr damit eine sinnlose Zeit des Mitleidens erspart. Doch er verspricht, noch einmal am Telefon mit ihr zu sprechen …

Am nächsten Morgen überrascht er sie beide mit der Mitteilung, dass er doch noch einmal nach Österreich zurückfliegt, um sich mit Edith auszutauschen, Abschied zu nehmen. Voller Erleichterung besprechen sie bei einem gemeinsamen Frühstück die Organisation der Reise, besorgen anschließend die Flugtickets und begleiten ihn bis zur Passkontrolle an den Flughafen.

Bereits in der folgenden Woche erhalten sie unerwarteter Weise wieder Nachricht von ihm, es sei nun wirklich alles Private geklärt. Und die Beschwerden seien kaum noch auszuhalten, er wolle auf keinen Fall zu guter Letzt noch ‚verdummen', bevor er aus eigener Kraft und Entscheidung den ‚Schlussstrich' ziehen kann. Zeit und Ort des Sterbens selbst bestimmen zu können, sei das letzte, unverzichtbare Lebensziel, das er auch dokumentiert wissen will: indem sie einen Bericht über seine letzten Tage und Stunden als Nachwort für seine Memoiren verfassen. Bewegt stimmen sie zu und verabreden sich für den 12. März. Wie besprochen holen sie ihn an diesem Tag vom Flughafen ab und bringen ihn zu dem für ihn gebuchten Landhotel, in dem sie auch noch einen unvergesslichen gemeinsamen Abend verbringen. Edith hat ihn auch diesmal nicht begleitet, allerdings in expliziter Absprache mit ihm. Gleichwohl ist er trotzdem im Geheimen von Zuhause abgereist, um ihr einen schmerzvollen Abschied zu ersparen; er ist sich sicher, dass sie es nachträglich verstehen und genauso wollen wird.

Am folgenden Tag holen sie ihn um neun Uhr ab, doch er braucht noch etwas Zeit, um zwei Briefe zu beenden, an Edith und seinen Cousin. Nach einem Tee statt Frühstück machen sie einen Umweg über ein Postamt, wo er die beiden Briefe aufgibt. Im Sterbezimmer angekommen ist er von der Gemütlichkeit der Einrichtung überrascht. Als erstes erledigen sie die auch jetzt noch nötigen Formalitäten, damit man der Organisation kein nachlässiges, verantwortungsloses Handeln vorwerfen kann. Danach ist es ihnen wichtig, dass er den Ablauf der letzten Schritte selbst bestimmt, insbesondere in Bezug auf die Einnahme des Natrium-Pentobarbital. Und gerade darauf ist er jetzt zielstrebig fokussiert, das Angebot persönlicher Musik oder eines Glases Wein lehnt er dankend ab. Er lässt sich noch einmal den Hergang der folgenden Einnahmen erklären, vor allem, wie lange er warten muss, nachdem er das Anti-Emetikum zu sich genommen hat, das Medikament, das den Magen beruhigt und verhindert, dass das Natrium-Pentobarbital unter Umständen erbrochen wird. Diese notwendigen 30 Minuten Wartezeit verbringt er mit sichtbarer Ungeduld, zieht sich schon einmal die Schuhe aus. Als es so weit ist, entscheidet er sich aber doch, dass er das Glas mit dem Natrium-Pentobarbital im Stehen trinken möchte. Er will mit hoch erhobenem Haupt und in aufrechter Haltung von dieser Welt Abschied nehmen. Nachdem er es in einem Zug geleert hat, legt er sich auf das Bett. Leise philosophiert er über ein mögliches Wiedersehen mit seinen Eltern. Dann aber ist er in Gedanken und

Worten nur noch bei Edith und ihrer Liebe, bei ihren gemeinsamen 30 Jahren, die ihm den letzten Halt geben, bevor seine Stimme erstirbt. Nachdem er ihnen in der Betreuung so existenziell nahegekommen ist, wünschen sie ihm in einer innigen Umarmung eine gute Reise. Kurz darauf fällt er in den tiefen Schlaf der Bewusstlosigkeit. Still warten sie neben dem Bett, in Gedanken versunken, in Erinnerungen an diese besondere Betreuung, die ein Spiegel seines Lebens war: immer reflektiert, willensstark, humorvoll und zugleich programmatisch rebellierend, ein Kampf für Aufklärung und Selbstbestimmung des Menschen, bis zum Schluss, bis zum rationalen Suizid. Letztlich hat er vielleicht sie noch mehr betreut als sie ihn. Hat ihnen die tiefste Sicherheit gegeben, dass es berechtigt, ja notwendig ist, wofür sie sich in der ‚Dignitas' engagieren. Sein Atem wird schwächer, flacher, nach 20 Minuten nehmen sie seinen letzten Atemzug wahr. Leise erheben sie sich, um wortlos seine Hände über der Brust zu falten. Und symbolisch öffnen sie das Fenster, um der vom Körper befreiten Seele den Weg in die Unendlichkeit frei zu geben. Was bleibt, ist Dankbarkeit:

> *Wir danken dir Herbert für all die Weisheit, die du uns für unseren Lebensweg mitgegeben hast, für die lustigen und ernsten Momente, in denen du uns zum Lachen oder zum Nachdenken gebracht hast. Die Begegnung mit dir bescherte uns eine Berg- und Talfahrt der Emotionen durch dein bewegtes Leben. Vor allem aber sind wir dir dankbar dafür, dass du uns einen unvergesslichen Einblick in deine Seele gewährt hast, welcher uns für den Rest unseres Lebens begleiten wird. Danke dir, Herbert!*
>
> *In Freundschaft,*
> *Eveline und Tanja*

Lebensdaten

25.03.1927	Geburt als Einzelkind in Hallein; Vater Offizier im ersten Weltkrieg, danach Oberrevident bei der Österreichischen Bundes-Bahn

1933	Tod des Vaters; die Mutter zieht mit H.F. von Hallein nach Salzburg; Konversion zum katholischen Glauben, um die bestmögliche Bildung in einer kath. Volksschule zu ermöglichen
1936	Die Mutter geht eine Verbindung mit Franz Wettig, dem Direktor des Salzburger Stadttheaters, ein; Wettig wird von H. F. als Stiefvater akzeptiert.
1938	Nach Annexion Österreichs durch A. Hitler zunächst Jugendschaftsführer im nationalsozialistischen Jungvolk; dann in Folge der Flucht von Wettig vor der Gestapo und den Judenprogromen des 09.11. Abkehr vom Nationalsozialismus
1944	Kriegsmatura (Abitur)
1948	Auf Anraten von Wettig (ab 1945 wieder Theaterdirektor in Salzburg) Beginn einer (privaten) Schauspielausbildung
1951	Erstes Engagement in Vorarlberg; nach permanenten Auseinandersetzungen mit dem patriarchalen Direktor Entschluss gegen ein Ensemble-Engagement, d. h. Entscheidung, nur noch ‚Stückverträge' anzunehmen
Ende 1950er bis Mitte 1960er	Stücke im Theater am Parkring in Wien; außerdem Fernsehwerbung für Opel; Wechsel nach München
1967/68	Hauptrolle im Film ‚Wilder Reiter GmbH'; Tod der Freundin Ulli, Übersiedlung nach Berlin; Teilnahme an Veranstaltungen der ‚Studentenrevolte'
1970er Jahre	Umfangreiche Reisetätigkeit (Europa, Südafrika, Indien etc.)
1977	Wahl in den Salzburger Gemeinderat (als Vertreter der Bürgerinitiative ‚Rettet Salzburg'); außerdem Begegnung mit der 31 Jahre jüngeren Edith; kontinuierliche Vertiefung der Beziehung; Heirat am 10.10.1987
1983	Kandidat der Grünen (ohne Parteibuch) für die Nationalratswahl; nach Verleumdungskampagne Wahlniederlage
1986	Erneute Kandidatur und Wahl in den Nationalrat; Engagement (bis zum Ausscheiden 1990) vor allem gegen Waffenexporte (Iran/Irak) und Korruption im Baugeschäft

1992	Wahl (als Spitzenkandidat der ‚Bürgerliste') in den Gemeinderat von Salzburg; Kampf um den Erhalt der historischen Bausubstanz in der Altstadt
1994–1998	Hauptdarsteller in der erfolgreichen sechsteiligen Politsatire ‚Ein idealer Kandidat' im ORF; danach kein Engagement mehr im österreichischen Fernsehen
1999	Austritt aus dem Salzburger Gemeinderat; Übersiedlung nach Wien; Engagement in Bürgerinitiativen für den Denkmalsschutz
2006	Operation eines Ileus (Darmverschluss); in der Folge Infektion, erneute Operationen, Entzündung und Deformation der Wirbelsäule, Gehbehinderung; erster Antrag auf Suizid-Assistenz bei der Schweizer Organisation für Sterbebegleitung ‚Dignitas'; Ablehnung, weil vom Vertrauensarzt keine progrediente, unheilbare Krankheit diagnostiziert wird
26.02.2007	Freitodbescheinigung der ‚Dignitas', weil jetzt zusätzlich eine (progrediente) Lähmung durch inoperable Quetschung der Rückenmarksnerven diagnostiziert wird
13.03.2007	(Assistierter) Suizid durch Einnahme von Natrium-Pentobarbital bei ‚Dignitas' in Zürich

9. Literatur

Ahner, H. (1983). Sturz in die Tiefe. Berlin: Neues Leben.

Clough, P. (2003). Hannelore Kohl. Zwei Leben. München: dtv.

Fux, H. (2008). Wiederkehr und Abschied. Mein Leben als Schauspieler, Bürgerrechtler und Grünrebell. Salzburg/Wien: Otto Müller.

Gerzina, G. (1989). A life of Dora Carrington 1893–1932. London: John Murray.

Hampton, Chr. (1995). Carrington. Screenplay. London/Boston: faber and faber.

Hampton, Chr. (2013). Carrington. Liebe bis in den Tod. (DVD) Wiesbaden: KSM.

Hill, J. (1995). Dora Carrington: Leben zwischen Kunst und Liebe – eine Biografie. München: Knesebeck.

Köchli, Y. D. (1992). Eine Frau kommt zu früh. Das Leben der Iris von Roten. Zürich: ABC-Verlag.

Kohl, W. (2013). Leben oder gelebt werden. Schritte auf dem Weg zur Versöhnung. München: Heyne.

Kujacinski, D. & Kohl, P. (2013). Hannelore Kohl. Ihr Leben. München: Knaur.

Meichtry, W. (2012). Verliebte Feinde. Iris und Peter von Roten. München: Nagel & Kimche.

Norden, A. (1939). Flügel am Horizont. Berlin: Deutscher Verlag.

Pfister, G. (1989). Mellie Beese. In G. Pfister: Fliegen – ihr Leben. Die ersten Pilotinnen. Berlin: Orlanda. S. 48–64.

Roten, I. von (1958/1991). Frauen im Laufgitter. Bern: Hallwag Verlag; Zürich: eFeF Verlag.

Roten, I. von (1959). Frauenstimmrechts-Brevier. Basel: Froebenius.

Roten, I. von (1965). Vom Bosporus zum Euphrat. Stuttgart: Henry Goverts.

Rott, W. (2005). Sachs. Unternehmer, Playboys, Millionäre. Eine Geschichte von Vätern und Söhnen. München: Heyne.

Sachs, G. (1997). Die Akte Astrologie. Wissenschaftlicher Nachweis eines Zusammenhangs zwischen den Sternzeichen und dem menschlichen Verhalten. München: Goldmann.

Sachs, G. (2005). Mein Leben. München: Piper.

Schwan, H. (2011). Die Frau an seiner Seite. Leben und Leiden der Hannelore Kohl. München: Heyne.

Swindell, L. (1983). Charles Boyer. The reluctant lover. Garden City, NY: Doubleday.

Wittmann, L. K. & Zibler, B. (2009). Melli Beese und die ‚Flügel am Horizont'. Die Geschichte der ersten deutschen Pilotin. Berlin: trafo.

Internet-Quellen

https://de.wikipedia.org/wiki/Melli_Beese (20.09.2016).

https://de.wikipedia.org/wiki/Berlin-Johannisthal (23.02.2017).

https://de.wikipedia.org/wiki/Etrich_Taube (25.02.2017).

http://www.mdr.de/zeitreise/weitere-epochen/zwanzigstes-jahrhundert/melli-beese-pilotin-aus-sachsen-100.html (25.02.2017).

https://en.wikipedia.org/wiki/Charles_Boyer (21.03.2017).

http://themave.com/Boyer/bio/index.html (14.04.2017).

http://themave.com/Boyer/mags/at40-2.htm (14.04.2017).

http://themave.com/Boyer/mags/ls/lfstory2.htm (14.04.2017).

http://www.tcm.com/tcmdb/person/20494%7C29069/Charles-Boyer/ (14.04.2017).

https://en.wikipedia.org/wiki/Pat_Paterson (14.04.2017).

https://de.wikipedia.org/wiki/Dora_Carrington (20.09.2016).

https://de.wikipedia.org/wiki/Lytton_Strachey (13.03.2017).

http://spartacus-educational.com/ARTcarrington.htm (14.03.2017).

http://www.mantex.co.uk/2013/02/10/ralph-partridge/ (14.03.2017).

http://www.zeno.org/Philosophie/M/Hume,+David/%C3%9Cber+Selbstmord (19.03.2017).

https://de.wikipedia.org/wiki/George_Eastman (24.09.2016).

http://www.planet-wissen.de/kultur/medien/geschichte_der_fotografie (07.04.2017).

http://www.notablebiographies.com/Du-Fi/Eastman-George.html (07.04.2017).

http://www.madehow.com/inventorbios/19/George-Eastman.html (07.04.2017).

https://en.wikipedia.org/wiki/Kodak_Tower (08.04.2017).

https://en.wikipedia.org/wiki/Tuskegee_University (07.04.2017).

https://de.wikipedia.org/wiki/Rochester_(New_York) (06.04.2017).

https://de.wikipedia.org/wiki/Form_follows_function (06.04.2017).

https://eastman.org/100-years-ago-george-eastman%E2%80%99s-winter-trip-oak-lodge (07.04.2017).

https://de.wikipedia.org/wiki/Herbert_Fux (24.09.2016).

http://www.tv-kult.com/kritiken/223-herbert-fux-wiederkehr-und-abschied.html (24.03.2017).

https://de.wikipedia.org/wiki/Hannelore_Kohl (23.09.2016).

https://de.wikipedia.org/wiki/Lyell-Syndrom (03.03.2017).

https://de.wikipedia.org/wiki/Iris_von_Roten (07.10.2016).

https://de.wikipedia.org/wiki/Gunter_Sachs (19.09.2016).

https://de.wikipedia.org/wiki/Elinor_von_Opel (01.04.2017).

http://www.tagesspiegel.de/weltspiegel/brigitte-bardot-wird-80-und-immer-provoziert-das-weib/10764528.html (03.04.2017).

http://www.bernheimer.com/photography/photographers/gunter-sachs (31.03.2017).

http://www.spiegel.de/spiegel/print/d-91871144.html (31.03.2017).

http://www.n-tv.de/panorama/Gunter-Sachs-ist-tot-article3278436.html (31.03.2017).

http://www.focus.de/kultur/vermischtes/mirja-sachs-warum-erschoss-sich-gunter-sachs_aid_944397.html (31.03.2017).

http://www.alz.org/de/10-symptome-alzheimer-demenz.asp (22.03.2017).

https://www.neurologen-und-psychiater-im-netz.org/psychiatrie-psychosomatik-psychotherapie/stoerungen-erkrankungen/alzheimer-krankheit/fruehanzeichen/#c848 (22.03.2017).

III. Argumente

Rechtfertigung des ärztlich-assistierten Suizids: Prüfung und Zurückweisung der Schiefe-Ebene-Legenden

1. Problemstellung

1.1. Sterbebeistand: der politische Anspruch christlicher Schiefe-Ebene-Warnungen

Die Frage der ‚Sterbehilfe' ist eines der Probleme, bei denen in Deutschland bisher die Einstellungen der Bevölkerung und die Entscheidungen des Parlaments am weitesten auseinanderklafften, obwohl in einer parlamentarischen Demokratie die Parlamentsmitglieder als Volksvertreter den Willen der Bevölkerung repräsentieren soll(t)en. Dieser Bevölkerungswille ist vom Institut für Demoskopie Allensbach 2008 sowie 2014 in Bezug auf die ‚Sterbehilfe' mit folgender Frage erhoben worden:

> „Zurzeit wird ja viel über aktive Sterbehilfe diskutiert. Das bedeutet, dass man das Leben schwerkranker Menschen, die keine Chance mehr zum Überleben haben, auf deren eigenen Wunsch hin beendet. Sind Sie für oder gegen die aktive Sterbehilfe?"

Die Mehrheit der deutschen Bevölkerung spricht sich hier für die Zulassung der aktiven Sterbehilfe aus, und zwar in zunehmendem Ausmaß: Von 58 % im Jahr 2008 steigt der Wert auf 67 % im Jahr 2014. Entsprechend verringert sich der Prozentsatz der Gegner von 19 % auf 13 % (Rest unentschieden bzw. keine Angabe). Noch eindeutiger sind die Relationen bei der sog. passiven Sterbehilfe, bei der lebensverlängernde Maßnahmen auf Wunsch der Patienten/innen eingestellt werden; hier sind 2014 78 % dafür, 7 % dagegen. Und auch die Zulassung privater Sterbehilfe-Organisationen (z. B. nach dem Vorbild der Schweiz) wird mehrheitlich befürwortet: 60 % sind dafür, solche Einrichtungen zu erlauben, 20 % dagegen.

Genau solche Organisationen hat jedoch der Bundestag 2015 mit dem Gesetz über die ‚Geschäftsmäßige Förderung der Selbsttötung' (§ 217 Strafgesetzbuch) verboten. Straffrei bleiben danach bei der Hilfe zum Suizid nur Angehörige oder andere nahestehende Personen (Abs. (2)). Damit wurden liberalere Gesetzentwürfe abgelehnt, die vor allem Ärzten/innen Suizidbeihilfe erlauben wollten und ihnen damit auch Rechtssicherheit unabhängig von der Position der jeweiligen Landes-Ärztekammer gegeben hätten. Dafür, dass sich die relativ restriktive (und z. T. rechtlich eher unklare) Regelung durchsetzen konnte, ist nicht zuletzt die erfolgreiche Lobby-Arbeit der christlichen Kirchen mit einer strikten Ablehnung der Suizidhilfe verantwortlich, die konsequent aus der Ablehnung bereits des Suizids folgt, der als unzulässig erklärt wird, weil das menschliche Leben ein ‚Geschenk Gottes' sei, über das nur ER verfügen dürfe, nicht der Mensch in eigenmächtiger Entscheidung (z. B. Katechismus der Katholischen Kirche 2007, Nr. 2280). Diese Position der ‚Unverfügbarkeit' des menschlichen Lebens: unverfügbar für den Menschen selbst, weil nur Gott darüber verfügen dürfe, ist letztlich auch die Grundlage des § 217 StGB und wird damit für alle in der Bundesrepublik als bindend erklärt.

Die Kirchen selbst würden ihre Bemühungen um Durchsetzung dieser ihrer Position mit Geltung für die gesamte Gesellschaft sicher nicht als Lobby-Arbeit bezeichnen, argumentieren aber durchaus mit dem – aus ihrer Sicht – notwendigen Einfluss auf die Politik in diesen ethischen Grundfragen: „Das Orientierungspotential der christlichen Tradition ist heute – auch in pluralistischen Umgebungen – ungebrochen. Angesichts der mit dem Pluralismus häufig auch verbundenen Orientierungslosigkeit ist es vielleicht stärker denn je" (Bedford-Strohm 2015, 96). Angesichts des von der Aufklärung im 18. Jahrhundert ausgehenden ‚Projekts der Moderne' (Habermas 1994) löst die Behauptung der Orientierungslosigkeit in der säkularen, pluralistischen Gesellschaft allerdings den Verdacht aus, dass hier alles, was nicht den eigenen Orientierungen entspricht, als ‚orientierungslos' eingestuft wird. Entsprechend wird die vehemente Einflussnahme als Bedürfnis der Orientierungslosen (um-)interpretiert: „Dass die Urteilsbildung der Kirche auch für die einzelnen an den politischen Diskussionen beteiligten Verantwortungsträger von Bedeutung ist, zeigt sich schon allein daran, dass sie danach fragen, was die Kirchen zu diesen Dingen zu sagen haben.“ (Bedford-Strohm 2015, 98) Hier wird die pluralistische Bereitschaft, *allen* Teilen der Gesellschaft in Grundsatzfragen Gehör zu geben, umgedeutet in das Bedürfnis, *vor allem* den Kirchen Geltung zu verschaffen. Von dieser Uminterpretation aus wird anschließend das zentrale Ziel dieser Lobbyarbeit metakommunikativ (Kommunikation über die Kommunikation) in Abrede gestellt: Das „gründet sich nicht darin, dass die Kirchen den ihnen angehörenden politischen Verantwortungsträgern irgendwelche Vorschriften machen wollten.“ (ebda.)

Genau das ist aber der Fall, wobei der Status von ‚Vorschriften' nicht zuletzt daran deutlich wird, dass gemäß der Allensbach-Untersuchung nicht einmal die Kirchenmitglieder mehrheitlich den offiziellen kirchlichen Normen in der Frage der Sterbehilfe folgen: 66 % der Katholiken sowie Protestanten sprechen sich für die (aktive) Sterbehilfe aus, lediglich unter den regelmäßigen Kirchgängern sind die Anteile von Befürwortern und Gegnern fast ausgeglichen (Allensbach 2014). Um diese Normen trotzdem sowohl für die eigenen Mitglieder als auch für alle anderen, also die nicht kirchlich gebundenen Mitglieder der Gesellschaft, durchzusetzen, werden zwei zentrale Argumentationsschritte eingesetzt. Zunächst wird die Unzulässigkeit des Suizids aufgrund der ‚Unverfügbarkeit' des Lebens als allgemein-gültig dadurch begründet, dass die Zulassung von individueller Freiheit beim Wunsch nach einem selbstbestimmten Lebensende (auch von todgeweihten Schwerkranken) „moralökologische Wirkungen“ in Richtung auf die gesetzliche „Freigabe der Tötung auf Verlangen oder des assistierten Suizids“ (Bedford-Strohm 2015, 62) haben wird. Und diese Freigabe wird im zweiten Schritt abgelehnt, weil damit vorgeblich Tür und Tor für immer weitergehende Entwicklungen geöffnet würden – Entwicklungen, die nicht nur gegen die ‚Unverfügbarkeit des Lebens' verstoßen, sondern den Rahmen des erlaubten Tötens immer mehr – unkontrolliert – ausweiten würden.

Es sind diese Argumente der ‚schiefen Ebene', die also schlussendlich sowohl formal den Geltungsanspruch der kirchlichen Normen für die Allgemeinheit begründen als auch inhaltlich diese Allgemeinheit von der (gesetzlichen) Akzeptanz einer Sterbehilfe abhalten sollen. Dabei wird die ‚schiefe Ebene' zum einen hinsichtlich rechtlicher Ausweitungen behauptet, zum anderen in Bezug auf einen ‚Dammbruch' der Suizidhäufigkeit sowie mögliche Missbrauchsgefahren gegenüber sozial Schwachen etc. Die Angst vor solchen ‚Schiefe-Ebene-Entwicklungen' stellt daher den zentralen Kern der Ablehnung von ‚Sterbehilfe' dar, mit dem die christlichen Kirchen den Allgemeinheitsanspruch ihrer Normen in der Gesellschaft durchzusetzen versuchen – und bisher durchzusetzen in der Lage waren. Das zeigen sowohl die Diskussionen im Vorfeld der Gesetzgebung zum § 217 (s. o.: ,Geschäftsmäßige Förderung der Selbsttötung') als auch die Stellungnahmen der Bundesärztekammer, die unter Aufgreifen dieser Argumentation ihren Mitgliedern die Beteiligung an Sterbehilfe untersagt hat (Bundesärztekammer 2011).

Dieser Sieg der christlichen Lobby-Arbeit musste unvermeidbar eine Gegenwehr derjenigen auslösen, die sich nicht zu den christlichen Kirchen zählen bzw. sich deren Normen nicht verpflichtet fühlen. Rechtsstaatlich ist diese Gegenwehr vor allem als Überprüfung möglich, ob der § 217 StGB mit den verfassungsmäßigen Rechten aller Bürger/innen vereinbar ist. Dementsprechend hat es ab 2016 eine Fülle von Verfassungsbeschwerden gegen den Paragraphen beim Bundesverfassungsgericht gegeben; und zwar sowohl von Einzelpersonen (Sterbewillige wie zum Sterbebeistand bereite Mediziner/innen) als auch von Organisationen, die ohne diesen Paragraphen eine Form der ,Sterbehilfe' zu realisieren willens (gewesen) wären. In seinem darauf bezogenen Urteil hat das Bundesverfassungsgericht (BVerfG 2020a; b) dann in eindeutiger Klarheit festgestellt, dass der § 217 (StGB) verfassungswidrig ist, weil er das Recht auf ein selbstbestimmtes Lebensende unzulässig einschränkt, in der Alltagsrealität praktisch völlig entleert und damit gegen das Allgemeine Persönlichkeitsrecht (Art. 2 Abs. 1) in Verbindung mit der Menschenwürde (Art. 1 Abs 1) im Grundgesetz der Bundesrepublik verstößt. Im Prinzip ist dadurch grundsätzlich rechtliche Klarheit geschaffen. Aber das Bundesverfassungsgericht gibt nur die Grenzen vor, innerhalb bzw. außerhalb dessen Gesetze zulässig bzw. unzulässig sind. Es macht keine konkreten Vorgaben für die positive Ausgestaltung von Gesetzen, für die auch in Zukunft mit weiteren Einflussversuchen der christlichen Lobby-Arbeit zu rechnen ist. Daher bleibt es für eine rationale Diskussion im Vorfeld der nun anstehenden (neuen) Gesetzgebungsprozesse von eminenter Wichtigkeit, die Berechtigung der ,Schiefe-Ebene-Argumentation' zu überprüfen. Das soll im Folgenden geschehen, wobei zunächst einige begriffliche Klärungen notwendig sind.

1.2. Ärztlich-assistierter Suizid: begriffliche Abgrenzungen

Zunächst einmal ist ein Begriff zu klären, der in der Diskussion um die ,Sterbehilfe' als Voraussetzung für die Ängste vieler Menschen in Bezug auf einen möglicherweise qualvollen Tod eine zentrale Rolle spielt: die *,Apparatemedizin'*. Das ist ein alltagssprachliches Schlagwort für die in der zweiten Hälfte des 20. Jahrhunderts entwickelten technologischen Möglichkeiten der Medizin, auch bei schwersten Erkrankungen die Lebenszeit noch zu verlängern, aber eben u. U. auch nur die Leidenszeit (vgl. de Ridder 2011, 29ff.). Das betrifft Entwicklungen wie die Dialyse, die Intubationsbeatmung, die Organtransplantation, die Defibrillation, die Blutersatzinfusion und die künstliche Ernährung, die „eine neue medizinische Epoche" (ebda.) markieren, in der auf Intensivstationen Leben gerettet, aber gleichermaßen auch Leiden verlängert werden können.

Ein zweiter in der Diskussion essenzieller Begriff ist der der menschlichen ‚*Würde*'. Das Parlament des australischen Bundesstaats Victoria hat vor der Legalisierung der Sterbehilfe (im Jahr 2019) in vorbildlicher Weise alle bisherigen Argumentationen und Erfahrungen zusammengetragen (2016) und dabei festgestellt, dass sowohl die Befürworter als auch die Gegner der Sterbehilfe auf das Konzept der menschlichen Würde als Begründung zurückgreifen – selbstverständlich mit unterschiedlicher, z. T. fast entgegengesetzter Bedeutung (theologisch vs. dezidiert a-theologisch). Deshalb sollte man, so die radikale Konsequenz in Victoria, auf das Konzept bei der Begründung von Sterbebeistand etc. gänzlich verzichten. Genau so radikal ist die Position, dass menschliche Würde eben für jede Person etwas Anderes, je Spezifisches sein kann. Dann aber wäre von vornherein jeder Suizid gerechtfertigt, wie es z. B. Amery (1976) postuliert hat. Aber diese Konsequenz macht eine rationale Diskussion über den Suizid unmöglich, für die jedoch sehr wohl ein gesellschaftliches Bedürfnis besteht – nicht zuletzt um kurzschlüssige, unnötige Suizide zu vermeiden. Deshalb scheint es am sinnvollsten, das Konzept der menschlichen Würde unter Rückgriff auf den freien Willen und die selbstbestimmte Autonomie des Menschen zu konkretisieren (wie es letztlich auch das Bundesverfassungsgericht getan hat; siehe ausführlich oben: Argumente zur Willensfreiheit).

Allerdings enthält in Bezug auf die Benennung eines selbstbestimmten Sterbens die Bezeichnung ‚*Selbstmord*' offensichtlich bereits unüberspringbar die ‚Unverfügbarkeits-These des menschlichen Lebens' und ist daher für eine gesellschaftsübergreifende Diskussion und Entscheidungsfindung unbrauchbar. Dieser Begriff wird deshalb heute auch von den Kirchen überwiegend nicht mehr eingefordert, allerdings verbunden mit der Forderung, gleichermaßen auch auf der Gegenseite die positive Bewertung in der Benennung als ‚*Freitod*' nicht festzuschreiben (Bedford-Strohm 2015, 17). Konsequenter Weise ist daher die wertneutrale Bezeichnung ‚Suizid' vorzuziehen, die auch überwiegend in der aktuellen Diskussion verwendet wird.

Von diesen Voraussetzungen ausgehend ist dann die präzise(re) Ausdifferenzierung des alltagssprachlichen Begriffs ‚*Sterbehilfe*' anzugehen. Hier wurden in Deutschland ursprünglich fünf Kategorien unterschieden (vgl. zusammenfassend z. B. Arnold 2014, 78f.; Bedford-Strohm 2015, 34ff.; Schöne-Seifert 2020, 12ff.): (1) Sterbebegleitung durch palliativ-medizinische (schmerzlindernde) Versorgung; (2) Indirekte Sterbehilfe (durch palliative Versorgung, die als Nebeneffekt eine Lebenszeitverkürzung bewirkt); (3) Passive Sterbehilfe (durch Unterlassen oder Abbrechen lebensverlängernder Maßnahmen); (4) Beihilfe zur Selbsttötung (Zur-Verfügung-Stellen von Mitteln, mit denen sich Sterbenswillige selbst töten können); (5) Tötung auf Verlangen (Verabreichung von Mitteln, die zum Tod von Suizidwilligen führen). Der zentrale juristische Unterschied zwischen der Beihilfe zum Suizid und der Tötung auf Verlangen liegt darin, dass bei der Beihilfe die ‚Tatherrschaft' beim Sterbewilligen verbleibt, bei der Tötung auf Verlangen nicht.

Diese traditionelle Ausdifferenzierung in fünf Kategorien der ‚Sterbehilfe' enthält einige schiefe Implikationen, wie mittlerweile auch vom Nationalen Ethikrat (2006) sowie von der höchstrichterlichen Rechtsprechung (des Bundesgerichtshof: BGH 2010) festgestellt worden ist. So ist der Nebeneffekt einer Lebenszeitverkürzung durch palliativ-medizinische Versorgung empirisch umstritten (vgl. de Ridder 2011) und außerdem bei Berücksichtigung eines entsprechenden Patientenwillens unerheblich. Die Kategorie der ‚indirekten Sterbehilfe' kann daher ersatzlos wegfallen. Zum anderen ist sowohl das Unterlassen einer Behandlungsmöglichkeit wie auch deren Abbruch durchaus ein aktives Handeln, weswegen die Bezeichnung ‚passive Sterbehilfe' irreführend ist. Und schließlich kann die Beihilfe zum Suizid als ‚aktive Sterbehilfe' (im weiteren Sinne) verstanden werden, so dass die Tötung auf Verlangen dann als ‚aktive Sterbehilfe im engeren Sinn' zu klassifizieren ist. Eine diese begrifflichen Klärungen berücksichtigende Ausdifferenzierung lässt sich auf vier grundsätzliche Kategorien beschränken (vgl. Arnold 2014, 80):

(1) Sterbebegleitung (vor allem palliativ-medizinisch); (2) Behandlungsabbruch oder -unterlassung (in Übereinstimmung mit dem Patientenwillen); (3) Beihilfe zum Suizid (ärztlich assistierter Suizid); (4) Tötung auf Verlangen (aktive Sterbehilfe im engeren Sinn).

In der BRD gibt es neben den im § 217 enthaltenen Begrenzungen für den ärztlich-assistierten Suizid (kein ‚gewerbsmäßiger' Beistand) ein totales Verbot der Tötung auf Verlangen. Das ist nicht überall so. Vor allem die Niederlande und Belgien sind durch eine Gesetzgebung bekannt geworden, die eine ‚Beendigung des Lebens einer anderen Person auf deren Bitte hin' („intentional termination of another person's life at his request": Griffiths 2008, 79) zulässt. Der dafür verwendete Begriff ist ‚*Euthanasie*' in seiner ursprünglichen (aus dem Griechischen stammenden) Bedeutung: ‚guter Tod'. Die deutsche Geschichte mit den kriminellen Geschehnissen in der Zeit des Nationalsozialismus macht es nötig, hier eine Klarstellung zur Begriffsverwendung von ‚Euthanasie' vorzunehmen. Denn es gibt immer wieder den Versuch, jegliche Form von Sterbebeistand durch ein Schiefe-Ebene-Argument unter Rückgriff auf die Nazi-Praktiken der sog. Euthanasie zu diskreditieren. Die Behauptung oder auch nur Andeutung, ärztlich-assistierter Suizid oder auch Tötung auf Verlangen enthielten die Gefahr, in die Tötung von körperlich und geistig behinderten Menschen etc. wie in der Nazi-Zeit abzugleiten, zeugt aber entweder von unglaublichem Unwissen oder von erschreckender Böswilligkeit. Denn es handelt sich bei den sog. ‚Euthanasie'-Aktionen der Nazis in der Zeit ab 1940 eindeutig um kriminelle Morde, die lediglich mit der beschönigenden Bezeichnung ‚Euthanasie' verschleiert werden sollten. Mit ärztlichem Sterbebeistand hat das überhaupt nichts zu tun! Denn ein solcher Beistand ist vom nationalsozialistisch dominierten Reichstag 1933 abgelehnt worden, und es ist auch kein einziger Fall bekannt, bei dem ein Nazi-Arzt den Suizid eines todgeweihten Kranken begleitet hätte (Pappas 1996, 390). Es ist also eindeutig unredlich, die Nazi-‚Euthanasie' im Rahmen von Schiefe-Ebene-Argumenten anzuführen. Vielmehr sollte man auch in Deutschland die nationalsozialistische Begriffsverzerrung aus der Diskussion eliminieren und sich der internationalen Terminologie bewusst sein, in der ‚Euthanasie' mit ‚Tötung auf Verlangen' bedeutungsgleich ist.

Damit ist deutlich, welche Konzepte für die Prüfung der Schiefe-Ebene-Argumentation im Mittelpunkt stehen sollten. Das ist in erster Linie *der ärztlich-assistierte Suizid,* wie er z. B. im amerikanischen Bundesstaat Oregon gesetzlich zugelassen ist und praktiziert wird. Dabei gibt es zwei Unterformen: einmal die Rezeptierung eines zum Sterben geeigneten Mittels, das ohne die Anwesenheit des verschreibenden Mediziners vom Sterbewilligen eingenommen wird; und zum anderen die Einnahme eines solchen Mittels unter Anwesenheit des Arztes/der Ärztin. Diese beiden Varianten des ärztlich-assistierten Suizids werden im Folgenden als Kernbedeutung des Begriffs ‚*Sterbebeistand*' (qua aktive Sterbehilfe im weiteren Sinne) angesetzt. Da der zweite längere Erfahrungsraum mit Sterbehilfe in den Niederlanden vorliegt und hier die aktive Sterbehilfe im engeren Sinn im Mittelpunkt steht, soll auch die *Tötung auf Verlangen* (niederländisch: ‚euthanasie') in die Analyse mit einbezogen werden. Der (alltagssprachliche) Begriff der *Sterbehilfe* kann dann als Oberbegriff von Sterbebeistand und Tötung auf Verlangen – weiter – verwendet werden.

1.3. Schwerpunkte: Ausweitungs-Prognose, Dammbruch-These, Missbrauchs-Befürchtung

Die Schiefe-Ebene-Argumentation arbeitet mit der Angst, dass durch die Zulassung von Sterbebeistand eine Entwicklung in Gang gesetzt wird, die am Schluss zu ethisch eindeutig abzulehnenden Konsequenzen führt. Deshalb sei nach dem Prinzip ‚Wehret den Anfängen' bereits der zunächst unproblematisch scheinende Ausgangspunkt abzulehnen, zu verhindern. Auch wenn sich diese Argumentation letztlich, wie dargestellt, auf der christlichen These der ‚Unverfügbarkeit des menschlichen Lebens' gründet, spielt sie doch auch in jeder säkularen Diskussion um die Selbstbestimmung beim Sterben eine zentrale Rolle: so z. B. in der ‚New York State Task Force on Life and the Law' (von 1994; vgl. vor allem auch die ausgezeichnete Zusammenstellung der Pro- und Contra-Argumente im schon erwähnten Abschlussbericht des vom Parlament des australischen Bundesstaats Victoria eingesetzten Komitees: Parliament Victoria 2016). Deshalb stellt die formale wie inhaltliche Auseinandersetzung mit der Schiefe-Ebene-Argumentation einen entscheidenden Schritt bei der Annahme oder Ablehnung von Sterbebeistand dar. Die inhaltliche Analyse führt dabei zu (mindestens) drei Schwerpunkten der in Diskussion stehenden schiefen Ebene.

An erster Stelle und mit den weitestgehenden Konsequenzen versehen steht die *rechtliche* Perspektive einer *Ausweitung* auf immer problematischere bzw. ethisch intolerable Fälle. Von der Zulassung des ärztlich-assistierten Suizids aus droht danach der Übergang auf die Tötung auf Verlangen, von diesem Fall des patientenseitig gewollten Sterbens der Übergang auf eine Tötung ohne patientenseitigen Sterbewunsch bzw. sogar gegen den Patientenwillen (‚voluntary dying to unvoluntary dying': vgl. Dworkin 2008; Levy 2008). Die schiefe Ebene kann hier entweder durch ausweitende Gesetzgebung oder durch entsprechende Rechtsprechung zustande kommen (vgl. Volokh 2002/03, 1034). Für beides gilt nach der Schiefe-Ebene-Argumentation, dass es konkrete Einzelfälle geben wird, die sich von den vorherigen nur wenig unterscheiden, so dass nur mit einer willkürlichen Grenzziehung der erste Ausgangsfall vom zweiten, weiter ausgreifenden unterschieden werden kann. Da also keine rationale Begründung der Grenzziehung möglich ist, werde die Grenze immer weiter herausgeschoben, so dass man schließlich bei den ethisch intolerablen Tötungen ohne oder sogar gegen den Patientenwillen lande (vgl. Lewis 2007).

Diesen rechtlichen Bedenken hat sich bisher vor allem die deutsche Bundesärztekammer angeschlossen, die deshalb auch versucht, den ärztlich-assistierten Suizid über standesrechtliche Regelungen zu verhindern. So bestimmt der § 16 (‚Beistand für Sterbende') der Musterberufsordnung: „Ärztinnen und Ärzte haben Sterbenden unter Wahrung ihrer Würde und unter Achtung ihres Willens beizustehen. Es ist ihnen verboten, Patientinnen und Patienten auf deren Verlangen zu töten. Sie dürfen keine Hilfe zur Selbsttötung leisten." (Arnold 2014, 85) Die interne Widersprüchlichkeit (Achtung des Patientenwillens – keine Hilfe zur Selbsttötung) wird über das Schiefe-Ebene-Argument der Ausweitungsgefahr begründet, und zwar auch gegen die Position der juristischen Experten, die dem Selbstbestimmungsrecht der Patienten seit jeher (auch schon vor dem Urteil des Bundesverfassungsgerichts) ein größeres Gewicht zugestehen (z. B. im 66. Deutschen Juristentag; vgl. Arnold 2014, 72).

Am häufigsten wird im Rahmen der Schiefe-Ebene-Argumentation allerdings die *Dammbruch*-Metapher bemüht, die neben der normativen Veränderung vor allem auch praktische Konsequenzen in quantitativer Hinsicht behauptet. Normativ wird befürchtet, dass aus der Berechtigung zur aktiven Sterbehilfe auf die Dauer eine Verpflichtung zum Sterbebeistand werden könnte (vgl. kritisch Birnbacher 2019; Schöne-Seifert 2020). In Bezug auf die medizinische Praxis geht es vor allem um die potenziell zunehmende Akzeptanz von Suizid-Entscheidungen und mögliche Missbrauchsgefahren, wie die Drucksache 230/06 des deutschen Bundesrats explizit festgehalten hat: „Aktive Sterbehilfe ist indes […] in Deutschland auch in Zukunft nicht hinnehmbar. Ihre Legalisierung ist zuletzt […] wegen der Gefahr eines Dammbruchs beim Lebensschutz und wegen der Sorge vor einem Missbrauch entschieden abgelehnt worden."

Die deutsche Stiftung Patientenschutz spricht hier von einem drohenden ‚Suizid-Sog' (vgl. Bedford-Strohm 2015, 159), der aus der Zulassung von ärztlich-assistiertem Suizid erwachsen würde. Wenn die durch gesetzliche Verbote aufgebauten Dämme brechen würden, wäre danach also eine flutartige Zunahme an Suizidwilligen zu erwarten; diese Gefahr wird von den Gegnern einer Sterbehilfe-Legalisierung der Öffentlichkeit durch permanente dramatische Wiederholung geradezu eingehämmert (vgl. etwa Spaemann et al. 2015) Insbesondere Vertreter der

Hospiz-Bewegung sehen in dieser Gefahr ein erschreckendes Geschehen, weil es völlig unnötig sei, da mit der palliativen Versorgung im Rahmen von Hospizen eine positive Alternative des friedlichen Sterbens in liebevoller Fürsorge gegeben sei. Auf diese Weise ist das Dammbruch-Argument zumeist mit einer kontrastierenden Gegenüberstellung von *ärztlichem Sterbebeistand* vs. *medizinischer Palliativ-Versorgung* verbunden (vgl. Arnold 2014; de Ridder 2011). Ärztlich-assistierter Suizid und palliative Hospiz-Versorgung werden mit dem Dammbruch-Argument gegeneinander ausgespielt, was den Eindruck erweckt, als ob es sich in der Praxis um sich ausschließende Alternativen handelt.

Ein darüber hinausgehendes spezifisches Gewicht nimmt die Befürchtung von *Missbrauchs-Gefahren* durch die Zulassung von ärztlichem Sterbebeistand ein. Es wird für unausweichlich gehalten, dass durch diese Zulassung ein Druck auf die sozial Schwachen entsteht, eine Suizid-Entscheidung zu treffen (vgl. Battin et al. 2007). Das betrifft (im Englischen: ‚vulnerable persons') vor allem: Frauen, Ältere, Arme, Unversicherte, Behinderte, ethnische Minderheiten etc. Die Beweggründe für eine solche Entwicklung lägen dabei zum einen im personellen Umfeld, d. h. dass Familienmitglieder einen Druck ausüben könn(t)en, um den Belastungen durch Pflege etc. zu entgehen; zum anderen kann der Druck auch durch die gesamtgesellschaftliche ökonomische Dimension entstehen, weil die Pflege Sterbender natürlich mehr kostet als ein ärztlich-assistierter Suizid. So hat der Sprecher der CDU/CSU-Fraktion in der Enquete-Kommission des Bundestags ‚Ethik und Recht in der modernen Medizin' 2004 festgehalten: „Der soziale Druck auf die Betroffenen nimmt zu. Menschen könnten sich zur vorzeitigen Beendigung ihres Lebens veranlasst sehen – aus Angst, Kosten zu verursachen sowie für die Gesellschaft und nahe Angehörige eine Belastung darzustellen." (vgl. Nickel 2019) Die kunstvolle Kombination von Konjunktiv und Indikativ macht die Behauptungsstruktur dieser Schiefe-Ebene Argumentationen transparent: Es wird eine mögliche (negative) Entwicklung benannt, die allerdings gleichzeitig als absolut erwartbar bzw. unausweichlich postuliert wird.

Mit der Missbrauchs-Befürchtung ist dann in der Regel auch eine Negativ-Erwartung in Bezug auf das *Arzt-Patienten-Verhältnis* verbunden (vgl. Arnold 2014; Battin et al. 2007; de Ridder 2011). Es wird erwartet, dass durch die Bereitschaft von Ärzten/Ärztinnen, Sterbebeistand zu leisten, das Vertrauen der Patienten/innen erschüttert wird; dass sie dadurch in Zweifel geraten, ob sie auch mit dem nötigen Engagement und der optimalen hippokratischen Motivation Therapie in ihrem Leiden erhalten. Durch das Entgegenkommen gegenüber wenigen (Sterbewilligen) würde also die Gesamtheit der Patienten/innen nachhaltig geschädigt. Und auch auf medizinischer Seite wäre damit eine unnötige Zunahme von psychischer Belastung im Arzt-Beruf verbunden.

1.4. Schiefe-Ebene-Argumentation: theoretische – empirische Kritik

Die kritische Analyse der Schiefe-Ebene-Argumentation muss zunächst ihre formale Struktur explizieren. Es geht immer darum, dass von einem bestimmten Ausgangspunkt aus Konsequenzen folgen, die ethisch problematisch bzw. schlecht sind (so auch Wikipedia: ‚Slippery Slope'). Unterschiede bei der Struktur-Explikation gibt es zum einen in Bezug auf den Ausgangspunkt, der entweder nicht bewertet oder als positiv postuliert wird (vgl. Lewis 2007; Levy 2008; Velokh 2002/03); zum anderen in Bezug auf die Akteure, die für das Abgleiten zu den schlechten Folgen verantwortlich gemacht werden: Hier geht Velokh davon aus, dass immer den Anderen die Tendenz zugeschrieben wird, das Abgleiten in die ethisch abzulehnende Konsequenz zu verantworten (2002/03, 1029). Diese Annahme dürfte in der Tat implizit in den meisten Schiefe-Ebene-Argumenten enthalten sein, was aber für die Kritik nicht entscheidend ist. In erster Linie geht es darum, dass ein (neutraler oder positiv zu bewertender) Ausgangspunkt auf lange Sicht zu einer eindeutig (ethisch) negativ zu bewertenden Konsequenz führt. Damit erweist sich die Struktur der Schiefe-Ebene-Argumentation als deskriptiv-präskriptiv gemischtes Satzsystem, in dem also empirische Beschreibungen/Behauptungen mit (ethischen) Bewertungen verbunden sind. Im Prinzip könnte die Kritik also sowohl an den empirischen Behauptungen wie auch an den ethischen Bewertungen ansetzen.

Wenn man die ethischen Bewertungen in den Fokus nimmt, ist nun aber durchaus der Fall denkbar, dass die vom Ausgangspunkt ausgelösten Entwicklungen auf lange Sicht ethisch nicht als negativ, sondern als positiv bewertet werden. Ein eindrucksvolles Beispiel stellt hier die Entwicklung im Zusammenhang mit dem § 175 (sexuelle Handlungen zwischen Männern) dar (vgl. Wikipedia 2020). Die Nationalsozialisten hatten den aus der Weimarer Republik übernommenen Paragraphen (1935) verschärft, indem nun nicht mehr nur beischlafähnliche, sondern alle ‚unzüchtigen' Handlungen unter Strafe standen. Die Bundesrepublik hat (anders als die DDR) diesen Paragraphen nach dem Kriegsende (1949) zunächst unverändert übernommen, was auch vom Bundesverfassungsgericht (1957) bestätigt wurde. Versuche, den Paragraphen abzuschaffen, wurden interessanter Weise (z. B. im einem Strafgesetzentwurf von 1962) mit dem Dammbruch-Argument abgelehnt: „Ausgeprägter als in anderen Bereichen hat die Rechtsordnung gegenüber der männlichen Homosexualität die Aufgabe, durch die sittenbildende Kraft des Strafgesetzes einen Damm gegen die Ausbreitung eines lasterhaften Treibens zu errichten". Erst aufgrund eines allgemeinen Wertewandels wurde der § 175 im Jahr 1969 in einem ersten Schritt reformiert, indem nur noch bestimmte Fälle (wie Ausnutzung von Dienst- und Arbeitsverhältnissen, Handlungen mit unter 21-Jährigen, Prostitution) als strafbar festgelegt wurden. Von diesem Ausgangspunkt aus erfolgten dann Schritt für Schritt weitere ‚Liberalisierungen': 1973 nur noch Strafbarkeit für sexuelle Handlungen mit Minderjährigen; 1994 Aufhebung des § 175 (stattdessen § 176: Missbrauch von Kindern unter 14 Jahren); 2002 Rehabilitierung der während der Nazizeit verurteilten Homosexuellen; 2017 auch Rehabilitierung der in der BRD nach 1945 verurteilten Personen; zugleich finanzielle Entschädigung der Verurteilten.

Diese Entwicklung wird man – aus heutiger Sicht – also kaum als Schiefe-Ebene-Entwicklung klassifizieren, sondern als schrittweise Vollendung einer überfälligen Reform. Die übliche Schiefe-Ebene-Argumentation unterstellt – unproblematisiert, undiskutiert –, dass die darin enthaltene heutige Ethik-Bewertung auch in Zukunft gelten wird (vgl. Riehl 2015). Man könnte also im Prinzip jedes Schiefe-Ebene-Argument daraufhin befragen, wie gut (und dauerhaft) dessen ethische Bewertung gerechtfertigt ist. Darauf soll hier aber verzichtet werden, um nicht in fruchtlose Diskussionen über die ‚Unverfügbarkeit des Lebens' etc. (s. o.) verstrickt zu werden. Stattdessen werden die *Bewertungen* der Schiefe-Ebene-Argumentationen gegen den Sterbebeistand *akzeptiert*, um sich auf den deskriptiv-empirischen Kern dieser Argumente konzentrieren zu können. Denn mögliche Werte-Entwicklungen in der Gesellschaft müssten Spekulation bleiben. Dagegen stellt die Korrektheit der empirischen Auswirkungen des Ausgangspunkts (Sterbebeistand) eine notwendige Bedingung für die Brauchbarkeit der Schiefe-Ebene-Argumentation dar, die an der Erfahrung gemessen werden kann und um die es daher im Folgenden gehen soll.

In diesem Zusammenhang wird ein konzeptueller Zwang des rechtlichen Übergangs auf immer gravierendere, ethisch problematische Fälle der ‚Sterbehilfe', sei es von der Dimension der Gesetzgebung oder der Rechtsprechung aus (s. o. und Volokh

2002/03, 1034), heute kaum mehr behauptet, weil die dabei unterstellte Willkürlichkeit der Grenze zwischen den jeweiligen Fällen eben gerade auch die Möglichkeit eröffnet, diese Grenze aufgrund eines gesellschaftlichen Wertekonsenses eindeutig und stabil festzulegen (vgl. Riehl 2015). Worum es in der Schiefe-Ebene-Diskussion zentral geht, ist die sukzessive Verursachung von Entwicklungen hin zu ethisch abzulehnenden Fällen von ‚Sterbehilfe'. Dabei muss eine empirische Prüfung selbstverständlich auch potenzielle Wirkungen in die entgegengesetzte Richtung mit berücksichtigen, nämlich ob und ggf. welche negativen Wirkungen ein Verbot von Sterbebeistand (als Konsequenz des ‚Wehret den Anfängen') haben kann. Der Abschlussbericht des Victoria-Parlament-Komitees führt als Ergebnis aus seinen Befragungen an (2016, 206f.), dass Menschen unter dem Verbot von Sterbebeistand früher als notwendig Suizid begehen (solange sie noch sicher die Kontrolle über eigenes Handeln haben); dass sie einen ‚schlechteren' Tod haben, weil es keine friedlichen Möglichkeiten des selbstbestimmten Sterbens gibt; dass Ärzte/innen, die Sterbebeistand leisten möchten, unter der Unsicherheit der Rechtsfolgen ihres Handelns leiden etc. Diese Probleme machen deutlich, dass Schiefe-Ebene-Argumentationen eigentlich erst dann rational überzeugend sein können, wenn sie die behauptete kausal-sukzessive Entwicklung des ‚Abgleitens' zu ethisch intolerablen Folgen explizit Schritt für Schritt angeben – und ohne dabei die Möglichkeit positiver (‚Neben'-)Wirkungen auszublenden. Schiefe-Ebene-Argumente sind nicht von vornherein unbrauchbar oder abzulehnen, aber sie müssten die Mechanismen benennen, nach denen sich das Abgleiten auf der schiefen Ebene vollzieht. Volokh (2002/03) hat in seinem umfangreichen Aufsatz von über 100 Seiten mehrere potenzielle Mechanismen herausgearbeitet, von denen für die Argumentation über Sterbebeistand vor allem drei relevant sind: die Änderung persönlicher Einstellungen (auf Patienten- wie Medizinerseite); die Änderung des politischen Klimas (bei allen möglichen gesellschaftlichen Gruppen); das Erstarken von Kosten-Nutzen-Überlegungen (weil die Versorgung Schwerkranker bekanntlich die größten Kosten im Gesundheitssystem verursacht).

Gute, rational überzeugende Schiefe-Ebene-Argumente müssten also die jeweils angesetzten Mechanismen anführen, mittels derer sich das Abgleiten vom Ausgangspunkt zur ethisch abzulehnenden Konsequenz vollzieht; und d. h., sie müssten die einzelnen, aufeinander folgenden Verursachungsschritte einschließlich entsprechender Daten konkret angeben (vgl. schon Burgess 1993, 170f.). Die einfache Behauptung, dass sich von dem Ausgangspunkt her auf lange Sicht die ethisch ungewollte Wirkung ergibt, ist letztlich nichts als der Versuch einer Beweislastumkehr (ebda.)! Während eigentlich das Schiefe-Ebene-Argument die empirischen Fakten zum Nachweis des schrittweisen ‚Abgleitens' beibringen müsste, wird durch die bloße Behauptung von Ausgangs- und Endpunkt die Anführung empirischer Daten den Gegnern dieser Argumentation zugeschoben. An und für sich würde es also zur Ablehnung solcher (verkürzten) Schiefe-Ebene-Argumente reichen, darauf hinzuweisen, dass sie die formalen Anforderungen an empirisch gültige Thesen nicht erfüllen. Allerdings gibt es dabei die vehemente Schwierigkeit, dass die Schiefe-Ebene-Argumentation gegen den Sterbebeistand mit Gefühlsappellen operiert, d. h. über Angstevozierung zum Erfolg zu kommen versuchen. Und gegen Angstgefühle ist mit formalen Argumenten schwer bis gar nicht anzukommen. Deshalb ist an dieser Stelle unter dem Ziel einer möglichst rationalen Abwägung und Entscheidung wohl oder übel die Beweislastumkehr zu akzeptieren: d. h. selbst die inhaltlich-systematische Prüfung zu übernehmen, was an den Schiefe-Ebenen-Argumenten empirisch zutrifft oder nicht.

Um die von der Schiefe-Ebene-Argumentation gegen den ärztlich-assistieren Suizid ausgelösten Angstemotionen zu überwinden, werden für die folgende Analyse also zwei in dieser Argumentation enthaltene, eigentlich unberechtigte Implikationen übernommen: Es wird von der historischen Konstanz der heutigen ethischen Bewertung ausgegangen, und es wird die Beweislastumkehr akzeptiert, d. h. die empirische Prüfung der behaupteten Schiefe-Ebenen-Entwicklungen wird den Vertretern dieser Argumente abgenommen.

2. Die empirische Überprüfung

2.1. Die Datengrundlage: Oregon und Niederlande

Die Schiefe-Ebene-Argumentation behauptet, dass durch die Legalisierung von Sterbebeistand (ärztlich-assistiertem Suizid) bzw. Tötung auf Verlangen (niederländisch: ‚euthanasie') ein Abgleiten in ethisch intolerable Konsequenzen ausgelöst wird. Diese These einer ethisch abzulehnenden (kausalen) Wirkung von ‚Sterbehilfe'-Legalisierung wäre vom Methodischen her am sichersten nachzuweisen, wenn man die Situation vor der Legalisierung mit jener nach der Legalisierung vergleicht bzw. wenn man die Situation in (ansonsten vergleichbaren) Gesellschaften *mit* vs.

solchen *ohne Legalisierung* kontrastiert (vgl. Gillon 1999; Lewis 2007). Genau für diese beiden methodisch stärksten Nachweise fehlt nun aber jede zureichende Datenbasis, da vor oder ohne Legalisierung einfach die relevanten Daten – in Bezug auf welche Form der ‚Sterbehilfe' auch immer – nicht erhoben werden; denn es wäre ja eine Erhebung von ungesetzlichem Verhalten. Es gibt einige wenige Untersuchungen, die unter Sicherung der Anonymität Fälle von nicht zulässigem Suizidbeistand aufzuklären versuchen und die eine hohe Dunkelziffer vermuten lassen (vgl. Battin et al. 2007; Rietjens et al. 2009); aber das reicht selbstverständlich für einen systematischen Vergleich und die Überprüfung einer Kausalwirkung der Legalisierung keineswegs aus. Deshalb bleibt vom Methodischen her als dritte Möglichkeit vor allem die Überprüfung der Entwicklung *nach* einer Legalisierung von Sterbehilfe übrig; denn die postulierten Schiefe-Ebene-Wirkungen müssten sich ja auf die Dauer in Folge der rechtlichen Liberalisierung nachweisen lassen. Entscheidend ist dabei das ‚auf die Dauer'. Die zu überprüfenden Schiefe-Ebene-Argumente bleiben nicht nur – wie bereits kritisiert – in Bezug auf die Mechanismen und damit die einzelnen Schritte des ethischen ‚Abgleitens' unbestimmt, sondern auch hinsichtlich des anzusetzenden Zeitraums, in dem diese Effekte auftreten (sollen; vgl. auch Wittwer 2020, 243f.). Aus dem metaphorischen Bild der Argumentation (‚schiefe Ebene') lässt sich aber ableiten, dass wohl eher langsame Veränderungsprozesse, nicht abrupt einsetzende Umwälzungen gemeint sind. Um der Argumentationsfigur der schiefen Ebene bei ihrer empirischen Überprüfung so gerecht wie möglich zu werden, sind bei diesem dritten methodischen Weg also möglichst lange Zeiträume nach einer Legalisierung von Sterbehilfe zu analysieren.

Das beschränkt die Untersuchung auf die zwei Staaten, in denen Erfahrungen von mindestens zwei Jahrzehnten nach bzw. im Zusammenhang mit einer solchen Legalisierung vorliegen: den US-Bundesstaat Oregon und die Niederlande in Europa. In Oregon ist die Liberalisierung mit dem ‚Death with Dignity Act' im Jahre 1997 erfolgt. Dabei wurde gleichzeitig eine jährliche Erhebung über die ärztlich-assistierten Suizide gesetzlich verankert, für die auch jährliche Berichte vorliegen. Der Bericht von 2018 fasst sogar selbst die Entwicklungen der letzten 20 Jahre zusammen, auf den daher im Folgenden vor allem zurückgegriffen werden kann (Oregon Health Authority 2018). In den Niederlanden gab es bereits seit den 1970er Jahren eine intensive Diskussion über die Sterbehilfe (vor allem auch die Tötung auf Verlangen), bei der sich in den 1980er Jahren auch die holländische Ärztevertretung *für* eine Legalisierung aussprach (vgl. Überblick bei Rietjens et al. 2009). Nicht zuletzt aufgrund von empirischen Erhebungen und Anhörungen (wie in dem schon erwähnten neueren Fall des australischen Bundesstaats Victoria) wurde 2001 ein Sterbehilfe-Gesetz beschlossen, das sowohl ärztlich-assistierten Suizid wie Tötung auf Verlangen (in den Niederlanden: ‚euthanasie') zulässt und rechtlich regelt. Dazu gehören ebenfalls empirische Untersuchungen und Berichte, allerdings nicht wie in Oregon in jährlicher Frequenz, sondern alle fünf Jahre. Wegen der bereits vor der Legalisierung einsetzenden empirischen Forschung gibt es daher auch für die Niederlande eine Datenlage aus ca. zwei Jahrzehnten, die sehr systematisch von Rietjens et al (2009) zusammengefasst worden ist (einschließlich einer Einarbeitung aller bis dahin vorliegenden Einzelstudien). Sterbehilfe-Legalisierungen in anderen Staaten (z. B. in einzelnen US-Bundesstaaten wie Washington, Vermont und Kalifornien) sowie Belgien in Europa sind erst vor kürzerer Zeit erfolgt, so dass hier keine ausreichenden Zeiträume für eine empirische Überprüfung der Schiefe-Ebene-Thesen vorliegen. Die folgenden Analysen werden sich deshalb auf die Datenlage in Oregon und in den Niederlanden konzentrieren (müssen).

Gleichwohl wird damit eine große Bandbreite von Daten abgedeckt, was an den fast diametralen Schwerpunkten der Sterbehilfe in diesen beiden Staaten liegt. In den Niederlanden sind sowohl die Tötung auf Verlangen als auch der ärztlich-assistierte Suizid zugelassen, die allerdings in sehr ungleicher Häufigkeit praktiziert werden: nämlich zu ca. 90 % die Tötung auf Verlangen und nur zu 10 % der ärztlich-assistierte Suizid (vgl. Griffiths 2008, 81). Der Grund dafür liegt in der Betreuungskultur, durch die das medizinische System in den Niederlanden gekennzeichnet ist (vgl. Rietjens et al. 2009). Im Mittelpunkt steht die – zumeist langjährige – Beziehung von Patienten/innen zu ihrem Hausarzt bzw. ihrer Hausärztin, in der beide übereinstimmend auch die aktive medizinische Begleitung und Kontrolle beim selbstbestimmten Sterben des/der Patienten/in vorziehen (ebda.). Auf der Grundlage dieses Vertrauensverhältnisses gibt das beiden (Medizinern wie Patienten) die Sicherheit, dass es im Sterbeprozess nicht zu unerwünschten Komplikationen kommt bzw. diese gegebenenfalls unmittelbar mit medizinischer Hilfe ausgeräumt werden können. Die Relation zwischen Patienten und Ärzten in Oregon ist dagegen durch eine größere Distanz bzw. patientenseitige Selbstständigkeit geprägt. Zunächst einmal ist nur der ärztlich-assistierte Suizid zugelassen, aber dabei gibt es auch die Möglichkeit, dass den Patienten das gewünschte Mittel rezeptiert und dann zum eigenständigen Gebrauch überlassen wird, wobei diese Möglichkeit zudem sehr viel häufiger genutzt wird als die Variante, das Mittel unter Anwesenheit des verschreibenden Mediziners anzuwenden. In dem 20-jährigen Berichtszeitraum von 1997–2017 waren nur in 14,6 % der Fälle die verschreibenden Ärzte/Ärztinnen zum Zeitpunkt des Todes der Patienten/innen zugegen, in 26,6 % waren andere Betreuer (z. B. Pflegekräfte) anwesend, in den restlichen 58,9 % waren keine professionellen Helfer bei den Sterbenden (Oregon Health Authority 2018), was aber die Begleitung durch Angehörige etc. nicht ausschließt. Diese Variante der konkreten Sterbesituation ohne medizinische Begleitung hat für die empirische Prüfung den Vorteil, dass dadurch auch quantitativ deutlich wird, in welchem Umfang Patienten/innen ein Mittel zum selbstbestimmten Sterben erhalten, ohne es aber schlussendlich einzusetzen (s. im Einzelnen unten).

Insgesamt erlaubt die durch die unterschiedlichen Betreuungskulturen zustande kommende Bandbreite der Datenlage eine ausgesprochen aussagekräftige empirische Prüfung der verschiedenen Versionen von Schiefe-Ebene-Argumenten gegen die Sterbehilfe. Dabei stammen die Daten zum einen aus dem im Rahmen der Legalisierung als Pflicht eingeführten Meldungen der (legalen) Sterbehilfe-Fälle; zum anderen aus z. T. sogar länderübergreifenden anonymen Erhebungen, die in einigen der Länder auch nicht legale Fälle von ärztlich-assistiertem Suizid und/oder Tötung auf Verlangen (bzw. sogar Tötung ohne vorhergehende Bitte) umfassen (vgl. Rietjens et al.2009).

2.2. Die (rechtliche) Ausweitungs-Prognose

Die empirische Überprüfung der Warnungen vor rechtlicher Ausweitung der Sterbehilfe nach deren Legalisierung ist im Prinzip am einfachsten, da mit der Legalisierung explizite Kriterien für den (zumeist ärztlichen) Beistand beim Suizid gesetzlich festgelegt und darüber hinaus eben auch eine Meldepflicht für solchen legalen Beistand verankert wird – was sowohl für Oregon wie auch für die Niederlande zutrifft.

In Oregon lauten die Kriterien für einen legalen ärztlich-assistierten Suizid (vgl. Battin et al. 2007):

- Patienten müssen erwachsen (mindestens 18 Jahre alt) und Einwohner von Oregon sein.
- Patienten müssen Suizid-Entscheidungen fällen und kommunizieren können.

- Es müssen zwei Mediziner eine Erkrankung im Endstadium (Lebenserwartung höchstens sechs Monate) diagnostizieren.
- Patienten müssen zwei Mal mündlich ihren Wunsch nach Sterbebeistand vorbringen (mit einem Abstand von mindestens 15 Tagen) und ein drittes Mal in schriftlicher Form (mit Bestätigung durch einen Zeugen).
- Wenn einer der beiden Mediziner eine geistige Verwirrung für möglich hält, ist der Sterbebeistand unzulässig, stattdessen ist eine genauere diesbezügliche Diagnose vorzunehmen.
- Patienten müssen über Alternativen (wie palliative Versorgung in Hospizen etc.) informiert werden.
- Mediziner müssen den Patienten zumindest vorschlagen, ihre Angehörigen zu informieren.
- Mediziner müssen die Rezeptierung entsprechender Mittel an das zuständige Gesundheitsministerium melden.

Was die mögliche rechtliche Ausweitung des zulässigen Sterbebeistands über diese Kriterien hinaus angeht, so ist schlicht und einfach festzustellen, dass es in der Zeit von 1997 bis 2017 überhaupt keine Veränderung gegeben hat (Oregon Health Authority 2018). In Bezug auf Oregon mit seinem längsten (zwei Jahrzehnte umfassenden) Zeitraum legalen Sterbebeistands ist die Schiefe-Ebene-These einer rechtlichen Ausweitung empirisch als eindeutig falsifiziert festzustellen.

In den Niederlanden gibt es parallele, wenn auch in der Formulierung und Konzeptualisierung teilweise abweichende Kriterien (vgl. ebenfalls Battin et al. 2007):

- Patienten müssen einen freiwilligen, informierten und gut überlegten Sterbewunsch äußern.
- Patienten müssen unerträglich und hoffnungslos leiden ohne Aussicht auf Beendigung ihres Leidens in absehbarer Zukunft.
- Ärzte müssen in Übereinstimmung mit dem Patienten feststellen, dass es keine Möglichkeit gibt, das Leiden auf andere Art und Weise (als durch selbstbestimmtes Sterben) zu beenden.
- Der behandelnde Arzt muss einen zweiten, unabhängigen Kollegen konsultieren.

- Die Sterbehilfe muss mit medizinischer Verantwortlichkeit und Fürsorge durchgeführt werden.
- Die Sterbehilfe muss der zur Überwachung eingesetzten Institution gemeldet werden.

Im Unterschied zu der Gesetzeslage in Oregon wird in den Niederlanden also keine terminale Krankheit gefordert, es steht grundsätzlich auch Jugendlichen bei einem entsprechenden Reifestand (begründeter Sterbenswunsch) Sterbehilfe offen und diese umfasst, wie bereits erwähnt, auch Tötung auf Verlangen (niederländisch: ‚euthanasie', sogar in weit überwiegendem Ausmaß im Vergleich zum ärztlich-assistierten Suizid, s. o.). Auch diese Kriterien gelten in den Niederlanden weiterhin, allerdings mit einer Erweiterung, dem sog. Groningen-Protokoll, das dementsprechend auch kontroverse Diskussionen ausgelöst hat (Smith 2008). Bei diesem ‚Protokoll' handelt es sich um ein Regelwerk, das 2004/05 von der Universitäts-Kinderklinik in Groningen ausgearbeitet worden ist und die Bedingungen angibt, unter denen es in den Niederlanden erlaubt sein soll, auch das Leiden von schwerstkranken Babys durch ‚Tötung auf Verlangen' zu beenden (vgl. Verhagen et al. 2005). Das Verlangen kann in diesem Fall selbstverständlich nur von den Eltern ausgehen, wobei auch hier die generellen Anforderungen gelten: Informiertheit der Eltern und Wohlbegründetheit ihrer Entscheidung, Überprüfung der ärztlichen Diagnose durch (mindestens) einen unabhängigen Mediziner, Meldung der Fälle an die zuständige Kontrollinstitution. Das Groningen-Protokoll kennt mehrere Kategorien unerträglichen Leidens, empirisch läuft es aber nach den bisherigen Erhebungen auf schwerste Fälle von Spina bifida, einer Rückenmarkserkrankung mit Hirnschädigung und extremen Einschränkungen der Lebensqualität hinaus. Rein formaliter liegt damit durchaus eine rechtliche Ausweitung vor, zumal das Groningen-Protokoll von den zuständigen juristischen Stellen auch akzeptiert worden ist und demnach Mediziner, die danach verfahren, straffrei gestellt sind. Allerdings berichten Verhagen et al. (2005) lediglich von 22 auf dieser Grundlage vollzogenen Fällen in sieben Jahren, denen aufgrund von anonymen Erhebungen die Tötung von ca. 15–20 Neugeborenen jährlich in den Niederlanden vor und außerhalb dieses Regelwerks zu kontrastieren ist (ebda.). Das Groningen-Protokoll hat also im Prinzip lediglich ein in der Ärzteschaft übliches Vorgehen präzisiert und legalisiert, wobei die Präzisierung eher eine Einschränkung der rechtlich ungeregelten Situation bedeutet als eine Ausweitung!

Vergleichbares gilt für eine zwar nicht juristische, aber praktische (potenzielle) Ausweitung, die für Vertreter der Schiefe-Ebene-Argumentation besonders relevant sein dürfte (und die hier deshalb abschließend zu behandeln ist): die Ausweitung vom Töten aufgrund von Verlangen auf Tötungen ohne (explizites) Verlangen (‚voluntary dying – unvoluntary dying'). Anonyme Erhebungen zeigen, dass es in den Niederlanden neben den beiden legalisierten Möglichkeiten des ärztlich-assistierten Suizids und der Tötung auf Verlangen auch die Variante der Tötung ohne (unmittelbar) vorhergehende patientenseitige Bitte um Sterbehilfe gibt. Auch wenn dieser Fall mit weniger als 1 % aller Todesfälle quantitativ gering erscheint, könnte er doch den Beginn der befürchteten Schiefe-Ebene-Entwicklung hin zu einer Tötung ohne oder sogar gegen den Willen der Patienten/innen markieren. Drei Fakten sprechen allerdings eindeutig gegen diese Möglichkeit: Zunächst einmal handelt es sich bei den niederländischen Fällen entsprechend der bereits erwähnten Betreuungskultur um langwährende Arzt-Patienten-Verhältnisse, in denen bereits zu früheren Zeitpunkten über die Möglichkeit einer ärztlichen Sterbehilfe gesprochen wurde; es liegt lediglich keine unmittelbar vorhergehende Bitte der Patienten/innen vor (Rietjens et al. 2009, 6). Zum zweiten ist der Anteil dieser Tötungen ohne unmittelbar vorhergehende Bitte zwischen 1990 und 2005 von 0,8 % auf 0,4 % gesunken, die Legalisierung der Sterbehilfe hat also nicht zu einer Ausweitung, sondern zu einer Verminderung dieser Fälle von möglicherweise (!) ungewollter Sterbehilfe geführt (ebda.). Und zum dritten zeigt der an diesem Punkt aufgrund anonymer Erhebungen durchführbare Ländervergleich, dass außer in den Niederlanden in allen anderen Erhebungsländern (Belgien, Dänemark, Italien, Schweiz) der Anteil von Tötungen ohne vorhergehende Patientenbitte höher als der Anteil von Tötungen auf Verlangen (‚euthanasie') ist (vgl. Tab. 1):

	NL	BE	DK	IT	CH
‚euthanasie'	2,6	0,3	0,1	0,0	0,3
Tötung ohne Bitte	0,7	1,5	0,7	0,1	0,4

Tab. 1: Tötung auf Verlangen (niederländisch: ‚euthanasie') und Tötung ohne vorhergehende Patientenbitte in den Niederlanden, Belgien, Dänemark, Italien und Schweiz (in %); vgl. Rietjens et al. 2009, 10.

Insgesamt kann man nach der empirischen Überprüfung der (rechtlichen) Ausweitungs-Prognose daher festhalten: Dort, wo der ärztlich-assistierte Suizidbeistand im

Mittelpunkt steht (US-Bundesstaat Oregon), gibt es überhaupt keine rechtliche Veränderung. Dort, wo die Tötung auf Verlangen die häufigste Variante der Sterbehilfe ist (Niederlande), gibt es eine formale Ausweitung (in Bezug auf Neugeborene), die aber lediglich die Kodifizierung einer üblichen Praxis darstellt und dadurch inhaltlich keine Ausweitung, sondern Einschränkung bewirkt. Auch hinsichtlich der Befürchtung, dass eine Schiefe-Ebene von der Tötung auf Verlangen in Richtung auf Tötung ohne oder gegen den Patientenwillen wirksam werden könnte, zeigt sich, dass die Legalisierung von Sterbehilfe im Gegenteil ein Bollwerk gegen eine solche Schiefe-Ebene-Entwicklung darstellt.

2.3. Die (quantitative) Dammbruch-These

Die jährlichen Berichte der ‚Oregon Health Authority' über die gemeldeten Fälle von ärztlich-assistiertem Suizid erlauben die präziseste Überprüfung der Dammbruch-These, also der Behauptung, dass durch die Legalisierung von Sterbebeistand so etwas wie ein ‚Suizid-Sog' entsteht. Die entsprechenden Fallzahlen der Jahre 1998–2017 in Oregon zeigt Tab. 2 (Oregon Health Authority 2018, 12):

Jahr	*Verschreibungen*	*Suizide*
1998	24	16
1999	33	27
2000	39	27
2001	44	21
2002	58	38
2003	68	42
2004	60	37
2005	65	38
2006	65	46
2007	85	49
2008	88	60
2009	95	59
2010	97	65

2011	114	71
2012	116	85
2013	121	73
2014	155	105
2015	218	135
2016	204	138
2017	218	143
Summe	*1.967*	*1.275*

Tab. 2: Verschreibungen und Suizide in Oregon 1998–2017

Die Zahlen machen deutlich, dass durchaus ein Anstieg der ärztlich-assistierten Suizide zu verzeichnen ist. Allerdings muss man dabei berücksichtigen, dass sich die Legalisierung als geänderte Gesetzeslage erst im Bewusstsein der Bevölkerung und vor allem auch der Ärzteschaft verankern musste. Da aufgrund des Oregon ‚Death with Dignitiy Act' für Ärzte bei Sterbebeistand seit 1998 Rechtssicherheit (der Straffreiheit) besteht, ist zu erwarten, dass sich nicht zuletzt auch die Anzahl der zum ärztlich-assistierten Suizid bereiten Mediziner erhöht hat; diese für die Gewichtung der erfolgten Fälle von Sterbebeistand wichtige Bezugsgröße ist aber nicht bekannt. Deshalb ist es (ersatzweise) am sinnvollsten, von dem Anteil der assistierten Suizide an der Gesamtzahl der Todesfälle (in Oregon) auszugehen. Dafür gibt der Bericht von 2018 für das Jahr 2017 einen Wert von 0,4 % an; vier von 1.000 Gestorbenen haben im Jahr 2017 in Oregon also ärztlichen Sterbebeistand in Anspruch genommen (Oregon Health Authority 2018, 5). Diesen Wert kann man sicher nicht als Beleg für einen ‚Suizid-Sog' interpretieren!

Noch deutlicher spricht aber ein weiterer in Tab. 2 enthaltener Wert gegen einen solchen ‚Sog'. Die in Oregon vorgenommene Legalisierung des Sterbebeistands erlaubt, wie erwähnt, die Möglichkeit, dass den Patienten ein gewünschtes Medikament verschrieben wird, dessen Anwendung (Einnahme) aber ohne ärztliche Überwachung vollzogen werden kann. Daraus resultiert, dass es eine Anzahl von Patienten gibt, die zwar ein den Sterbewunsch erfüllendes Medikament besitzen, es aber nicht verwenden. Nach den Daten von Tab. 2 sind das über die 20 Berichtsjahre hinweg ca. 36 % (Differenz von 1.967 minus 1.275 zur Gesamtzahl von 1.967 Verschreibungen). Ersichtlich gibt es also eine substanzielle Anzahl von Patienten, denen das gewünschte Medikament psychisch lediglich die Sicherheit dafür gibt, gegebenenfalls den Todeszeitpunkt selbst bestimmen zu können, ohne dass sie jedoch letztlich davon Gebrauch machen. An dieser Stelle entfaltet die Legalisierung von Sterbebeistand daher nachweislich sogar eine Funktion der Suizid-Prophylaxe! Psychologisch ist der dabei ablaufende Prozess auch unmittelbar einsichtig: Die Angst vor einem unkontrollierbaren, unerträglichen Leiden wird durch den Besitz eines das mögliche Leiden beendenden Medikaments aufgehoben; und wenn sich das Leiden dann gar nicht als so gravierend, so unerträglich herausstellt, wird auf die Anwendung des Medikaments verzichtet. Als Kehrseite der Medaille bedeutet das allerdings ebenfalls: Ohne den potenziellen Rückgriff auf ein solches Medikament führt die Angst vor unkontrolliertem, unerträglichem Leiden dazu, den Suizid möglichst frühzeitig zu versuchen, solange man noch die Kontrolle über das Geschehen besitzt. Ein Verbot von Sterbehilfe hat daher psychologisch eher eine größere Wahrscheinlichkeit von vorzeitigen, unnötigen Suizidversuchen zur Folge, als dass es ein Bollwerk gegen einen ‚Suizid-Sog' darstellt – was auch durch den Vergleich mit anderen Ländern belegt wird (vgl. Arnold 2014, 133f.). Dieses Bollwerk ist gerade durch die Legalisierung des Sterbebeistands in der Oregon-Form zu erreichen, nämlich als Verschreibung eines den Sterbewunsch erfüllenden Medikaments, das gegebenenfalls auch unabhängig vom rezeptierenden Mediziner eingesetzt (oder eben nicht angewendet) werden kann.

Dass die verschreibenden Ärzte bei der Einnahme des Mittels gegebenenfalls nicht anwesend sind, bedeutet nun aber nicht, dass die Patienten im Falle eines selbstbestimmten Sterbens zu diesem Zeitpunkt völlig allein sind. Neben Angehörigen werden sie in der Regel auch durch Pflegekräfte unterstützt, sei es innerhalb eines Hospizes oder in häuslicher Palliativ-Versorgung. Das betrifft die weitere Schiefe-Ebene-Warnung, dass die Legalisierung von Sterbebeistand die Palliativ-Versorgung schwächen könnte. Insbesondere von Seiten der Hospiz-Bewegung wird immer wieder eine solche Kontrastierung von Sterbehilfe und palliativer Versorgung als Negativ-Konsequenz angeführt (s. o. und de Ridder 2011, 94ff.). Die Datenlage widerspricht jedoch auch dieser Negativerwartung in maximaler Eindeutigkeit. Unabhängig davon, ob in der letzten selbstbestimmten Lebensstunde ärztlicher Beistand anwesend ist oder nicht, sterben 90 % der Suizidwilligen (in Oregon) im Rahmen palliativer Hospiz-Fürsorge (Ganzini & Dahl 2008, 69; Oregon Health Auhtority 2018, 9). Der ‚Death with Dignity Act' in Oregon hat nachweislich – und z. T. wohl durchaus entgegen den ursprünglichen Erwartungen – zu einer Stärkung, einem Ausbau der Palliativ-Versorgung geführt (Ganzini & Dahl ebda.; Dahl 2006, 119). Die mit der Legalisierung des Sterbebeistands explizierten Kriterien, nicht zuletzt des unerträglichen Leidens und der Informationspflicht über Alternativen, haben das Bewusstsein und die Ansprüche in Bezug auf das Gewicht palliativer Fürsorge geschärft. Die Folge war ein Ausbau der Palliativ-Versorgung, die sich auch in dem berichteten Anteil von verschriebenen, aber nicht zum Suizid eingesetzten Medikamenten manifestiert. Sterbebeistand und Palliativ-Versorgung befinden sich also keineswegs in einer gegenläufigen Konkurrenzsituation, sondern ergänzen sich gegenseitig, um mögliches Leiden am Lebensende maximal zu begrenzen (Admiral 2008; Arnold 2014, 128ff; de Ridder 2011, 296ff.); das gilt parallel auch für die Niederlande mit ihrer hausärztlichen Betreuungskultur (vgl. Rietjens et al. 2009, 13).

Allerdings ist es – gerade auch von Seiten der Palliativ-Medizin – unbestritten, dass in ca. 5–10 % der Fälle Schmerzen nicht vollständig beherrschbar sind (vgl. Admiral 2008, 132; Arnold 2014, 52; de Ridder 2011, 112ff.) bzw. nur, indem das Bewusstsein der Patienten zumindest teilweise so gedämpft wird, dass keine differenzierte Wahrnehmung und klare Denktätigkeit mehr möglich sind. Außerdem gibt es außer den Schmerzen weitere unerträgliche Leidensformen wie Übelkeit mit Erbrechen (bis hin zum Erbrechen von Kot), Atemnot mit Erstickungsanfällen etc. (vgl. Birnbacher 2019, 2; de Ridder 2011, 115.), die auch bei bester palliativer Versorgung manchen Kranken nicht erspart werden können. Hier bleibt auch bei optimaler palliativer Fürsorge als realistische Möglichkeit der Leidensbeendigung nur der Sterbebeistand (in welcher Form auch immer). Und auch eine Schmerzbehandlung, die zu einem nur halbbewussten Dahindämmern führt, entspricht für bestimmte Patienten nicht der Lebensqualität, die sie sich für die Sterbensstunde(n) wünschen.

Insgesamt sprechen die vorliegenden Daten, insbesondere aus dem 20-Jahres-Zeitraum in Oregon, eindeutig gegen die Dammbruch-These als Kernelement der Schiefe-Ebene-Argumentation! Die Legalisierung von Sterbebeistand gibt den Patienten psychologisch die Sicherheit, dass sie kein unerträgliches, aus ihrer Sicht sinnloses Leiden erdulden müssen, so dass diejenigen, denen solches Leiden erspart bleibt, gar nicht auf die Möglichkeit des Suizids zurückgreifen. Sterbebeistand in der Oregon-Version hat also sogar die Funktion einer Suizid-Prophylaxe. Das betrifft nicht zuletzt auch die Vermeidung von vorzeitigen Suiziden, die aus Angst vor zeitlich unvorhersehbarem Kontrollverlust unternommen werden. Desgleichen ist auch das Gegeneinander-Ausspielen von Sterbebeistand und Palliativ-Versorgung empirisch völlig ungerechtfertigt. Beide Wege der Leidensminderung am Lebensende ergänzen sich, greifen ineinander, so dass die Legalisierung des ärztlich-assistierten Suizids nicht zu einer Beschränkung, sondern zu einem Ausbau der Palliativ-Versorgung geführt hat. Wenn die unberechtigten Kontrastierungen dieser beiden Wege (vor allem durch die Hospiz-Bewegung) aufgegeben werden, ist ein solcher positiver Effekt für die Palliativ-Versorgung auch für zukünftige Entwicklungen nach einer Legalisierung von Sterbebeistand zu erwarten.

2.4. Die (soziale) Missbrauchs-Befürchtung

Die Missbrauchs-Befürchtungen innerhalb der Schiefe-Ebene-Argumentation beziehen sich vor allem darauf, dass durch die Legalisierung von Sterbehilfe insbesondere die sozial Schwachen in der Gesellschaft zu dieser Form des Lebensendes gedrängt werden, sei es durch direkte Kommunikation oder strukturelle Dynamiken. Das bezieht sich auf ältere Menschen, auf weniger (aus-)gebildete, auf Personen ohne Krankenversicherung bzw. auf ethnische Minoritäten etc. Auch hier bieten die Daten aus dem 20-jährigen Berichtszeitraum in Oregon die härteste empirische Prüfinstanz. Dabei zeigt sich, dass alle diesbezüglichen Schiefe-Ebene-Befürchtungen unbegründet sind.

In dem Zeitraum von 1998–2017 lag die Kategorie mit der höchsten Fallzahl bei 72 Lebensjahren, während die älteren in Relation dazu deutlich unterrepräsentiert waren: 75–84 Lebensjahre: 26,3 %; 85 Lebensjahre und mehr: 15,4 % (Oregon Health Authority 2018, 8). Bei der Bildung gibt es lediglich 5,5 % Personen ohne Sekundarschul-Bildung (High School), während 46,5 % einen Universitätsabschluss (Bachelor und höher) besitzen (ebda.); der Sterbebeistand wird also eindeutig mehr von den gebildeten Schichten angestrebt, von einem Druck auf weniger Gebildete kann überhaupt nicht die Rede sein.

In Bezug auf die Krankenversicherung hatten im genannten Zeitraum 51,6 % derjenigen, die einen Sterbebeistand in Anspruch genommen haben, eine private Krankenversicherung, 47,1 % eine staatliche Versicherung; lediglich 1,3 % waren ohne Krankenversicherung (Oregon Health Authority 2018, 9). Die Daten in den Niederlanden sind völlig parallel dazu (vgl. Battin et al. 2007). In Bezug auf die ethnische Zugehörigkeit waren in Oregon 96,3 % weiße Amerikaner, 1,2 % Hispano-Amerikaner, und alle übrigen Ethnien weisen Werte von unter 1 % auf (ebda.). Noch gravierender ist die Vermutung, dass durch die Legalisierung der Sterbehilfe ein Druck auf Kranke entstehen könnte, Sterbebeistand anzustreben, um auf diese Weise den Angehörigen bzw. der Gesellschaft generell am Lebensende nicht zur Last zu fallen. Die erhobenen Motive einer Bitte um Sterbebeistand sprechen hier allerdings eine ganz andere Sprache (vgl. Tab. 3):

Verlust von Autonomie	90,9 %
Verlust von Lebensfreude gebenden Aktivitäten	89,5 %
Verlust von Würde	75,7 %
Verlust der Kontrolle über die Körperfunktionen	45,7 %
Belastung für die Familie bzw. pflegende Personen	43,7 %
Unerträgliche Schmerzen bzw. Angst davor	25,8 %
Finanzielle Aspekte der Behandlung	3,7 %

Tab. 3: Oregon Health Authority 2018, 10; Mehrfachantworten möglich

Der Aspekt einer möglichen Belastung für Angehörige etc. wird erst an fünfter Stelle genannt, und zwar weniger als halb so oft wie die beiden wichtigsten Motive: Verlust der Autonomie und Verlust von Lebensqualität. Darin wird deutlich, dass es sich bei den um Sterbebeistand bittenden Personen um Menschen handelt, die eine sehr klare und gefestigte Vorstellung von der existenziellen Qualität haben, die sie als lebenswert ansehen (vgl. auch Arnold 2014, 122ff.; Battin et al. 2007, 13f.; Ganzini & Dahl 2008, 70f.; für die Niederlande: Rietjens et al. 2009). Dass sie dann unter dieser Voraussetzung auch noch ihren Angehörigen bzw. Freunden möglichst wenig *unnötig* zur Last fallen wollen, ist eher ein Zeichen sozialer Verantwortung, als dass es durch einen missbräuchlichen Druck in Richtung auf Suizidwünsche zustande kommt (vgl. auch Arnold 2014, 124f.). Genauso wenig lassen die erhobenen Motive für eine Bitte um Sterbebeistand die Möglichkeit erkennen, dass unter Rückgriff auf Entlastung der Gesellschaft von den Kosten der Behandlung bzw. Pflege todkranker Menschen auf diese ein Druck ausgeht, sich einer diesbezüglichen Kosten-Nutzen-Kalkulation zu beugen. Außerdem ist es psychologisch auch völlig unplausibel, wie das Mitgefühl und die Sorge für individuelle Menschen sich in eine Sorge für die Gesellschaft generell transformieren sollte (vgl. Burgess 1993). Im

Zentrum steht für Sterbewillige stattdessen ganz eindeutig die Aufrechterhaltung ihrer existenziellen Autonomie und Persönlichkeitsstruktur, ihrer personalen Identität, die im Kampf gegen persönlichkeitsverändernde Schmerzen oder medizinisch noch mögliche, jedoch kaum therapeutisch wirksame Behandlungen bisweilen eben nur mehr in einer selbstbestimmten Entscheidung über den Todeszeitpunkt aufrecht zu erhalten ist (vgl. de Ridder 2010, 285).

Eine spezielle Beunruhigung stellt für Vertreter der Schiefe-Ebene-Argumentation die Möglichkeit dar, dass Suizid-Entscheidungen Kurzschlusshandlungen sein könnten, ausgelöst von einer Depression. Dazu ist zunächst festzuhalten, dass die medizinische Forschung mittlerweile die klassische psychiatrische Einstellung überwunden hat, nach der jeder Suizidwunsch ein gravierendes Anzeichen für Depression darstellt und zur Einweisung in eine geschlossene Abteilung verpflichtet (natürlich zum ‚Schutz des Kranken vor sich selbst'). Auch Depressive können durchaus in der Lage sein, rationale Entscheidungen zu fällen, einschließlich einer Entscheidung für ein selbstbestimmtes Lebensende (Arnold 2014, 180f.). Aber zugleich sollten in der Tat depressionsbedingte Kurzschlusshandlungen selbstverständlich möglichst verhindert werden. Dazu enthalten die Regelungen in Oregon wie in den Niederlanden die Verpflichtung für behandelnde Mediziner, bei Verdacht auf eine therapierbare Kurzschlussentscheidung eine weitergehende Diagnose und ggf. Therapie einzuleiten (s. o.). Damit übereinstimmend weist die Aufstellung der zugrunde liegenden Krankheiten in Oregon als häufigstes eine Krebserkrankung (77,8 % mit verschiedenen Untergruppen) aus, als zweithäufigstes Neurologische Erkrankungen (10,5 %; wie etwa ALS, die Ameotrophe Lateral-Sklerose). Weitere Erkrankungen (Herz, Lunge, Infektionen etc.) bleiben durchwegs im einstelligen Prozentbereich (oder darunter) und Depression kommt überhaupt nicht vor (Oregon Health Authority 2018, 9). Ca. 20 % der Bitten um Suizid-Beistand stammen zwar von Patienten, bei denen von medizinischer Seite eine Depression diagnostiziert wird, aber entsprechend dieser Diagnose wird diesen Bitten nicht stattgegeben (vgl. Battin et al. 2007, 12). In den Niederlanden werden 31 % der Bitten um ‚Sterbehilfe' abgelehnt, darunter auch die meisten der als depressionsbedingt eingestuften, so dass schlussendlich in lediglich 3 % der Sterbehilfe-Fälle Depression als wichtigster Grund für den Suizidwunsch übrigbleibt. Diese Daten machen deutlich, dass die Regelungen in Oregon und in den Niederlanden insgesamt Suizide als depressionsbedingte Kurzschlusshandlungen weitestgehend ausschließen dürften.

Unabhängig davon, welche Form der Sterbehilfe legalisiert wird, bleibt aber natürlich das Recht der Mediziner erhalten, aus Gewissensgründen einen Sterbebeistand abzulehnen, gegebenenfalls auch grundsätzlich (vgl. Admiral 2008, 138; Birnbacher 2019; Rietjens et al. 2009; Wittwer 2020, 224f.; so auch das BVerfG 2020a; b). Jedwede Legalisierung bedeutet nicht eine Pflicht für Mediziner zur Sterbehilfe. Das Vertrauensverhältnis zwischen Arzt und Patient impliziert Selbstbestimmung sowohl auf Seiten des Patienten wie des Arztes. Das bedeutet allerdings umgekehrt auch, dass die ärztliche Bereitschaft zur Suizid-Assistenz nicht notwendigerweise dieses Vertrauensverhältnis stört oder sogar zerstört, wie es im Zusammenhang mit der Missbrauchs-Befürchtung häufig behauptet wird (s. o.). Eine solche Negativ-Wirkung auf das Arzt-Patienten-Verhältnis setzt ein recht negatives Arzt-Bild voraus, das diesem ‚Abstumpfung gegenüber den Patienten' bzw. ‚Allmachtsgefühle' zuschreibt, die aus der Legalisierung von Sterbehilfe als Gefahr erwachsen sollen (vgl. kritisch Arnold 2014, 100). Psychologisch ist das jedoch völlig unplausibel. Wieso sollte die auf Empathie gegründete ärztliche Bereitschaft, Patienten entsprechend ihrem Wunsch bei der Beendigung ihres Leidens beizustehen, die grundsätzliche Einstellung gegenüber den Patienten in Richtung auf Mitleidslosigkeit verändern mit der Folge, ihnen mögliche Therapien vorliegender Krankheiten zu versagen? Ärzte werden mitnichten zu ‚Herrschern über Leben und Tod', wenn sie bei einem Sterbebeistand gerade in Abhängigkeit vom Patientenwillen handeln! (ebda., 103ff.). Und wieso sollte diese Gefahr des Missbrauchs ärztlicher Macht nur bei Befürwortern des Sterbebeistands, nicht aber bei dessen Gegnern auftreten (Levy 2006)? Auch die Behauptung, dass die vertrauensvolle Kommunikation zwischen Arzt und Patient durch die ärztliche Bereitschaft zum Sterbebeistand gestört werden könnte, ist psychologisch absolut uneinsichtig. Im Gegenteil: Wenn diese Bereitschaft nicht besteht (z. B. dadurch, dass sie verboten ist), wird eine offene Kommunikation zwischen Arzt und eventuell sterbewilligem Patienten nachhaltig erschwert. Wie soll jemand über seinen Sterbenswunsch vertrauensvoll sprechen, wenn er vielleicht Angst davor haben muss, dass der behandelnde Mediziner darin u. U. sogar ein gravierendes Anzeichen von Depression erblickt und die Einweisung in eine geschlossene (psychiatrische) Abteilung erwirkt (vgl. Arnold 2014, 109f.; Nickel 2019, 3ff.)? Die Legalisierung von Sterbehilfe verbessert daher in Abweichung von den Missbrauchs-Befürchtungen das Vertrauensverhältnis zwischen Arzt und Patient nachhaltig, wie zum einen die Daten aus Oregon und die Kultur der Hausarzt-Betreuung in den Niederlanden anschaulich verdeutlichen (vgl. Admiral 2008;

Rietjens et al. 2009). Desgleichen sprechen auch die Erfahrungen mit der Legalisierung des Schwangerschaftsabbruchs nachdrücklich für eine Verbesserung dieses Verhältnisses durch offene Kommunikation (vgl. Birnbacher 2019).

Aber nicht nur aus Patientensicht führt eine Sterbehilfe-Legalisierung zu einer solchen Verbesserung der Arzt-Patient-Relation, sondern auch aus Medizinersicht. Denn dadurch erhalten die behandelnden Ärzte Rechtssicherheit und müssen nicht befürchten, in Missinterpretation der Rechtslage beim Sterbebeistand wegen unterlassener Hilfeleistung (‚Garantenpflicht des Arztes für das Leben der Patienten') zur Rechenschaft gezogen zu werden (Arnold 2014, 82ff.; Griffiths 2006; Katzenberger 2010). Absurder Weise trägt an dieser Stelle bisher die Standesvertretung der Ärzteschaft in Deutschland durch ihre Bevormundung der Mitglieder in Richtung auf ein Verbot von Sterbehilfe vehement zur Rechtsunsicherheit bei (vgl. Arnold 2014, 85ff.). Und das, obwohl sie damit keineswegs die Mehrheitsmeinung ihrer Mitglieder vertritt (ebda.; de Ridder 2011, 273f.; Ganzini & Dahl 2008). Dass und wie auch die institutionelle Vertretung der Ärzteschaft durch eine konstruktive (Mit-)Arbeit an verantwortbaren Regelungen zur Legalisierung von Sterbehilfe den sozialen Frieden und das Vertrauensverhältnis zwischen Patienten und Ärzten nachhaltig befördern kann, zeigt das Beispiel der Niederlande, in denen die Ärztevertretung von Anfang an (seit 1980) die Diskussion und Entscheidung zur Legalisierung entscheidend (mit)geprägt hat (vgl. Rietjens et al. 2009).

Insgesamt erweisen sich damit auch die Missbrauchs-Befürchtungen in Bezug auf die Legalisierung von Sterbebeistand als empirisch unbegründet. Es ist nicht so, dass dadurch ein Druck auf die sozial Schwachen entsteht, auf diese Weise aus dem Leben zu scheiden. Vielmehr sind es gerade die Gebildeten, die gut Kranken-Versicherten etc., die ärztliche Suizid-Assistenz erbitten. Desgleichen spielt der Aspekt, in der letzten Lebensphase eine Last für Angehörige oder gar die Gesellschaft generell zu sein, keine bedeutsame Rolle bei der Genese eines Suizidwunsches. Hier geht es im Gegenteil vor allem um die Aufrechterhaltung von Autonomie und Kontrolle, von Lebensqualität und Persönlichkeitsidentität. Dazu gehört auch, dass durch eine Legalisierung von Sterbebeistand im Rahmen der dann geltenden Regularien depressionsbedingte Kurzschluss-Suizide sehr viel eher vermieden werden als durch das Verbot von Sterbehilfe. Und parallel wird das Vertrauensverhältnis zwischen Arzt und Patient durch eine solche Legalisierung nicht beeinträchtigt, sondern nachhaltig gestärkt, indem patientenseitig eine offene Kommunikation ohne Angst vor ärztlichen Negativ-Kategorisierungen und -Entscheidungen möglich wird. Außerdem bewirkt eine

Legalisierung auch auf Seiten der Ärzteschaft Rechtssicherheit und optimale Freiräume für die um die Patienten bemühte Empathie und Fürsorge.

3. Fazit: Ein Verfahrensmodell zum ärztlich-assistierten Suizid

3.1. Der empirische Befund

Sieht man die Schiefe-Ebene-Argumentation gegen die Sterbehilfe im größeren konzeptuellen Rahmen, ergibt sich folgendes psychologisches Bild: Die Mehrheit der (deutschen) Bevölkerung hat wegen der technologischen Entwicklung der Medizin im 20. Jahrhundert Angst davor, dass Ihnen am Lebensende ein langes, leidvolles Sterben drohen könnte, und befürwortet daher die eine oder andere Form von Sterbehilfe. Die Gesetzgebung in der Bundesrepublik hat bisher aber diese mehrheitliche Einstellung der Bevölkerung nicht repräsentiert, sondern ist von der Position der christlichen Kirchen dominiert worden, für die das Leben als ‚Geschenk Gottes' nicht eigenmächtig vom Menschen selbst beendet werden darf, der Mensch also keine Verfügungsgewalt über das eigene Leben besitzt. Diese ‚Unverfügbarkeits'-Position wird bei den Mitgliedern der Kirchen durch die Angst vor zu erwartender Strafe nach dem Tod, im Ewigen Leben, durchgesetzt (bzw. durchzusetzen versucht, da mittlerweile auch ein substanzieller Anteil der Kirchenmitglieder dieser Dogmatik nicht mehr zu folgen bereit ist, s. o.). Zugleich wird versucht, die ‚Unverfügbarkeits'-Position auch für all jene zu erzwingen, die nicht Mitglied einer christlichen Kirche sind. Für diese greift nun selbstverständlich die religiöse Angst vor Strafe im Ewigen Leben nicht, deshalb wird hilfsweise die säkulare (weltliche) Angst vor unkontrollierbaren, unerwünschten Folgen einer Legalisierung der Sterbehilfe aufgerufen. Durch die Schiefe-Ebene-Argumentation gegen die Sterbehilfe soll letztlich die Angst vor ethisch negativen Folgen einer Legalisierung die Angst vor einem möglichen unnötig leidvollen Sterben übersteigen und auf diese Weise die gesamtgesellschaftliche Akzeptanz der ‚Unverfügbarkeit des Lebens' bewirken. Über diese Angst-Evozierung soll also die Herrschaft der eigenen (religiösen) Position auch für diejenigen, die von anderen Grundüberzeugungen in Bezug auf die menschliche Existenz ausgehen, gesichert werden! Dadurch wird letztlich ein Grundpfeiler unserer Demokratie, nämlich die Religionsfreiheit und der

Minderheitenschutz (der in diesem Fall sogar ein Mehrheitenschutz ist), außer Kraft gesetzt. Zugleich wird die im Grundgesetz verankerte Trennung von Kirche und Staat in dieser Frage de facto aufgehoben!

Dieses ‚Spiel mit der Angst' macht es zum einen so unbedingt nötig, den empirischen Gehalt der Schiefe-Ebene-Warnungen zu überprüfen; zum anderen ist man wegen der Emotionalisierung der ‚Argumentation' bei dieser Überprüfung aber auch gezwungen, sich auf einige eigentlich ungerechtfertigte Implikationen der Schiefe-Ebene-Kassandrarufe einzulassen. Dazu gehört im ersten Schritt (s. o.) die Unterstellung, dass die heutige ethische Bewertung möglicher Legalisierungsfolgen für alle Zeit gültig sein wird. Im zweiten Schritt geht es darum, dass Schiefe-Ebene-Argumente an und für sich die konkreten Schritte aufzeigen müssten, durch die eine Legalisierung der Sterbehilfe (unvermeidlich oder höchstwahrscheinlich) zu den behaupteten, befürchteten Negativ-Konsequenzen führen würde. Ohne die explizite Angabe dieser Schritte wird in Form einer Beweislastumkehr (s. o.) den Gegnern der Schiefe-Ebene-Warnungen die Pflicht zur Gültigkeitsprüfung zugeschoben. Um der Strategie der Angstevozierung effektiv entgegenzutreten, waren hier diese Implikationen der eigentlich nur plakativen (christlichen) Kassandra-Warnungen zu akzeptieren, um auf dieser Grundlage die empirische Prüfung der Schiefe-Ebene-Argumente unter Rückgriff auf vorhandene Daten von legalisierter Sterbehilfe vorzunehmen.

Da die Schiefe-Ebene-Argumentation zwar die Zeitdimension nicht explizit benennt, aber indirekt ersichtlich eher von einem langsamen Wandel als von einem abrupten Umbruch ausgeht, eignen sich für die empirische Prüfung vor allem Länder, in denen möglichst lange, mindestens mehrjährige Erfahrungen nach der Legalisierung von Sterbehilfe vorliegen. Das trifft für zwei Länder zu, nämlich den amerikanischen Bundesstaat Oregon, in dem die Legalisierungsgrundlage des ‚Dying with Dignity Act' mittlerweile 20 Jahre lang gilt (mit jährlicher Berichtspflicht); sowie für die Niederlande mit über 10-jähriger Erfahrung (und 5-jähriger Berichtspflicht). Dabei zeigen diese beiden Länder unterschiedliche Schwerpunkte der Legalisierung und Praxis von Sterbehilfe; in Oregon steht der ärztlich-assistierte Suizid im Mittelpunkt, während in den Niederlanden die Tötung auf Verlangen im Vordergrund steht. Durch diese Breite der Datengrundlage war eine zureichende Prüfung der drei wichtigsten inhaltlichen Varianten von Schiefe-Ebene-Argumenten möglich, als da sind: die (rechtliche) Ausweitungsprognose, die (quantitative) Dammbruch-These und die (soziale) Missbrauchs-Befürchtung.

In Bezug auf die rechtliche Ausweitung der Sterbehilfe nach deren Legalisierung zeigt die empirische Prüfung, dass es in Oregon bei den Bestimmungen für den ärztlich-assistierten Suizid überhaupt keine Änderungen gibt; die gesetzlich durch den ‚Dying with Dignity Act' festgelegten Kriterien gelten seit 20 Jahren völlig unverändert. In den Niederlanden mit dem Schwerpunkt auf der Tötung auf Verlangen (‚euthanasie') existiert eine Erweiterung, nämlich in Bezug auf die Tötung von schwerstkranken Neugeborenen (vor allem schwerste Fälle der Spina bifida). Allerdings werden hier vergleichbare Kriterien angesetzt (mit dem Rückgriff vor allem auf den Elternwillen und der Absicherung der medizinischen Diagnose sowie Prognose), so dass letztlich lediglich die Kodifizierung einer schon üblichen Praxis vorliegt, die inhaltlich keine Ausweitung, sondern eher Einschränkung der beobachtbaren Fälle bedeutet. Auch die Befürchtung, dass eine Schiefe-Ebene von der Tötung auf Verlangen zur Tötung ohne oder gegen den Patientenwillen führen könnte, erweist sich als unbegründet, weil diese Fälle in Ländern ohne Legalisierung sogar häufiger vorkommen; die Legalisierung von Sterbehilfe wirkt also letztlich sogar als Bollwerk gegen eine solche Schiefe-Ebene-Entwicklung.

Noch eindeutiger und psychologisch zwingender sind die Daten in Bezug auf die (quantitative) Dammbruch-These als Kernelement jeder Schiefe-Ebene-Argumentation. Vor allem die Variante des ärztlich-assistierten Suizids in Oregon, bei der den Patienten (unter Beachtung der gesetzlichen Kriterien) ein Suizid ermöglichendes Medikament verschrieben werden kann, ohne dass der verschreibende Mediziner bei dessen Verwendung anwesend sein muss, macht deutlich, dass den Patienten damit in erster Linie psychologisch die Sicherheit gegeben wird, am Lebensende kein unerträgliches, sinnloses Leiden erdulden zu müssen: Wenn ein solches Leiden ausbleibt, wird das Rezept von über einem Drittel der Patienten schlussendlich gar nicht eingelöst, so dass die Legalisierung dieses Sterbebeistands letztlich sogar die Funktion einer Suizid-Prophylaxe besitzt. Das betrifft vor allem auch die Vermeidung von vorzeitigen Suiziden, die unnötig zeitig unternommen werden, um auf jeden Fall den zeitlich unvorhersehbaren Zeitpunkt eines völligen Kontrollverlusts zu vermeiden. Desgleichen erweist sich die Kontrastierung von Suizid-Beistand und palliativer Versorgung, die häufig von der Hospiz-Bewegung beschworen wird, als empirisch völlig unberechtigt. Beide Wege der Leidensminderung ergänzen sich, greifen ineinander, so dass die Legalisierung von Sterbehilfe in den Niederlanden von Anfang an auf einer optimalen palliativen Versorgung aufbaute; und in Oregon hat die Legalisierung nachweislich nicht zu der befürchteten Schwächung, sondern zu einem konzertierten Ausbau der palliativen Versorgung geführt, was folglich auch für zukünftige Legalisierungen andernorts zu erwarten wäre.

Last not least zeigen die vorliegenden Erfahrungen zudem, dass auch die (sozialen) Missbrauchs-Befürchtungen in Bezug auf die Legalisierung von Sterbehilfe empirisch unberechtigt sind. Die Vermutung, dass vor allem die sozial Schwachen zur Inanspruchnahme von Sterbebeistand etc. gedrängt werden, wird durch die vorhandenen Daten eindeutig falsifiziert. Denn es sind im Gegenteil gerade die Gebildeten, die gut Kranken-Versicherten etc., die um Sterbehilfe bitten. Auch spielt der Aspekt, den Angehörigen oder gar der Gesellschaft insgesamt nicht zur Last fallen zu wollen, bei den zentralen Motiven für einen Sterbenswillen keine bedeutsame Rolle. Vielmehr geht es dabei vor allem um die Aufrechterhaltung von Autonomie und Kontrolle, um eine als sinnvoll empfundene Lebensqualität und die Bewahrung der (eigenen) Persönlichkeitsidentität. Dementsprechend wird parallel das Vertrauensverhältnis zwischen Arzt und Patient durch eine Legalisierung von Sterbehilfe nicht (wie häufig behauptet) geschwächt, sondern nachhaltig gestärkt. Denn ein solcher legaler Rahmen ermöglicht beiden Seiten eine offene Kommunikation, in der insbesondere sterbewillige Patienten keine Angst vor ärztlichen Negativ-Kategorisierungen und -Entscheidungen (z. B. Einweisung in geschlossene psychiatrische Abteilungen) haben müssen. Und auch für die Seite der Ärzte bewirkt eine solche Legalisierung Rechtssicherheit bei ihrem Bemühen um Empathie und Fürsorge für die Patienten gemäß deren Wünschen (seien sie primär auf palliative Versorgung oder auf Sterbehilfe ausgerichtet).

Insgesamt können (und müssen) daher alle inhaltlichen Schwerpunkte der Schiefe-Ebene-Argumentation empirisch als unbegründet zurückgewiesen werden. Die Vertreter dieser Argumentation gegen eine Legalisierung von Sterbehilfe etablieren durch die Vagheit und Undifferenziertheit ihrer Warnungen eine Beweislastumkehr, die den Gegnern der Schiefe-Ebene-Argumente die empirische Prüfung aufbürdet. Wenn aber von diesen, also den Befürwortern der Sterbehilfe-Legalisierung, eine solche Bürde akzeptiert wird und die empirische Prüfung durchgeführt ist, dann haben die Schiefe-Ebene-Vertreter die Pflicht, diese empirische Falsifikation ihrer Befürchtungen auch wahrzunehmen und anzuerkennen! Psychologisch bedeutet das, von der unbegründeten Angstevozierung in Bezug auf unkontrollierbare, ethisch negative Konsequenzen einer Legalisierung von Sterbehilfe abzulassen. Denn es zeigt sich empirisch, dass eine solche Legalisierung zum einen den Menschen die Ängste vor einem unnötig leidvollen Sterben nehmen kann; und dass zum anderen auch sekundäre Ängste in Bezug auf ethisch negative Folgen eindeutig unbegründet sind. Folglich ist es nicht berechtigt, die (christliche) ‚Unverfügbarkeits'-Position des menschlichen Lebens mithilfe von Angstevozierungen für alle Gesellschaftsteile bindend machen zu wollen. Es handelt sich bei diesem ‚Spiel mit der Angst' um eine primär ideologische Emotionalisierung, in der Wertungen unzulässiger Weise als Tatsachen ausgegeben werden. Die christlichen Warnungen der Schiefe-Ebene-Argumentation erweisen sich im Problemfeld der Sterbehilfe-Legalisierung also als – untauglicher – Versuch, die Gesellschaft entgegen der pluralistischen Gesamtstruktur unserer Demokratie von *einer* (religiösen) Position aus zu dominieren!

3.2. Ein Verfahrensmodell zum ärztlich-assistierten Suizid

Die empirische Zurückweisung der christlichen Schiefe-Ebene-Warnungen in Bezug auf die Legalisierung von ärztlich-assistiertem Suizid macht unabweisbar deutlich, was das Gesetz zum ‚Verbot der geschäftsmäßigen Sterbehilfe' (§ 217 StGB) aus dem Jahr 2015 bedeutet. Da es Sterbewilligen einen Beistand bei der Realisierung dieses Willens praktisch unmöglich macht, stellt es den erfolgreichen Imperialismus der christlichen Lobby gegenüber der Gesamtgesellschaft dar, weil es auch denjenigen, die der christlichen Gemeinschaft nicht angehören bzw. deren Normen ablehnen, diese Normen aufzwingt. Allerdings verstößt dieser Sieg des christlichen Imperialismus eindeutig gegen die pluralistische Grundstruktur unserer Demokratie, wie das Bundesverfassungsgericht in seinem Urteil zum § 217 unzweifelhaft und stringent begründet festgestellt hat. Es gibt ein Recht auf selbstbestimmtes Sterben nach den je individuellen Wertvorstellungen, die die ‚personale Identität und Integrität' ausmachen. „Die Entscheidung des Einzelnen, seinem Leben entsprechend seinem Verständnis von Lebensqualität und Sinnhaftigkeit der eigenen Existenz ein Ende zu setzen, ist im Ausgangspunkt als Akt autonomer Selbstbestimmung von Staat und Gesellschaft zu respektieren." (BVerfG 2020c, 2) Und: Diese Entscheidung „entzieht sich einer Bewertung anhand allgemeiner Wertvorstellungen, religiöser Gebote, gesellschaftlicher Leitbilder für den Umgang mit Leben und Tod ..." (BVerfG 2020b, I, 1, a), bb)) Woraus wiederum folgt: Das Recht auf selbstbestimmtes Sterben schließt die Freiheit ein, „hierfür bei Dritten Hilfe zu suchen und, soweit sie angeboten wird, in Anspruch zu nehmen." (BVerfG 2020c, I, 1).

Ist damit nun alles geklärt? Nein, nicht alles. Klar ist die rechtliche Grundstruktur, dass nämlich von christlichen Normvorstellungen, von der These der ‚Unverfügbarkeit des Lebens' aus das Recht des Einzelnen auf ein selbstbestimmtes Sterben nicht beschnitten oder sogar ausgehebelt werden darf. Dass die Inanspruchnahme von ärztlich-assistiertem Sterbebeistand nicht (wie durch den bisherigen § 217 StGB) unmöglich gemacht werden darf. Doch es ist nicht Aufgabe des Bundesverfassungsgerichts, sich in die positive Gesetzgebung einzuklinken. Ungeklärt ist also noch, wie das selbstbestimmte Sterben des Einzelnen und die Inanspruchnahme von der Hilfe Dritter möglich gemacht werden soll. Und hier ist durchaus zu befürchten, dass die Schiefe-Ebene-Argumentation an dieser Stelle wieder mit dem Ziel der Beschränkung von möglichem Sterbebeistand eingesetzt (werden) wird. Was lässt sich also aus dem empirischen Abweisen der Schiefe-Ebene-Argumente für die zukünftige Gesetzgebung zur Ermöglichung von selbstbestimmtem Sterben und Suizidhilfe durch Dritte ableiten?

Zunächst ist für die individuelle Ebene der einzelnen Person(en) noch einmal dezidiert festzuhalten, dass der Entschluss zum selbstbestimmten Sterben nicht auf die Lebenslage einer unheilbaren Krankheit im Endstadium beschränkt ist. Nach der Entscheidung des Bundesverfassungsgerichts gilt das Recht auf einen selbstbestimmten Tod unabhängig von bestimmten Lebens- und Krankheitsphasen, es „besteht in jeder Phase menschlicher Existenz." (BVerfG 2020b, I, 1, a), bb)) Daraus lassen sich als mögliche Kategorien für einen rationalen Suizid neben dem Leidens- auch der Präventiv-, Bilanz- und Symbiose-Suizid ableiten (s. o. Argumente-Teil I.). Die Rationalität basiert dabei vor allem auf zwei zentralen Merkmalen: der Verbindung zu individuell-existenziellen Wertvorstellungen und der Begründetheit der Suizid-Entscheidung. Letztlich handelt es sich dabei allerdings um Aspekte der individuellen Innensicht, über die von außen nicht zu urteilen ist. Das Bundesverfassungsgericht hat deutlich gemacht, dass der Staat gleichwohl berechtigt, ja z. T. verpflichtet ist, unter der Zielperspektive, das Leben seiner Bürger/innen zu schützen, auch (gesetzliche) Regelungen einzuführen, mit denen soweit wie möglich irrationale Entscheidungen und Handlungen verhindert werden (sollen: BVerfG 2020b, 3, a), aa)). Dies gilt umso mehr, da in diesem Fall die Handlung in ihrer Wirkung unumkehrbar ist. Wenn man aber nicht doch wieder von außen über die inhaltliche Berechtigung der Innensicht urteilen will, bleibt nur, nach formalen Indikatoren für die Verankerung im individuellen Wertsystem (‚Wertkohärenz' bei Schöne-Seifert 2020, 43ff.) und die Begründetheit der Entscheidung zu suchen, die als

Ermöglichungsgrund für die Rationalität des Suizids gelten können. In Bezug auf die Verankerung im Wertsystem wird vor allem die Dauerhaftigkeit des Sterbewillens den zentralen Indikator darstellen; durch dieses (formale) Kriterium werden dann nicht zuletzt kurzschlüssige ‚Affekt-Suizide' ausgeschlossen. Und in Bezug auf die Begründetheit liegt der Ermöglichungsgrund für Rationalität in der Informiertheit über die potenziellen Handlungsalternativen wie z. B. palliative Versorgung in einem Hospiz etc. Daraus lässt sich ein Regelungsmodell für die Durchführung von ärztlich-assistiertem Suizid ableiten:

- In der Praxis sollte damit die durch den verfassungswidrigen § 217 StGB geschaffene Situation vom Kopf auf die Füße gestellt werden. Die Dauerhaftigkeit dürfte am einfachsten und klarsten durch die (z. B. jahrelange) Zugehörigkeit zu einer Sterbehilfe-Organisation nachweisbar sein. So wie es in entsprechenden Organisationen seit Jahren die Einrichtung einer Patientenverfügung gibt, könnte man eine parallele Sterbeverfügung entwickeln, bei der durch Bestätigung in gewissen Zeitabständen die Dauerhaftigkeit des selbstbestimmten Sterbewillens nachgewiesen würde. Auch wenn das der einfachste und dadurch quantitativ überwiegende Standardfall sein dürfte, sollte selbstverständlich eine vergleichbare Willensbekundung (allerdings am besten auch schriftlich) im Rahmen einer langjährigen Hausarzt-Betreuung (wie in den Niederlanden) genauso zugelassen sein. In welcher Version auch immer, sollten dadurch kurzschlüssige ‚Affektsuizide' weitestmöglich ausgeschlossen sein. Dabei ist die Suizidbegleitung in jedem Fall (d. h. auch im Rahmen von Sterbehilfe-Organisationen) in Form eines ärztlich-assistierten Suizids zu realisieren. Dadurch wird dann auch die Gefahr, dass es primär depressionsbedingte Suizidversuche geben könnte, so weit wie möglich eingedämmt, weil hier schon der/die behandelnde Arzt/Ärztin auf relevante Therapiemöglichkeiten hinweisen würde.
- Damit ist der zweite Ermöglichungsgrund für die Rationalität des Suizids thematisch: die Informiertheit des Sterbewilligen als Basis für einen begründeten Entschluss. Es geht um eine Information über eventuelle Alternativen zum ärztlich-assistierten Suizid. Bei einem potenziellen Leidens-Suizid wird sich eine diesbezügliche Beratung vor allem auf die palliative Versorgung in einem Hospiz beziehen. Beim Präventiv-Suizid kann es nur um die Information über die absehbare Progression

einer Krankheit gehen; diese Information wird allerdings in der Regel bereits während der bisherigen Therapie thematisch gewesen sein, so dass kein spezieller Beratungsprozess nötig sein wird. Und bei einem ins Auge gefassten Bilanz- oder Symbiose-Suizid können sich Alternativen höchstens auf eventuelle zukünftige Lebensperspektiven beziehen, deren Berücksichtigung sowieso von den individuellen Bewertungen der sterbewilligen Person abhängen. Der Blick auf alle herausgearbeiteten Möglichkeiten von rationalem Suizid macht daher deutlich, dass zur Realisierung des Ermöglichungsgrunds der Informiertheit höchstens ein Beratungs*angebot*, keine Beratungspflicht angemessen ist. Und es versteht sich von selbst, dass eine solche Beratung ausschließlich aus Informationen ***für*** die sterbewillige Person bestehen darf, nicht aus Informationen des Sterbewilligen für den Beratenden – außer der um Beratung Nachsuchende gibt solche Informationen freiwillig, um eine möglichst gute, umfassende Beratung zu erhalten. Beratung darf also auf keinen Fall unter der Hand zu einer Rechtfertigungspflicht für den Suizidwilligen pervertiert werden. Das geht schon aus dem Urteil des Bundesverfassungsgerichts über die Freiheit des Suizid-Entschlusses hervor, wie gleichermaßen auch keine Pflicht zur Annahme bestimmter Beratungsinhalte besteht, z. B.: „Eine Pflicht zur Inanspruchnahme palliativmedizinischer Behandlung besteht nicht." (BVerfG 2020b, (2), (b)) Der Ermöglichungsgrund der Informiertheit ist also durch ein (zusätzliches) Beratungsangebot in Bezug auf Alternativen zum Suizid-Entschluss zu realisieren, das vom Sterbewilligen freiwillig angenommen werden kann und keinesfalls mit einem Rechtfertigungsdruck verbunden sein darf. Je nachdem, ob es sich bei den Beratungsproblemen mehr um medizinische oder psychologische Fragen handelt, sind entsprechende fachwissenschaftliche Beratungsstellen aufzubauen.

- Diesen Konsequenzen auf der persönlich-individuellen Ebene stehen nun aber auch Konsequenzen auf überindividueller, gesetzlicher Ebene gegenüber, die als Rahmen gegeben sein müssen, um überhaupt erst die Möglichkeit zum rationalen Suizid real werden zu lassen. Hier ist in Umsetzung des Bundesverfassungsgerichtsurteils der Gesetzgeber an mehreren Stellen in der Pflicht. Dazu gehört im ersten Schritt auf jeden Fall eine Änderung jener Bestimmungen in den Statuten von

Landesärztekammern, die gegen den ärztlichen Sterbebeistand gerichtet sind. Mediziner/innen müssen nach dem Urteil des Bundesverfassungsgerichts Sterbebeistand leisten dürfen, ohne mit Nachteilen für ihre Berufsausübung rechnen zu müssen. Selbstverständlich kann und soll, wie auch vom Bundesverfassungsgericht festgehalten (BVerfG 2020b, (2), (a)), niemand gegen das eigene Gewissen zu Sterbe-Assistenz gezwungen werden. Aber daraus folgt im nächsten Schritt, dass es eine Dokumentation darüber geben muss, welche Mediziner/innen zu Sterbebeistand bereit sind (und welche nicht). Ohne eine solche Dokumentation wird das Recht auf selbstbestimmtes Sterben wieder unnötig erschwert und ausgehöhlt (wie es das Bundesverfassungsgericht gerade für den § 217 StGB festgestellt und aufgehoben hat). Vor allem aber muss (rechtzeitig) gesetzlich festgeschrieben werden, dass diejenigen Ärzte/Ärztinnen, die zu einer Sterbe-Begleitung bereit sind, darüber auch informieren dürfen. Es muss ein Informationsrecht über den (angebotenen) Sterbebeistand für Mediziner geben, damit nicht über die Hintertür wieder von den Schiefe-Ebenen-Argumenten aus solche Information als unzulässige Werbung verhindert wird, wie dies beim Schwangerschaftsabbruch geschehen ist. Hier hat der § 219a des StGB jede Werbung für den Schwangerschaftsabbruch unter Strafe gestellt – und schon die einfache Information über Bereitschaft und Vorgehen bei einem solchen Eingriff lässt sich unter Rückgriff auf diesen Paragraphen als Werbung klassifizieren und verbieten (so zuletzt das Amtsgericht Gießen am 24.11.2017; mit dem Az: 507Ds501Js15031/15). Um solche Aushöhlungen beim Recht auf ein selbstbestimmtes Sterben zu vermeiden, sollte der Gesetzgeber möglichst eindeutig ein Informationsrecht der Mediziner über (angebotenen) Sterbebeistand gesetzlich verankern. Und schließlich muss das derzeit am besten geeignete Mittel (Natrium-Pentobarbital) für alle Suizidwilligen freigegeben werden, nicht nur für diejenigen im Endstadium einer unheilbaren Krankheit, auf die das Bundesverwaltungsgericht in seinem Urteil von 2017 (3 C 19.15) die Freigabe begrenzt hat. Das heißt, alle Mediziner, die zu ärztlich assistiertem Sterbebeistand bereit sind, müssen ein Recht auf unkomplizierte Rezeptierung dieses Medikaments erhalten.

- Darüber ist als nächstes die allgemein-gesellschaftliche Ebene thematisch, auf der die Rahmenbedingungen für die Ermöglichung des rationalen Suizids aufrechterhalten und ggf. weiterentwickelt werden müssen. Diese Sicherung und weitere Entwicklung des Ermöglichungsrahmens geschieht ganz grundsätzlich durch eine rationale Diskussion, innerhalb derer die empirische Prüfung von Behauptungen und Entwicklungen ein relevanter Teilschritt ist. Das heißt, es sollte in Bezug auf den (ärztlich-assistierten) Suizid eine empirische Dokumentation geben, wie es in den Ländern mit entsprechender Gesetzgebung (Oregon, Niederlande, Belgien etc.) auch bereits üblich ist. Dies ist eine interdisziplinäre Aufgabe, in der die verschiedenen beteiligten Fachwissenschaften (von Medizin über Psychologie und Soziologie bis Politikwissenschaft etc.) zusammenarbeiten müssen, und zwar nicht zuletzt in der Verbindung von Theorie und Praxis. Dabei müssen für ein umfassendes empirisches Bild nicht nur die Folgen einer Legalisierung von Suizidhilfe thematisch sein, sondern auch die Konsequenzen einer Nicht-Legalisierung. Als Nebenergebnis der empirischen Prüfung zur Schiefen-Ebene-Argumentation ist hier deutlich geworden (vgl. auch Arnold 2014, 131ff.), dass ein diesbezügliches Verbot zu einer Mehrzahl von vorzeitigen Suiziden führt; dass dadurch also unnötig leidvolle Suizidversuche und -fehlschläge bewirkt werden; dass die Häufigkeit fremdbestimmten Sterbens (ohne oder gegen den Patientenwillen) eher gesteigert als gesenkt wird etc. Auch das Argument, dass mit Sterbehilfe kein ‚Geschäft' gemacht werden darf, erweist sich empirisch nicht als haltbar, weil ohne Suizidbeistand nicht nur mit palliativer Versorgung, sondern auch mit unsinniger Lebensverlängerung (durch künstliche Ernährung etc.) ‚Geschäfte' gemacht werden (und zwar sehr viel umfangreicher: vgl. Arnold 2014, 110ff.; de Ridder 2011, 67ff.). Von den empirischen Konsequenzen her spricht also viel dafür, die ärztliche ‚Garantenpflicht' für die Patienten im Rahmen einer Legalisierung von Sterbehilfe konstruktiv zu modifizieren: In allen Situationen, in denen eine Therapie möglich ist, kann und sollte selbstverständlich die ärztliche *Garantenpflicht für das Leben* der Patienten erhalten bleiben; dort aber, wo Therapie nicht (mehr) sinnvoll und/oder von Seiten der Patienten nicht gewünscht wird, sollte die ärztliche *Garantenpflicht* nicht für die Lebens- und damit Leidensverlängerung, sondern *für den Sterbenswillen* der Patienten gelten (vgl. Arnold 2014, 80ff.; de Ridder 2011, 188ff.). Dabei ist auch ein gesellschaftlicher Konsens anzustreben, in welcher Form diese Garantenpflicht und damit konkret der Vollzug des ärztlichen Sterbebeistands aussehen soll. Von der Struktur und Kultur des Gesundheitssystems in der Bundesrepublik Deutschland her liegt die Oregon-Variante am nächsten, bei der die Sterbewilligen das gewünschte Medikament rezeptiert erhalten, dann aber nach eigener Entscheidung anwenden können (oder eben auch nicht). Diese Regelung schließt den ärztlichen Beistand im Sterbeprozess ja nicht aus, enthält aber, wie empirisch durch die Daten in Oregon nachgewiesen, auch noch ein starkes Element der Suizid-Prophylaxe, da das Mittel in einem substanziellen Teil der Fälle gar nicht eingesetzt wird. Zudem entspricht ein derartiges Vorgehen auch den verschiedenen Varianten des rationalen Suizids am besten, da bei Präventiv-, Bilanz- und Symbiose-Suizid anders als beim Leidens-Suizid keine unmittelbare krankheitsbedingte medizinische Betreuung vorliegen wird.

- Zur rationalen gesamtgesellschaftlichen Diskussion gehört dann aber auf die Dauer selbstverständlich auch der Diskurs über die zugrundeliegenden Werte-Dimensionen und deren potenzielle Veränderungen. Letztlich manifestiert sich im Urteil des Bundesverfassungsgerichts zur Sterbehilfe ja auch ein Wertewandel in Bezug darauf, in welchem Ausmaß für Menschenwürde und Persönlichkeitsrecht die individuelle Autonomie als zentral und konstitutiv angesehen wird. In Bezug auf eine solche Wertediskussion ist zunächst einmal formal festzuhalten, dass eine Schiefe-Ebene-Argumentation selbstverständlich nicht von vornherein sinnlos oder unzulässig ist. Aber wenn man empirische Daten rational mit einer Diskussion in Richtung auf (einen pluralistischen) Konsens in Wertungsfragen verbindet, ist es durchaus möglich, mit der nötigen Differenzierung einzelne (eventuell ausweitende) Liberalisierungsschritte auszumachen, zwischen denen man begründet stoppen kann, ohne das aus einem ersten Schritt unvermeidbar eine weitgehende Änderung des gesamten Normsystems folgt (vgl. Levy 2006, 20f.). Allerdings zeigt der historische Rückblick, dass viele Entwicklungen, für die zunächst eine Art Schiefe-Ebene-Veto eingelegt worden ist, letztendlich lediglich einen gesellschaftlich gewollten Wertewandel repräsentiert haben. Neben dem schon angeführten Beispiel der (auch gesetzlichen) Bewertung von Homosexualität (vgl. oben Argumente I., Kap. 4.) stellt vor allem das Frauen-Wahlrecht einen paradigmatischen Fall dar (vgl. z. B. Washington Post 2019). Das Wahlrecht für Frauen wurde zu Beginn (1918) in Großbritannien nur für Frauen über 30 Lebensjahre eingeführt, die Haushaltsvorstand oder mit einem solchen verheiratet waren bzw. ein Verdienst von mindestens fünf Pfund jährlich oder einen Universitätsabschluss aufweisen konnten. Es ist nicht nötig, hier die weiteren Liberalisierungsschritte bis hin zum allgemeinen Frauen-Wahlrecht aufzuzählen, da der darin enthaltene Wertewandel mittlerweile zum allgemein geteilten Kulturgut (der westlichen Welt) zählt. Entscheidend ist, dass es viele primär ideologische Schiefe-Ebene-Argumente gibt, die im Laufe der Geschichte im gesellschaftlich konsensuellen Wertewandel untergegangen sind. Mit diesem Bewusstsein ist auch in Zukunft die Diskussion um den rationalen Suizid und den ärztlichen Sterbebeistand weiter zu führen: unter Rückgriff auf empirische Daten im Lichte sich potentiell wandelnder Wertedimensionen!

Damit schließt sich der Kreis: Rational ist die Diskussion über Sterbebeistand dann zu nennen, wenn die Grundstruktur des Problems als Kombination von deskriptiven (behauptenden) und präskriptiven (wertenden) Aussagen berücksichtigt wird. Eine der pluralistischen Verfassung unserer Gesellschaft gerecht werdende Diskussion muss zum einen die Bandbreite der vorhandenen Wertvorstellungen berücksichtigen (Schöne-Seifert 2020, 23ff.). Zum anderen aber müssen auch die verfügbaren empirischen Daten mit angemessenem Gewicht in die Diskussion und Entscheidung eingehen. Denn eine Schiefe-Ebene-Argumentation ohne empirische Prüfung kann interessanterweise, wie Volekh (2002/03, 1030) herausgearbeitet hat, selbst den Beginn einer Schiefe-Ebene-Entwicklung darstellen: indem nämlich die ideologische Ersetzung von Tatsachen durch Wertungen als Beispiel fungiert, als Vorbild genommen werden kann und dadurch als gesellschaftlich tolerabel bzw. sogar akzeptiert erscheint, was in der Folge u. U. von populistischen Strömungen zur Aushöhlung der Demokratie durch ‚alternative Fakten' genutzt wird (vgl. Bakir & McStay 2018). Wer bei der Frage des Sterbebeistands an der Schiefen-Ebene-Argumentation trotz deren eindeutiger empirischen Falsifikation festhält, sollte sich auf jeden Fall dieses Problem der Auswirkungen von Tatsachen-Leugnung als Gewissensfrage vorlegen!

4. Literatur

Admiral, P. (2008). Physician-Assisted Suicide: A Doctor's Perspective. In Birnbacher & Dahl (Eds.) (2008), S. 131–139.

Allensbach (2008). Einstellungen zur aktiven und passiven Sterbehilfe. Allensbacher Berichte 2008/Nr. 14. Institut für Demoskopie Allensbach.

Allensbach (2014). Deutliche Mehrheit der Bevölkerung für aktive Sterbehilfe. Allensbacher Kurzbericht – 6. Oktober 2014. Institut für Demoskopie Allensbach.

Amery, J. (1976). Hand an sich legen. Diskurs über den Freitod. Stuttgart: Klett-Cotta.

Arnold, U.-Chr. (2014). Letzte Hilfe. Ein Plädoyer für das selbstbestimmte Sterben. Reinbek: Rowohlt.

Bakir, V. & McStay, A. (2018). Fake News and the Economy of Emotions: Problems, Causes, Solutions, Digital Journalism, 6 (2), S. 154–175.

Battin, M. P. et al. (2007). Legal physician-assisted dying in Oregon and the Netherlands: evidence concerning the impact on patients in ‚vulnerable' groups. J. Med. Ethics 33 (10), S. 591–597.

Bedford-Strohm, H. (2015). Leben dürfen – Leben müssen. Argumente gegen die Sterbehilfe. München: Kösel.

Birnbacher, D. (2008). Physician-Assisted Suicide and the Medical Associations. In Birnbacher & Dahl (Eds.) (2008), S. 23–32.

Birnbacher, D. (2019). Sterbehilfe – eine philosophische Sicht. Deutsche Gesellschaft für Humanes Sterben, 2. Beitrag. https://www.dghs.de/ueber-uns/gesichter-der-dghs/wissenschaftlicher-beirat/2-beitrag.html (10.02.2019). S. 86.

Birnbacher, D. & Dahl, E. (Eds). (2008). Giving Death a Helping Hand: Physician-Assisted Suicide and Public Policy. Heidelberg/New York: Springer.

Bundesärztekammer (2011). Grundsätze der Bundesärztekammer zur ärztlichen Sterbebegleitung. Deutsches Ärzteblatt 108(7), A346–A348.

Burgess, J. A. (1993). The great slippery-slope argument. J. Med. Ethics, 19 (3), 169–174.

BVerfG (2020a). Urteil des Zweiten Senats vom 26. Februar 2020 – 2 BvR 2347/15-, Rn. 1–343.

BVerfG (2020b). Verbot der geschäftsmäßigen Förderung der Selbsttötung verfassungswidrig. Pressemitteilung Nr. 12 /2020 vom 26. Februar 2020.

Dahl, E (2006). Dem Tod zur Hand gehen, Spektrum der Wissenschaft, Juli 2006, S. 116–120.

Dworkin, G. (2008). Should Physician-Assisted Suicide be Legalized? In Birnbacher & Dahl (Eds.) (2008), S. 3–9.

Ganzini, L. & Dahl, E. (2008). Physician-Assisted Suicide in Oregon. In Birnbacher & Dahl (Eds.) (2008), S. 67–75.

Gillon, R. (1999). Euthanasia in the Netherlands – down the slippery slope? J. Med. Ethics 25, S. 3–4.

Griffiths, J. (2008). Physician-Assisted Suicide in the Netherlands and Belgium. In Birnbacher & Dahl (Eds.) (2008), S. 77–86.

Groeben, N. (1999). Fazit: Die metatheoretischen Merkmale einer sozialwissenschaftlichen Psychologie. In N. Groeben (Hrsg.), Zur Programmatik einer sozialwissenschaftlichen Psychologie, Bd. I,2. Münster: Aschendorff. S. 311–404.

Habermas, J. (1994). Die Moderne – Ein unvollendetes Projekt. Leipzig: Reclam.

Katechismus der Katholischen Kirche (2007). Leipzig: St. Benno.

Katzenberger, V. (2010). Ärztlich assistierter Suizid im terminalen Erkrankungsstadium: Bestandsaufnahme der Debatte in Deutschland und Abwägung medizinethischer Argumente. Diss. Goethe-Universität, Frankfurt/M.

Levy, N. (2008). Slippery-Slopes and Physician-Assisted Suicide. In Birnbacher & Dahl (Eds.) (2008), S. 11–21.

Lewis, P. (2007). The Empirical Slippery Slope from Voluntary to Non-Voluntary Euthanasia. King's College London. DOI: 10.1111/j.1748-720X.2007.00124.x.

Nationaler Ethikrat (Hrsg.) (2006). Selbstbestimmung und Fürsorge am Lebensende: Stellungnahme. Berlin: Nationaler Ethikrat.

Nickel, I. (2019). Missbrauch vermeiden – Sterbehilfe legalisieren. https://irenenickelpolitik.beepworld.de/sterbehilfemissbr.htm (10.02.2019).

New York Task Force on Life and the Law (1994). When Death is Sought. Assisted Suicide and Euthanasia in the Medical Context. https://www.health.ny.gov/regulations/task_force/reports_publications/when_death_is_sought/ (10.02.2019).

Oregon Health Authority (2018). 2017 Data Summary. Oregon Health Authority. Public Health Division.

Pappas, D. M. (1996). Recent historical perspectives regarding medical euthanasia and physician assisted suicide. British Medical Bulletin 52, 2, S. 386–393.

Parliament of Victoria (2016). Inquiry into end of life choices. Final report. Victoria Government Printer June 2016.

Rhiel, L. (2015). Das Dammbruch- oder Slippery-Slope-Argument in der Debatte zur Sterbehilfe. vorgänge 210/211, S. 163–172.

Ridder, M. de (2011). Wie wollen wir sterben? Ein ärztliches Plädoyer für eine neue Sterbekultur in Zeiten der Hochleistungsmedizin. München: pantheon.

Rietjens, J. A. C. et al. (2009). Two Decades of Research on Euthanasia from the Netherlands. What Have We Learnt and What Questions Remain? J. Bioeth. Ing. 6,(3), S. 271–283.

Schöne-Seifert, B. (2020). Beim Sterben helfen – dürfen wir das? Berlin: Metzler.

Schurz, G. (1997). The Is-Ought-Problem. An Investigation in Philosophical Logic. Dordrecht: Kluwer.

Smith, W. J. (2008). Pushing Infanticide. Center for Bioethics and Culture Network Newsletter, Febr. 2008.

Spaemann, R. et al. (2015). Vom guten Sterben. Warum es keinen assistierten Tod geben darf. Freiburg/Basel/Wien: Herder.

Verhagen, M. D. et al. (2005). The Groningen Protocol – Euthanasia in Severlely Ill Newborns. New England J. Med. 352(10), S. 959–962.

Volokh, E. (2002/3). The Mechanism of the Slippery Slope. Harv. Law Rev. 116, S. 1026–1137.

Washington Post (2019). Extending the Oregon Right to Die Law. Evidence of a ‚Slippery Slope'? https://www.mydeath-mydecision.org.uk/extending-the-oregon-right-to-die-law-evidence-of-a-slippery-slope/ (11.02.2019).

Wikipedia (2020). § 175 (24.12.2020).

Wittwer, H. (2020). Das Leben beenden. Über die Ethik der Selbsttötung. Paderborn: mentis (Brill).

Ausblick:

Rationaler Suizid und Sterbebeistand als praktische Schritte im Projekt der Moderne

Solange ein Kulturkreis weitestgehend von der ‚Unverfügbarkeits-These' des Lebens dominiert wird, stellt die Verteidigung des rationalen Suizids einen Utopie-Entwurf dar: den Versuch, die gesellschaftliche Struktur in Richtung auf die Akzeptanz eines selbstbestimmten Sterbens zu verändern. Solche Veränderungen erfordern allererst ein verändertes Denken, das sich aus den Fesseln eines überkommenen, aber fehlerhaften Denkens befreit. Diese Befreiung hat auf der höchst abstrakten Ebene der Menschenrechte das Bundesverfassungsgericht mit seinem Urteil zur Zulässigkeit von Sterbehilfe (2020) erst einmal nur verfügt: und zwar gegen die Mehrheit der Volksvertreter, die mit dem Gesetz zum Verbot der ‚geschäftsmäßigen Sterbehilfe' (von 2015) gegen das (Menschen-)Recht auf selbstbestimmtes Sterben verstoßen haben. Um einen breiten, gerade auch politischen Konsens über die mögliche Rationalität von Sterbewillen zu erreichen, ist also noch ein gerüttelt Maß an Überzeugungsarbeit nötig. Eine Überzeugungsarbeit, die zum einen die zu Selbstverständlichkeit gewordenen Gewohnheiten kurzschlüssigen Denkens überwindet und sie zum anderen durch stringente, konstruktive Argumente mit kohärenter normativer wie empirischer Rechtfertigung ersetzt. Diese zweigeteilte Aufgabe sollten die vorhergehenden drei Teile des Buches erfüllen.

Es musste also (im ersten Argumente-Teil) zunächst darum gehen, die immer noch dominierende kurzschlüssig-unmittelbare Verbindung von ‚Selbstmord' und ‚Sterbehilfe' zu überwinden, bei der unter Rückgriff auf die ‚Unverfügbarkeits-These' (des Lebens) mit einem Rundumschlag beides abgelehnt wird: die Berechtigung zum Suizid und zur Hilfe dabei. Deshalb ist im ersten Kapitel zunächst der Begriff des Selbst*mords* analysiert worden, in dem die ‚Unverfügbarkeits'-Position sprachlich komprimiert (und gewohnt) zum Ausdruck kommt. Dem war im zweiten Kapitel die Beschreibung und Begründung einer Selbstbestimmung im Handeln auch am Lebensende entgegenzusetzen. Die Überwindung ideologischer Widersinnigkeit kann aber in vollem Umfang nur gelingen, wenn im Gegensatz dazu die Stimmigkeit des selbstbestimmten Sterbewillens mit der Willensfreiheit als Grundstein unserer Gesellschaftsstruktur nachweisbar ist. Nachdem in diesem notwendigen Zwischenschritt der Analyse von Willensfreiheit (im dritten Kapitel) die Rechtfertigung eines rationalen Suizids erreicht worden war, konnte das vierte Kapitel die vier grundsätzlichen Varianten eines rationalen Suizids entfalten. Erst auf der Grundlage dieser Rechtfertigung war es (im fünften Kapitel) sinnvoll und zielführend, die Frage nach der Berechtigung einer Unterstützung für den Suizidwilligen bei der Realisierung seines Willens zu behandeln. Diese differenzierte(re) und stringente(re) Reihenfolge der Argumente verfolgte also einen zweifach unbescheidenen Anspruch: Zum einen sollte sie der üblichen medizin-praktischen und -ethischen Diskussion durch die einbezogene Perspektive der Willensfreiheit den notwendigen philosophischen Unterbau hinzufügen. Und zum anderen sollte sie den philosophischen, ethischen Diskurs durch die Herausarbeitung verschiedener Formen des rationalen Suizids um die ableitbaren praktischen Konsequenzen erweitern, nicht zuletzt auch in Bezug auf die Berechtigung und Möglichkeiten der Unterstützung des Suizidwilligen bei der Realisierung seiner diesbezüglichen (willensfreien) Entscheidung.

Nach dem Zwischenstück (Teil II.) der biographischen Miniaturen über prominente historische Beispiele von selbstbestimmtem Sterben als Leidens-, Bilanz-, Präventiv- und Symbiose-Suizid stand dann (im Argumente-Teil III.) diese Berechtigung des ärztlichen Sterbebeistands als Unterstützung eines rationalen Suizids im Mittelpunkt. Wie das gegen die Menschenrechte verstoßende Gesetz zum Verbot ‚geschäftsmäßiger Sterbehilfe' (von 2015) zeigt, geht es auch hier wieder um die Ideologie der ‚Unverfügbarkeit des Lebens', von der aus jeder ärztlich-assistierte Suizid abgelehnt wird. Um diese Position auch bei Nicht-Christen (imperialistisch) durchzusetzen, werden vorgeblich unvermeidbare Negativ-Folgen einer Freigabe von ärztlich-assistiertem Suizid beschworen. Die drei zentralen Varianten dieser Schiefe-Ebene-Argumentation sind: die (rechtliche) Ausweitungsprognose, die (quantitative) Dammbruchthese und die (soziale) Missbrauchsbefürchtung. Eine Prüfung dieser Behauptungen an den Daten der beiden Länder mit schon länger (nämlich ca. zwei Jahrzehnten) geltenden Sterbehilfe-Legalisierungen (Oregon und Niederlande) hat eindeutig gezeigt, dass derartige Negativkonsequenzen empirisch nicht zu beobachten sind. In Verbindung mit der zuvor erarbeiteten Rechtfertigung des rationalen Suizids ließ sich aus den vorliegenden Erfahrungen mit Sterbebeistand ein Modellvorschlag zur Regelung des ärztlich-assistierten Suizids (in der Bundesrepublik Deutschland) herleiten – in stichwortartiger Zusammenfassung:

- Auf der Individual-Ebene des Einzelnen Dauerhaftigkeit des Suizidwillens z. B. durch eine Sterbe-Verfügung.
- Die Informiertheit über eventuelle Alternativen durch ein Beratungsangebot (nicht Beratungspflicht); Realisierbarkeit potenzieller Alternativen durch Garantie eines Hospiz-Platzes (wenn dieser gewünscht wird).
- Auf gesetzlicher Ebene als Rahmenbedingung für die Realisierung eines (ärztlich-assistierten) Suizids entsprechend geänderte Statuten von Ärztekammern; außerdem eine Dokumentation von Medizinern, die zu Sterbebeistand bereit sind.
- Informationsrecht dieser Mediziner über ihre Bereitschaft; außerdem Freigabe der Rezeptierbarkeit des dazu geeignetsten Mittels (derzeit Natrium-Pentobarbital)
- Im Fall des rationalen Suizids Wechsel der ärztlichen Garantenpflicht von der Lebenserhaltung auf den Sterbewillen (der Patienten/innen bzw. Klienten/innen).
- Auf gesellschaftlicher Ebene Fortführung eines rationalen Diskurses über den ärztlich-assistierten Suizid; mit Festlegung der gesellschaftlich-kulturell bestmöglichen Verfahrensweise bzw. eventuellen vom jeweiligen Wertewandel begründeten sinnvollen Weiterentwicklungen.

Alle Einzelpunkte sind notwendigerweise einzubetten und aufzuheben in dem letzten und zugleich unabschließbaren Schritt, einen möglichst rationalen kommunikativen Konsens über die Praxis des (ärztlichen) Sterbebeistands zu erreichen und weiterzuentwickeln. Ein solcher Konsens ist als Ergebnis eines approximativ herrschaftsfreien Dialogs möglich, in dem humane Werte konstruktiv mit empirisch fundierten Begründungen verbunden werden (vgl. Habermas' ‚Projekt der Moderne': 1994). Herrschaftsfrei bedeutet, dass die Kommunikation so weit wie möglich von sachfremden Systemzwängen unbeeinflusst sein sollte. Derartige Systemzwänge werden nicht zuletzt durch ideologisch-dogmatische Voreinstellungen gebildet. Wenn es auch nie einen völlig ideologiefreien Diskurs geben kann und wird, so gibt es doch eine moralische Verpflichtung, diejenigen Ideologien so weit wie möglich hinter sich zu lassen, die als normativ überholt und empirisch unbegründet gelten müssen. Das betrifft bei der Frage nach Suizid und Sterbebeistand, wie im Laufe der Analyse immer wieder angesprochen, in erster Linie die christliche These der ‚Unverfügbarkeit des Lebens'. Sie widerspricht normativ den universellen Menschenrechten (siehe Bundesverfassungsgerichts-Urteil) und vertritt zugleich die empirisch unbegründeten Schiefe-Ebene-Legenden.

Es ist daher zu erwarten, dass auch die Entwicklung eines gesellschaftlichen Konsenses zur Praxis des Sterbebeistands vor allem in Abwehr dieser Position geschehen muss. Das betrifft voraussichtlich fast alle Einzelpunkte des vorgeschlagenen Verfahrensmodells zur Durchführung eines ärztlich-assistierten Suizids. Ob man grundsätzlich die (potenzielle) Rationalität von Sterbe-Entschlüssen akzeptiert oder nicht, ist z. B. entscheidend dafür, dass es sich bei der Beratung von Sterbewilligen nur um ein Angebot handeln kann, nicht um eine Beratungspflicht. Denn zu welcher Art von Beratung will man jemanden bei einem Bilanz- oder Symbiose-Suizid sinnvollerweise verpflichten? Und zugleich bedeuten Punkte wie Informationsrecht und Dokumentationspflicht über Angebote des ärztlichen Sterbebeistands genau wie die Freigabe des Suizid-geeigneten Medikaments und die Zusicherung eines gewünschten Hospiz-Platzes für jeden einen weitgehenden Umbau des Gesundheitssystems. Aber das Projekt der Moderne als kontemporäre Fortführung der Aufklärung umfasst selbstverständlich auch die Weiterentwicklung der praktischen Vernunft. Allerdings ist gerade diese praktische Vernunft immer auf den jeweiligen gesellschaftlichen Kontext bezogen. Das betrifft im Zusammenhang mit dem Sterbebeistand insbesondere die Kultur der ärztlichen Betreuung. Die starke Betonung der hausärztlichen Betreuung hat, wie dargestellt, z. B. in den Niederlanden zur Folge, dass die ärztliche Sterbebegleitung sehr viel aktiver verstanden wird als etwa in Oregon, wo das Medikament den Sterbewilligen lediglich verschrieben wird und dann weitgehend zur eigenen Anwendung überlassen bleibt. Keine der verschiedenen Möglichkeiten ist als solche von vornherein sinnvoller oder berechtigter, sondern ist immer in Relation zur historisch gewachsenen Struktur des Gesundheitssystems zu sehen. So dürfte in der gegenwärtigen Situation in Deutschland vermutlich die von Sterbe-Organisationen angebotene Sterbebegleitung die unmittelbar bestmögliche Umsetzung des Bundesverfassungsgerichts-Urteils darstellen.

Eine kulturhistorisch fundierte und im gesellschaftlichen Konsens entwickelte Praxis der Sterbehilfe markiert daher den Schlusspunkt im Wertewandel in Richtung auf eine Selbstbestimmung auch im Sterben. Die gesamtgesellschaftliche Akzeptanz und Etablierung von ärztlich-assistiertem Suizid würde sich damit in die Reihe der Wertentwicklungen einreihen, von denen bereits das allgemeine Wahlrecht (gerade auch für Frauen) sowie die Entkriminalisierung der Homosexualität mehrfach als paradigmatische Beispiele angesprochen worden sind. Die Einführung des Frauenwahlrechts stellt einen zentralen politischen Wertewandel im Laufe des 20. Jahrhunderts in Europa dar, insofern es von 1906 (Finnland) bis 1984 (Liechtenstein) gedauert hat, bis es sich überall durchgesetzt hatte. Der zweite bedeutsame Wertewandel, die Entkriminalisierung der Homosexualität, hat in Deutschland juristisch über die Jahrhundertwende hinaus gedauert: von der Einschränkung des § 175 auf homosexuelle Kontakte mit Jugendlichen (unter 18 Jahren) im Jahre 1973 über die Streichung des § 175 1994 bis zur Rehabilitierung der aufgrund dieses Paragraphen Verurteilten 2002 und 2017. Allerdings kann diesbezüglich noch nicht von einem gesamtgesellschaftlichen Konsens gesprochen werden, nicht zuletzt, weil sich die christlichen Kirchen mit diesem Wertewandel immer noch sehr schwer tun. Parallel wird es bei der gesamtgesellschaftlichen Akzeptanz von rationalem Suizid und Sterbebeistand insbesondere auf die Überwindung von religiösen Voreingenommenheiten gemäß der Trennung von Kirche und Staat ankommen. Unter dieser Voraussetzung wird die Akzeptanz und Etablierung von Sterbehilfe allerdings einen essentiellen Wertewandel im Laufe des 21. Jahrhunderts darstellen, einen bedeutsamen praktischen Schritt im Projekt der Moderne. Und die Chancen stehen nach dem Urteil des Bundesverfassungsgerichts zum Menschenrecht auf einen selbstbestimmten Tod nicht schlecht, gibt es doch durchaus auch christliche Stimmen, die sich für diese Position aussprechen. An erster Stelle sind hier Walter Jens und Hans Küng zu nennen, die in ihrem Buch ‚Menschenwürdig sterben' (2014) die Vorstellung eines barmherzigen Gottes aufrufen, der vom Menschen keineswegs eine unbegrenzte Leidensbereitschaft verlangt. Im Gegenteil, gerade der Übergang in ein (ewiges) Leben nach dem Tode rechtfertigt es, das irdische Leben nicht unnötig und sinnlos zu verlängern. Von dieser Argumentation aus ist es keineswegs auszuschließen, dass am Ende des 21. Jahrhunderts nach dem vollzogenen Wertewandel in Richtung auf ein humanes, selbstbestimmtes Sterben unter Umständen gerade die christlichen Kirchen für sich beanspruchen, zu der Akzeptanz dieser barmherzigen Humanität entscheidend beigetragen zu haben. Das wäre dann zwar ein Umschreiben der Geschichte (fachterminologisch: Geschichtsklitterung), wie es Bertrand Russell für alle Errungenschaften der Aufklärung festgestellt hat, die zunächst von den christlichen Kirchen vehement bekämpft worden sind (1985, 46). Aber wenn es der Wahrheitsfindung dient, soll das nur ein marginaler Schönheitsfehler sein – entscheidend ist, dass die Menschen am Ende des 21. Jahrhunderts rückblickend mit Schaudern feststellen, welch archaische Inhumanität eines fremdbestimmten Sterbens noch Anfang ihres Jahrhunderts gang und gäbe war. War!

Literatur

Habermas, J. (1994). Die Moderne – Ein unvollendetes Projekt. Leipzig: Reclam.

Jens, W. & Küng, H. (2014). Menschenwürdig sterben. München: Piper.

Russell, B. (1985). Warum ich kein Christ bin. Reinbek: Rowohlt.

Nachwort:

Eine Utopie wird Wirklichkeit

Im Jahr 1980 wurde in der Bundesrepublik die ‚Deutsche Gesellschaft für Humanes Sterben' (DGHS) gegründet. Deren zentrales Ziel war es, auf die Dauer eine Sterbebegleitung für Menschen mit einem durch unerträgliches Leiden begründeten Sterbewunsch anzubieten (wie es auch für die später gegründeten Schweizer Vereine EXIT und DIGNITAS gilt). Dies war zum damaligen Zeitpunkt eine Utopie im wissenschaftssprachlichen Sinn, d. h. ein positiver Gesellschaftsentwurf, der auf Realisierung ausgerichtet ist, dessen Verwirklichung aber noch aussteht. Innerhalb der herrschenden politischen Rahmenbedingungen sah es allerdings lange Zeit so aus, als müsse dieses Ziel utopisch gemäß dem alltagssprachlichen Wortgebrauch, also illusorisch, bleiben. Der Grund dafür lag in der vorherrschenden christlichen These von der ‚Unverfügbarkeit des Lebens', wonach das Leben ein Geschenk Gottes sei, über das der Mensch nicht eigenmächtig verfügen dürfe. Aus der daraus folgenden grundsätzlichen Ablehnung des Suizids folgte konsequenterweise auch eine möglichst weitgehende Ablehnung von Sterbehilfe. Dem ist zwar seit der Jahrhundertwende die Mehrheit der Bevölkerung nicht mehr gefolgt, im Kontrast dazu steht jedoch durchaus die Mehrheit der Politiker/innen. Dementsprechend hat der Deutsche Bundestag 2015 ein Gesetz zum Verbot von ‚geschäftsmäßiger Sterbehilfe' beschlossen. Da hier die ‚Geschäftsmäßigkeit' rechtlich eher unklar als ‚auf Wiederholung ausgerichtet' definiert wurde, war damit jeder ärztlich-assistierte Sterbebeistand praktisch unmöglich.

Zu diesem Schluss kam auch das Bundesverfassungsgericht, das von den Befürwortern der Sterbehilfe angerufen worden war. In seinem Urteil von 2020 hat das Bundesverfassungsgerecht gerade auch den medizinischen Sterbebeistand zugelassen, weil nur so das Selbstbestimmungsrecht der Menschen auch am Lebensende gesichert werden kann. Ein Recht, das sich aus den im Grundgesetz verankerten Menschenrechten der Menschenwürde und Autonomie ergibt. Vor allem aber hat das Bundesverfassungsgericht festgehalten, dass es in einer pluralistischen Gesellschaft nicht zulässig ist, die individuelle Autonomie infolge von bestimmten, spezifischen Wertvorstellungen einzuschränken. Das gilt auch für die christlichen Werte, die aufgrund der Trennung von Staat und Religion die staatliche Gesetzgebung nicht dominieren dürfen. Worauf es beim selbstbestimmten Lebensende vielmehr ankommt, ist die individuelle Wertsetzung, was der/die Einzelne für ein sinnvolles, erfülltes Leben hält. Deshalb ist ein rationaler Sterbe-Entschluss auch nicht auf die Situation eines unerträglichen Leidens beschränkt. Interessanterweise entspricht diese Position exakt der Konzeption von Willensfreiheit, wie sie in der neueren philosophischen Diskussion von dem Ansatz des sogenannten Kompatibilismus (Verbindung von Willensfreiheit und ursächlicher Determination) entwickelt worden ist. Danach liegt Willensfreiheit vor, wenn sich die unmittelbaren, situationalen Handlungsabsichten in Übereinstimmung mit den überdauernden, persönlichkeitszentralen Werthaltungen befinden. Ein solcher willensfreier und damit rationaler Sterbe-Entschluss umfasst also über den Leidens-Suizid hinaus auch die Möglichkeiten eines Präventiv-, Bilanz- und Symbiose-Suizids.

Dementsprechend wäre ein darauf bezogener ärztlicher Sterbebeistand völlig legitim, allerdings ohne, dass dadurch irgendeine Art von Zwang ausgeübt wird. Wie auf der Seite der Sterbewilligen bleibt selbstverständlich auch auf der Seite der Hilfewilligen (Mediziner) die Gewissensfreiheit erhalten. Es ist das gute Recht jeder Person (auch der medizinisch qualifizierten), sich gegen eine Sterbehilfe zu entscheiden. Das Gleiche gilt allerdings auch für die Entscheidung zugunsten von Sterbebeistand – solange dadurch nicht die Belange anderer Menschen, sei es individuell oder als Gemeinschaft, verletzt werden. Um diese Frage von potenziellen Negativwirkungen dreht sich daher auch seit geraumer Zeit die Diskussion über die Legalisierung von Sterbehilfe. Dabei geht es, in verschiedenen Varianten, um die sogenannte Schiefe-Ebene-Argumentation, d. h. die These, dass durch die Legalisierung von Sterbehilfe Entwicklungen in Gang gesetzt werden, die zumindest auf lange Sicht unweigerlich zu ethisch negativen Konsequenzen (für den Einzelnen wie die Gemeinschaft) führen. Die Varianten beziehen sich auf einen ‚Dammbruch' durch eine Normalisierung des Suizids, nicht nur im statistischen, sondern auch im normativen Sinn; d. h. es wird eine permanente ‚rechtliche Ausweitung' in Richtung auf aktive Sterbehilfe befürchtet, desgleichen ein ‚sozialer Missbrauch', indem Druck auf Ältere in Richtung auf eine Suizid-Entscheidung ausgeübt wird. Diese ‚Schiefe-Ebene-Argumentation' lässt sich allerdings anhand der Gesellschaften, in denen es schon längere Zeit einen legalisierten (ärztlichen) Sterbebeistand gibt, prüfen – und widerlegen!

Es ist also nicht nur berechtigt, sondern an der Zeit, sich um die verfahrensmäßige Ausgestaltung des medizinisch-assistierten Suizids zu bemühen. Denn das Urteil des Bundesverfassungsgerichts benennt den in unserer pluralistischen Gesellschaft entscheidenden Wertrahmen (der individuellen Wertekohärenz/Willensfreiheit), überlässt die konkrete Regelung von Sterbehilfe aber selbstverständlich dem Gesetzgeber sowie dem gesamtgesellschaftlichen Diskurs – wobei es nach den bisherigen Erfahrungen sinnvoll wäre, nun die adäquate Reihenfolge einzuhalten: zunächst der Diskurs und dann die Gesetzgebung! Dabei geht es auf jeden Fall darum, die übergeordneten Werte (Willensfreiheit, individuelles Persönlichkeitsrecht, Selbstbestimmung) mit den empirischen Erkenntnissen aus den Ländern mit legaler Sterbehilfe in Richtung auf ein Verfahrensmodell für den Ablauf von medizinischem Sterbebeistand konstruktiv zu verbinden. Ein solches Modell, das (auch in diesem Buch) am Schluss der Argumentation steht, stellt also letztlich ein Realisierungsprogramm für die Ausgangs-Utopie dar: die Utopie des rationalen Suizids und Sterbebeistands.

MIX
Papier | Fördert gute Waldnutzung
FSC® C083411

Zeitfracht Medien GmbH
Ferdinand-Jühlke-Straße 7
99095 Erfurt, Deutschland
produktsicherheit@kolibri360.de